호주 선교사 열전
— 부산과 서울

호주 선교사 열전 – 부산과 서울
The Australian Missionaries in Korea - Busan & Seoul

2021년 3월 11일 초판 1쇄 인쇄
2021년 3월 18일 초판 1쇄 발행

지은이 | 양명득
발간인 | 인명진
발간처 | 재단법인 한호기독교선교회
펴낸곳 | 도서출판 동연
등 록 | 제1-1383호(1992. 6. 12)
주 소 | 서울시 마포구 월드컵로 163-3
전 화 | (02)335-2630
전 송 | (02)335-2640
이메일 | yh4321@gmail.com

Title: The Australian Missionaries in Korea – Busan & Seoul
Author: Myong Duk Yang
Publisher: In Myung Jin
Publication: Mission for Christ Church of Korea & Australia
Copyright: Myong Duk Yang

ISBN 978-89-6447-648-2 03200

(재)한호기독교선교회 100주년 기념도서

호주 선교사 열전

부산과 서울

양명득 지음

The Australian Missionaries in Korea - Busan & Seoul

동연

한국주재 호주 선교사들에 관한 양명득 박사의 연구와 집필을 축하합니다. 아울러 격려의 글을 쓸 수 있게 됨이 제게는 큰 기쁨이고 특권입니다. 『호주 선교사 열전』의 첫 번째는 '진주와 통영' 편이었고 이번에는 '부산과 서울' 편입니다. 1890년 헨리 데이비스의 순교 이후, 그를 따라 부산에 온 호주 선교사들의 놀라운 이야기가 기록되어 있습니다. 이 책에 기록되어 있는 대부분은 20세기 초의 사람들이지만, 헬렌 맥켄지와 리차드 우튼은 부산과 서울에서 현재까지 계속되고 있는 호주 선교의 연속성을 보여주고 있습니다.

우리의 일과 관계되는 역사를 안다는 것은 중요할 뿐만 아니라 매우 흥미롭고 우리를 풍요롭게 합니다. 저는 이것을 개인적으로 경험하였기에 잘 알고 있습니다. 1964년 헬렌 맥켄지가 휴가를 떠났을 때, 저는 그 자리를 대신하여 한국으로 왔습니다. 당시 일신부인병원의 역사는 물론 한국에 대한 지식도 별로 없었습니다. 또 침례교에서 성장하여 호주장로교회의 한국 선교에 관한 이야기도 접해보지 못하였습니다.

저는 계획했던 것보다 아주 더 오래 일신부인병원에서 일하였는데, 하나님이 저를 이곳으로 부르셨다는 확신이 있었기 때문입니다. 32년간 병원에서 일하는 동안 초기 호주 선교사들에 관한 이야기를 들을 수 있었습니다. 특히, 제임스 노블과 메리 맥켄지의 딸이며 일신부인병원을 창설한 헬렌과 캐시를 통해서였습니다.

저는 그들의 부모에 관한 이야기를 포함하여 '조지 삼촌'(앤더슨),

겔슨 엥겔이 초대 당회장이었던 부산진교회(저는 이 교회에 참석하였습니다), '일신'이라는 이름이 시작된 배경 등에 대하여 들었습니다. 일신은 호주 선교사들에게 잘 알려진 이름으로 벨레 멘지스가 시작한 일신여학교로부터 왔습니다. '일신'은 '날마다 새롭다'라는 뜻인데 산부인과 병원에 적절한 이름이었습니다. 부산과 경남, 서울에서 계속되는 긴 호주 선교 역사 속에 저는 둘러싸여 있었습니다.

2019년 한호선교 130주년 기념행사 시, 마산의 창신대학에서 학생들이 준비한 노래극을 관람할 수 있었는데, 첫 선교사 헨리 데이비스에 관한 내용이었습니다. 이 대학교는 호주 선교사가 세운 작은 학교에서 비롯되었는바, 한호선교를 기념하기 위해 특별히 준비한 것이었습니다. 저는 노래극을 보며 하나님의 깊은 은혜에 감동하였고, 한국으로 오기 전까지는 전혀 몰랐던 제가 예수 그리스도의 부름을 따라 헨리 데이비스의 유산에 동참하였다는 사실이 큰 특권으로 느껴졌습니다.

『호주 선교사 열전』 시리즈를 통하여 호주 선교사들의 일생을 다시 조명한 양명득 박사께 깊은 감사와 축하를 전하며, 계속되는 그의 집필 작업을 응원합니다. 또한, 본 도서를 발행한 한호기독교선교회 인명진 이사장과 사무국 직원 모두에게 인사와 감사를 전합니다.

멜버른에서

바바라 마틴, Dr Barbara Martin

(전 호주 선교사, 일신기독병원 1964~1995)

발 행 의 글

'빅토리아 장로교 유지재단'

1924년 한국주재 호주선교회가 부산 법원으로부터 법인 설립 허가를 받은 재단 이름입니다. 당시 늘어나는 학교, 병원, 선교관 등의 건물과 재산을 보호하기 위한 목적이었습니다. 첫 매니저로 알버트 라이트와 노블 맥켄지의 이름을 등록한 이후 지난 약 100년 동안 재단의 명칭과 조직은 달라졌지만, 지금까지 계속되어 현재 한호기독교선교회의 이름으로 일신기독병원 운영 등 여러 가지 사업을 하고 있습니다.

1952년 호주 선교사 헬렌과 캐서린 맥켄지로 시작된 일신부인병원 설립목적은 그리스도의 명령과 본을 따라 그 정신으로 운영하며, 불우한 환자들의 영혼을 구원하고 육체적 고통을 덜어줌으로써 그리스도의 봉사와 박애의 정신을 구현하는 것이었습니다.

1982년 현재의 일신기독병원으로 명칭이 변경되었고, 1988년에는 부산 경남 모자 보건 센터를 개소하였습니다. 1994년에는 고(故) 장기려 박사가 세운 청십자병원을 인수하여 수정동에 일신청십자병원을 개원하기도 하였습니다. 1999년 화명동에 화명일신기독병원을 개원하였고, 2008년에는 호주 선교사였던 맥켄지의 이름을 딴 맥켄지 전문 진료 센터를 개소하였습니다.

또한 2015년에는 맥켄지화명일신병원을 개원하여 6층을 바바라 마틴 홀로 명명하였습니다. 그리고 2018년에는 부산 기장군에 정관 일신기독병원을 개원하였습니다.

부산과 경남에서 호주선교회 의료선교는 가난하고 억눌린 사람들을 위한 선교 정신의 일환이었습니다. 의료뿐만 아니라 교육, 복지, 목회 등의 분야도 당시 한국 사회에서 가장 소외되었던 여성, 어린이, 병자, 천민 등을 위한 선교였습니다. 이러한 정신이 한국전쟁 후에는 부산의 일신기독병원과 서울의 영등포산업선교회를 통하여 계속되고 있습니다.

본 도서를 집필한 양명득 목사는 지난 수년 동안 호주 선교사에 관한 원본 기록물을 찾아 번역하고 연구하여 그 결과물을 출판해왔습니다. 미국장로교 선교와 서울 중심의 한국교회 역사에 부산과 경남에서의 호주 선교활동을 한국교회에 알리는 작업은 소중하고 칭찬받을 만합니다.

2024년 한호기독교선교회 설립 100주년을 내다보며 본 도서를 그 기념사업의 일환으로 내어놓습니다. 아무쪼록 이 책에 소개된 10명의 호주 선교사 일생과 사역을 통하여 오늘날 한국교회가 진행하고 있는 선교활동을 돌아보고, 올바른 선교정책과 실천으로 하나님의 나라를 이 땅에 구현할 수 있기를 기도합니다.

인명진
(한호기독교선교회 일신기독병원 이사장)

축 하 의 글

　호주교회의 오랜 협력 선교의 벗 미국장로교 선교동역자로서,
『호주 선교사 열전 – 부산과 서울』의 출간을 함께 기뻐하며 축하드립
니다. 또한, 1990년대 중국에서 처음 만나 선교의 삶을 나누어 온
오랜 친구이자 이 책의 저자 양명득 목사님께 진심으로 축하의 마음
을 전합니다.

　호주선교회와 미국장로회는 한국선교 시작부터 의미 있는 협력
관계를 맺었습니다. 1889년 한국에 도착한 호주 선교사 헨리 데이비
스가 미국북장로회 언더우드와 교제한 이후 당시 호주선교회와 미국
북장로회는 연합공의회를 설립하기로 합의했는데, 이는 앞으로 일어
날 선교부들 사이의 에큐메니칼 운동과 협력 선교의 출발이 됐습니
다. 헨리 데이비스는 부산에서 안타까운 죽음을 맞이하였지만, 그의
순교는 한국선교에 소중한 밑거름이 되었습니다. 그 후 호주 선교사
들은 부산, 경남지역에서 일하며 미국장로교 등에서 온 선교사들과
도 다양한 관계를 가져왔습니다. 21세기 선교 지형은 달라졌다 해도,
선교회의 연합과 일치 운동은 세계 선교 여정의 파트너로 어떻게 동
역하며 협력해야 할지를 보여주는 중요한 단서와 귀감이 됩니다.

　호주선교회의 괄목할 만한 특징 중 하나는 한국선교에 자리 잡은
여성 선교사의 비중과 중요성입니다. 1890년 창립된 빅토리아 장로
교회 여선교연합회(Presbyterian Women's Missionary Union)가 중심이
되어 파송하고 후원한 호주장로교 여성 선교사들은 54명(69%)으로
당시 내한 남성 선교사 24명(31%)의 두 배가 넘습니다. 그들이 표방

한 "여성을 위한 여성의 선교"(Mission work of women for women)는 여성과 어린이를 우선시했던 선교정책에서 그대로 드러납니다. 가부장적이고 유교적인 경남지역에서 호주선교회가 부산, 진주, 마산, 통영, 거창 5개의 모든 선교 지부에 여학교를 세워 여성 지도자를 양육한 것을 보면 시사하는 바가 크고도 놀랍습니다. 빅토리아 장로교회 여선교연합회와 여성 선교사들의 선교정책은 경남에서 많은 신앙인 지도자들과 신앙의 어머니들을 양육했습니다. 호주교회의 모성적인 선교는 현재까지도 가난하고 소외당하는 사람들을 보듬는 예수 그리스도의 마음을 닮았습니다.

이 책은 뜻밖에 저의 개인적인 스토리와도 닿아 있습니다. 1891년 한국에 도착한 호주 선교사들은 제일 먼저 소녀들을 위한 고아원을 설립했고 점차 발전해서 부산 일신여학교가 되었습니다. 1918년 생이신 저의 외할머니 김소염 여사가 그 일신여학교 출신입니다. 외조모는 교사였던 호주 여성 선교사들의 사랑을 많이 받았고 호주 유학을 주선한 선교사님도 있었다고 합니다. 하지만 독립만세운동으로 두 아들을 잃으셨던 증조 외할머니가 사랑하는 막내딸을 멀리 보낼 수 없다고 반대하셔서 외할머니는 결국 한국에 남으셨습니다. 신여성 교육과 만세운동의 주역이었던 일신여학교에서 교육받으신 외조모 이야기는 선교현장의 스토리 발굴과 기록이 얼마나 뜻깊은 작업인지를 보여줍니다.

다시 한번 귀한 『호주 선교사 열전』의 출간을 크게 축하드리며, 널리 읽히고 두루 활용되기를 바랍니다.

김지은
(미국장로교 총회 세계선교부 동아시아 지역담당 선교동역자)

머 리 말

구한말부터 한국의 부산과 경남 지방에서 활동한 초기 호주 선교사들에 관한 연구는 쉽지 않은 작업이다. 먼저는 이 분야에 관하여 출판된 책이 여전히 많지 않고, 당시의 영문 원본들을 구하는 것도 수월치 않기 때문이다. 또한, 이 분야에 관심을 갖는 독자층도 크게 드러나 있지 않다. 그로 인하여 이 주제를 가지고 연구하는 학생과 학자가 한국에서는 물론 호주에서도 상대적으로 적은 상황이다.

한번은 어느 대학교에서 한국의 유치원 역사를 공부하는 대학원 학생의 전화를 받았다. 호주 선교사들이 설립한 유치원과 교육 정신에 관한 논문을 쓰려고 하는데 자료가 부족하다는 것이었다. 몇 가지 원문을 소개하여 주었지만, 어려운 작업을 하는 줄 알기에 안쓰러운 마음이다.

먼저 이번 호주 선교사 연구에 많은 자료를 제공하여 주신 김경석 장로께 감사를 드린다. 이 분은 본 도서의 이야기에 언급되는 전도부인 김유실의 후손으로 현재 부산진교회 은퇴 장로이다. 그동안 호주 선교에 관련된 많은 연구와 집필을 하셨는데, 힘들여 모은 자료들을 아낌없이 다 공유해 주셨다.

본 도서를 위하여 축하의 글을 쓴 김지은 목사께도 감사드린다. 오래전 중국 심양에서 함께 고생하며 선교하였는데, 현재는 미국장로교 총회 세계선교부 동아시아 지역담당으로 한국에서 일하고 있다. 한명성 · 김지은 부부는 앞으로가 더 기대되는 동역자들이다.

마지막으로 이번 도서출판을 지원하고 후원하신 한호기독교선교회 인명진 이사장께도 깊은 감사를 드린다. 그는 호주교회와 인연이 깊을 뿐만 아니라, 한호선교 관계 발전에 이바지하여 왔다. 한국전쟁 이후 계속되고 있는 호주 선교와 관련된 두 기관, 즉 일신기독병원과 영등포산업선교회에서 지금도 큰 공헌을 하고 있고, 현대 한호선교 동역 관계의 산증인이다.

본 도서를 통하여 호주 선교사들의 선교가 재조명될 뿐만 아니라, 미래의 선교사들에게 영감과 도전이 되기를 바란다. 그리고 『호주 선교사 열전』 시리즈의 마지막이 될 '마산과 거창' 편도 기대해 본다.

양명득

(호주 선교 동역자)

차 례

조셉 헨리 데이비스

Joseph Henry Davies(1856–1890)

부고: 데이비스 ─ 한국 서울, 헨리 데이비스 목사, 문학 석사, 전 코필드
그래머 스쿨 교장, 천연두, 33세
(더 아르거스, 멜버른, 빅토리아, 1890년 4월 11일 금요일, 1)

　조셉 헨리 데이비스(한국명: 덕배시)의 사망 소식이 호주 빅토리아
멜버른에 알려졌다. 데이비스의 가족들은 물론 빅토리아장로교회
친구들은 크게 충격을 받고 상심하였다. 심지어 데이비스의 안수식
에서 격려사를 하였던 존 어윙 목사도 절망하고 말았다.

　　신문에 난 서너 줄의 기사가 우리의 눈을 크게 뜨게 하였다. 우리의 한국
　　선교는 새로 만든 무덤 정도라는 것을 알았다. 나는 고백하기를 우리의
　　친구가 사망하였다는 끔직한 기사가 적힌 간단한 내용을 읽었을 때, 나
　　는 한 두 시간 동안 악한 운명이 나타나 우리의 사역을 산산조각 내었다
　　고 느끼었다.
　　(톰슨-그레이, 103)

　빅토리아장로교회 설립 50주년을 맞이하여 총회의 축복 속에 청
년친교연합회가 선교에 대한 새 비전을 가지고 데이비스를 파송한

지 6개월도 채 안 되는 시점이었다.

그러나 그의 죽음은 시작일 뿐이었다. 그 이후 그의 선교 유산을 이어받아 많은 남녀 선교사들이 순차적으로 한국으로 입국하게 되므로 호주교회의 한국 선교역사가 시작된다. 데이비스는 한국 땅을 밟은 첫 호주인 선교사이자 순교자로 그 이후 호주의 많은 교인에게 기독교 선교에 대한 영감과 도전을 주게 된 것이다.

데이비스의 가족

헨리 데이비스의 부모는 스코틀랜드인이지만 그는 1856년 뉴질랜드에서 출생하였다. 데이비스 가족은 스코틀랜드에서 뉴질랜드로 이주하였고, 헨리는 뉴질랜드의 북섬 왕가레이에서 태어났다. 헨리는 이미 한 명의 형과 세 명의 누나가 있었다. 그리고 그의 가족은 북섬에서의 전쟁으로 인하여 1860년 다시 호주 멜버른으로 이주하였다.

데이비스 가족의 삶은 멜버른에서도 평탄치 않았다. 변호사였던 부친은 헨리가 12살 때 세상을 떠났고, 그는 남은 가족의 생계를 위해 많은 부분을 책임질 수밖에 없었다.

> 헨리의 큰 형 19세의 찰스와 큰 누나인 18세의 마가렛은 세상으로 개척 길을 떠나야 하였다. 44세였던 헨리의 어머니 마가렛 샌드먼은 12살의 헨리를 집안의 남성으로 의지해야 하였고, 그의 누나 16세의 메리와 14세의 사라도 도와 7명의 남동생들을 돌보아야 하였다. 11세의 존, 9세의 로버트, 8세의 제임스, 6세의 타보, 5세의 윌리엄, 3세의 레슬리 그리고 5개월의 허버트였다.
> (앞의 책, 60)

데이비스 가족은 멜버른의 에메랄드 힐에서 피츠로이로, 또 엘스톤 위크로 그리고 마침내 샌 킬다의 '마리나 빌라'로 불리는 큰 집으로 이사를 하였다. 다행히 헨리는 부친의 변호사 사무실인 '제닝스 앤 쿠트'에서 많은 보수를 받으며 일할 수 있었다. 그의 월급으로 가족의 음식을 구입하였고, 누나 메리는 아픈 모친과 아이들을 돌보았다. 바로 위 누나인 사라는 1876년 호주인 첫 인도 선교사가 되어 떠났다.

헨리는 부친의 영향을 받아 플리머스 형제단 신앙을 가졌는데 근본주의 성격의 복음주의 교파 영향으로 경건 생활을 하며, 세속적 생활을 멀리하는 신앙을 유지하였다. 동시에 그는 갈릭어를 사용하는 칼튼의 샌 앤드류스장로교회를 다녔다. 그리고 엘스톤위크로 이사하면서 코필드의 글렌 에이라 가의 성공회 소속 성 메리교회에 출석하였다. 그곳에 있던 매카트니 신부는 헨리를 사라가 있는 인도로 파송하였다. 당시 멜버른대학교에서 1학년 시험을 막 통과한 헨리는 법학을 포기할 생각을 가지고 있었는데 그 이유는 법률 쪽의 일이 헨리에게는 너무나 세속적인 일로 여겨졌기 때문이었다.

그러나 인도에서의 선교활동은 성공적이지 못하였다. 평신도였던 헨리는 인도의 문화에 무지하였고, 여전히 가지고 있는 형제단 신앙은 현지의 성공회 행정과 선교에 차이가 있었으며 무엇보다도 재정적 뒷받침이 없는 상황이있다. 더군나나 그는 음식으로 인하여 복통이 심하였고 말라리아까지 걸리는 등 건강상의 문제까지 생겼다.

결국, 1878년 동생 존과 매카트니 신부의 도움으로 헨리와 메리는 멜버른의 집 '마리나 빌라'로 돌아올 수 있었다. 그러나 헨리는 포기하지 않았다. 자격을 갖추어 다시 인도로 돌아갈 수 있기를 희망하였고, 그의 이러한 신념은 그 후 11년간 지속되었다. 그리고 플리머스 형제교회에 기초한 그의 신앙도 굳건해졌다.

형제단의 감춰진 가족생활과 불신자와 가까이 하지 않는 것, 형제단이 아닌 사람들과 함께 먹지 않는 것 등은 결론적으로 좁은 시야와 소외 그리고 비인간화로 비추어질 수 있었다. 그러나 동시에 하나님의 뜻에 대한 완전한 복종, 인간의 생각에 대한 완전한 경멸감 그리고 허구를 만들거나 이야기하는 것은 죄악이라는 의미였다.
(앞의 책, 75)

후에 코필드 그래머 칼리지 역사를 쓴 호레스 웨버는 헨리의 성격을 다음과 같이 분석하고 있다.

이 결과로 조셉 헨리 데이비스는 병적으로 내성적이 되었고, 실제적이기보다 이상적이 되었고, 거룩한 손가락이 그를 인도한다고 믿기 원하는 방향에 따라 충동적이고 외고집이 되었다. 그는 온화하고 친절하였지만, 동시에 재치가 없었고 둔감하였다.
(앞의 책, 75)

코필드 그래머 스쿨

남동생 헨리와 함께 인도까지 동행하였던 메리는 다음과 같이 회고하고 있다.

1881년 4월 16일, 엘스턴위크 기차역 뒤편 글렌 헌틀리 가에 외떨어진 '롤리 숍'이 있었다. 해리는 그 상점을 세를 내고 인수하였고 재고는 호의와 함께 20파운드를 지불하고 구입하였다.

해리는 상점 뒤의 아래층은 교실로, 위층은 기숙사로 사용하였다. 9명의 학생이 등록하였다.

> 나는 기숙사의 학생들을 똑똑히 기억하는데, 디와 에이 칼톤이었다. 낮 반에는 베지스, 워커, 트위크로스, 메리웃과 세 명의 쇼우 형제들이었 다. 우리의 막내 허버트는 12살이었고, 그는 수업료 면제였다.
> 해리는 그 가게 이름을 코필드 그래머 스쿨로 바꾸었고, 세상이 알 수 있도록 간판을 내걸었다. 그리고 학교를 운영하기 시작하였다.
> (톰슨-그레이, 139-140)

헨리가 학교를 시작한 것은 순전히 가족들의 생활을 위한 방편이 었다. 고전학에 우등생이었던 그는 한두 명 과외를 하다가 규모가 커지자 학교로 등록하였다.

그리고 1년 후인 1882년 학생 수는 42명으로 증가하였고, 헨리는 더 큰 학교로 발전시키느냐 아니면 이 지점에서 그만두고 인도로 가느냐 결단을 해야만 했다. 그는 학교를 발전시키기로 마음을 먹고 큰 투자를 하기 시작하였다. 그는 남동생 존과 매카트니 신부 그리고 지역 주민들의 도움으로 엘스톤위크 코튼 가(현재는 리젠트 가)에 5에 이커의 부지를 확보하였다.

> 그는 그곳에 학교를 세우고 기숙사를 지었다. 또한, 운동장을 평평하게 작업하였고, 학교 설비도 구입하였다. 모두 2,800파운드(현대 원화로 십 억 원)의 재정이 소요되었다.
> (앞의 책, 140)

헨리는 이 학교에서 '평생을 위한 전인 교육'이라는 교육철학을 발전시킨다. 기독교적 가르침과 매일의 성경공부는 학교의 특성이 되었다. 왕성한 과외 교육 프로그램도 있었는데 큰 운동장을 십분 활용하여 매주 토요일마다 스포츠 시간이 있었다. 가을에는 크리켓과 테니스, 겨울에는 풋볼 그리고 봄에는 육상경기가 있었다.

(학생들을) 그리스도인으로 만드는 것이 학교의 첫 번째 목표이다. 학문적인 훈련은 스포츠를 포함한 전인 교육에 필요한 한 부분이다.
(앞의 책, 141)

1883년 등록한 학생 수는 63명으로 늘어났고, 1884년에 가서 학교는 사회의 관심을 끌기 시작하였다. 헨리의 학교는 전통적인 공립학교와 차별되어 비교되었다. 이 학교는 기독교 학교이지만 어느 한 교단에 속하지 않은 초 교파적이었다. 또한, 공립이 아닌 사립학교였고 기숙사까지 갖추고 있었다. 이 브랜드는 당시 탁월한 선택이었다.

뿐만 아니라 학교가 세워진 장소도 큰 이점이 있었다. 코필드 그래머는 엘스톤위크에 세워진 첫 번째 학교였던 것이다. 경쟁자가 없었고, 다른 학교가 들어온다 하여도 큰 기득권을 가질 수 있었다. 학교 운영에 대하여 경험이 없던 데이비스는 학교 운영을 배워가며 일취월장 학교를 발전시켰다.

헨리는 또 다른 취미 생활이 있었다. 다름 아닌 등산이었다. 그는 멜버른을 벗어나 빅토리안 알프스의 워버톤 등산길 등을 며칠이고 등반하였다. 사라의 인도 선교를 위해 그는 발라렛 근처까지 가 '희망'이라는 전단지를 돌리며 모금하였고, 자신의 학교를 홍보하기도 하였다. 기차를 타기도, 또 걷기도 하면서 그 지역에서 설교도 하였는데 빅토리아장로교 600명의 청년이 그의 설교를 들었다고 한다.

1886년에 입학한 학생 수는 100명으로 증가하였다. 기숙사에는 30명의 남학생이 있어서 한 명의 사감, 즉 메리로는 부족하였고 전문적인 행정가도 필요하였다. 바로 아래 동생 존은 목사가 되었다. 헨리는 이제 가족에 대한 책임에서 자유롭다고 느끼었고, 누가 학교를 매입한다면 인도로 가라는 하나님의 신호로 여기고 있었다.

1888년 헨리는 바넷 목사에게 학교를 10,000파운드에 매도하였다. 그는 그 돈으로 모든 빚을 갚고 모기지도 깨끗하게 청산하였다. 그리고 8월 22일, 헨리의 32번째 생일에 그와 메리를 환송하였다. 환송회에서는 많은 연설과 박수가 터져 나왔고, 그들에게 감사와 선물이 주어졌다.

인도에서 한국으로

헨리는 이제 당장 인도로 돌아갈 수 있었다. 이번에는 충분한 현금도 있었다. 그러나 모두 염려하고 있었다. 헨리의 건강 때문이었다. 만성 말라리아에 대한 확실한 치료법도 없는데, 열대지방인 인도로 다시 돌아간다니 말이다.

데이비스는 매카트니 신부에게 자신의 계획을 말하였다. 그때 그 신부는 출판하기 위한 작은 선교지를 만들고 있었는데, 1887년 10월에 쓴 울프 주교의 편지를 선교지에 실으려고 준비하고 있던 참이었다. 해리가 마침 '울프 주교로부터 온 중요한 편지'라는 제목의 그 내용을 접하고 읽었다. 마치 하나님이 자신의 기도에 응답하는 것 같이 해리의 눈이 크게 열리는 것을 그 신부는 보았다.

"그곳은 기후 또한 온난합니다."

신부는 계속 말하였다.

"그러나 수도인 서울에는 적은 일꾼들만 있을 뿐입니다. 아마 그것이 당신이 필요한 전부일 수 있고, 언어는 배우면 됩니다. 서울에서 선교의 주도는 미국장로교가 하고 있습니다. 그러나 장로교에서 안수를 받는 것도 성공회처럼 6개월은 걸릴 것입니다."

(앞의 책, 81)

이렇게 헨리는 한국으로 갈 결심을 하게 되었다. 그러나 헨리는 성공회에서 파송을 받을 수 없었다. 한국은 당시 성공회 선교지가 아니었던 것이다. 이때 투락장로교회의 어윙과 이미 장로교회의 목사가 된 자신의 동생 존의 도움으로 장로교로 관심을 돌리게 되었다.

어윙은 데이비스를 장로교회로 인도하였을 뿐만 아니라 1888년 11월 22일 장로교 총회에 전 일본 선교사였던 딕슨과 맥라렌을 포함하여 17명의 지도자급 총대원들의 서명을 받아 데이비스를 한국 선교사로 갈 수 있도록 인준해 달라는 청원서를 제출하였던 것이다.

(이상규, 239)

그러나 헨리는 즉시 목사 안수를 받을 수 없었다. 장로교회에는 안수 시험이 있기 때문이었다. 이 시험을 준비하는 한 방법은 오몬드 신학교에서 6개월 동안 공부하는 것이었다. 그때 어윙 목사의 제안으로 그는 스코틀랜드 에든버러에서 단기간 공부를 할 수 있었다. 그리고 마침내 멜버른의 노회가 주관하는 목사고시에 우수한 성적으로 합격하여 안수를 받게 된 것이다.

목사 안수식과 파송

헨리 데이비스의 목사 안수식은 당시 호주 조간신문에 예고되었다.

헨리 데이비스 씨의 목사 안수식이 8월 5일 스코트교회에서 열리며, 그
는 한국의 선교사로 떠난다.
(더 아르거스, 1889년 7월 11일, 5쪽)

그리고 얼마 후 헨리의 목사 안수식이 있었다. 당시 빅토리아장로
교회는 설립 50주년 행사를 진행 중이었고, 그중에 미지의 한국 땅에
선교의 문을 여는 헨리의 안수식과 동시에 파송이 주요 관심사였다.
안수식과 파송식에는 멜버른 스코트교회의 많은 교인이 참석하였다.

집례	맥켄지 총회장
안수자 소개	앤드류 하디 해외선교위원회
성경봉독	요한복음 4장 35절
설교	로버트 레이니 학장
안수	총회장과 위원들
격려사	존 어윙 목사
폐회	다같이

먼저 해외선교위원회 하디 목사의 보고가 있었다. 그는 교회의 선교활동
에 관하여 먼저 언급하였고 그리고 헨리를 청중에게 소개하였다. "교회
가 자랑스럽게 생각하는 하게나우어 목사, 페이튼 목사 그리고 맥도날드
박사 등은 선교의 베테랑이지만, 한 청년이 이들의 뒤를 이어 전적으로

헌신한다는 것은 영웅적인 행동으로 교회는 기대할 수 있습니다."

보고서를 받아들이기로 맥도날드 교수가 제청하였고, 보고서는 통과되었다. 그리고 레이니 학장이 설교를 하였다. 본문은 요한복음 4장 35절이었다. "너희는 넉 달이 지나야 추수할 때가 이르겠다 하지 아니하느냐 그러나 나는 너희에게 이르노니 너희 눈을 들어 밭을 보라 희어져 추수하게 되었도다."

설교자는 헨리 데이비스의 높은 지적인 능력과 의식 있는 헌신을 언급하면서, 그의 진정성은 전적으로 선교사 소명으로 이어졌다고 하였다. "데이비스는 코필드 그래머 학교의 교장 자리를 포기하였는바, 선교 사역에 자신을 헌신하기 위해서이다."

총회장은 데이비스를 안수하기 바로 전 이와 같이 설명을 하면서 계속 이어갔다.

"그는 스코틀랜드에 가서 목회를 위한 학업을 다 마쳤고, 마지막 시험에 우수한 성적을 거두었다. 그는 즉시 한국으로 떠날 것이고, 그의 누나가 동행할 것이다."

안수 후에는 어윙 목사가 갓 목사가 된 헨리에게 격려사를 하였고, 예배를 모두 마치었다.

(더 아르거스, 1889년 8월 6일, 6)

그러나 사실 행정적으로나 재정적으로 볼 때 헨리는 총회 파송 선교사는 아니었다. 빅토리아장로교회는 당시 뉴 헤브리데스 선교에 집중하고 있었고, 한국은 그들에게 생소한 나라였다. 헨리를 재정적으로 지원한 단체는 일 년 전 조직된 장로교 소속 청년연합친교회였다. 이들은 따로 8월 16일 멜버른 시내의 YMCA 강당에서 환송회를 개최하였다.

데이비스 가문의 톰슨-그레이는 호주의 장로교 청년친교연합회에서 그를 지원하였지만, 빅토리아장로교 해외선교위원회는 그의 선교에 공식적인 권위를 부여하지 않았다고 한다. 그러면서 그는 "최소한 호주 문화에서 볼 때 이 사실 자체가 그(헨리)를 영웅으로 만든다"라고 하였다(톰슨-그레이, 56).

그리고 일주일 후, 멜버른 항구에 술렁이는 일이 일어났다. 뜻밖에 큰 무리의 코필드 그래머 학생들이 한국으로 떠나는 헨리와 메리 데이비스를 환송하러 나온 것이다. 메리는 당시의 상황을 다음과 같이 회상하고 있다.

> 나는 가장 마지막에 생각나는 사람이었다. 그리고 급박하게 일이 진행되었다. 나와 교회 친구들은 선교를 위하여 모금하였고, 해리가 인도로 갈 때 지원할 생각이었다. 그 대신에 그들은 내가 배표를 사도록 지원하였다. 나는 빠르게 짐을 챙겼고, 해리와 함께 떠날 준비가 되었다. 시간에 맞추어 배를 타야 하였다.
>
> (앞의 책, 82)

서울과 부산 사이

데이비스 남매는 40여 일간의 항해 끝에 1889년 10월 2일 부산에 도착하였다. 그리고 다시 배를 타고 항해하여 제물포에 내려 10월 5일 서울에 도착하였다. 언더우드와 아펜젤러 선교사가 한국 땅에 첫발을 디딘 4년 후였다.

한국에서 첫 주일이었던 10월 6일, 헨리의 일기를 보면 그는 외국인 연합예배에 참석하고 있었다. 그리고 그는 미장로교회 언더우드

선교사의 설교를 들었다. 당시 선교회원 숫자는 모두 20명가량 된다고 언급하고 있다. 데이비스 남매는 이들과 교제하였고, 동시에 조선말을 배우며 근처의 마을을 방문하기 시작하였다.

다음 해인 1890년 1월 19일 일기를 보면 헨리는 벌써 한국인들을 위하여 성찬식을 거행하고 있다.

처음으로 한국인들을 위하여 성찬식을 집례 하였다. 참석인원은 소년 3명, 노인 1명, 여성 1명 그리고 우리 외에 외국인 5명이 전부였지만 말이다. 그래도 참 감사하다.··· 이 성찬식은 '너희는 주의 죽으심을 그의 오실 때까지 전파하라'는 말씀을 가르치는 좋은 실제 교육이었다.
(데이비스의 일기, 1월 19일)

헨리가 서울에 있는 동안 '선교사연합공의회'가 만들어졌고, 미국 선교사 헤론이 회장 그리고 헨리가 총무가 되었다. 후에 헨리가 사망하자 미국인 선교사들이 다음과 같은 말을 남긴 것을 보면, 짧은 기간이지만 헨리는 이들에게 강렬한 인상을 남기었던 것으로 보인다.

언더우드는 데이비스를 열정적이고, 탁월하고 경건한 사람이라 하였고, 한국에 온 선교사 중에 가장 소중한 사람 중 하나라고 평가하였다.

특히 뜨거운 가슴과 함께 예리한 지성을 겸한 그에게서 언더우드는 동지적 의식을 느끼며 자신과 함께 서울에서 일해 주기를 여러 번 간청하기도 했다. 데이비스는 고전어에 상당한 실력이 있었으므로 아펜젤러 등과 함께 성경 번역하는 일에 전념해 주기를 간청하였으나, 당상 그리스도를 증거해야 한다는 의식 때문에 후일의 선교 사역을 위해 준비하는 인내를 겸하지 못했다.

(이상규, 244)

사무엘 마펫 선교사는 한 편지에 헨리를 다음과 같이 소개하고
있다.

> 만일 호주에서 여러 해 동안 학교 교장으로 있었고 18개월 동안 인도에
> 서 선교사로 사역한 빅토리아장로교회의 데이비스 목사가 없었더라면,
> 우리는 경험 있는 사역자의 부족으로 심한 어려움을 겪었을 것입니다
> (옥성득, 115).

감리교의 선교회장도 헨리가 서울을 떠나는 것에 대하여 반대하
였는데, 그의 학업 성취와 언어의 적성으로 볼 때 수도가 더 낫다는
이유였다. 그러나 헨리는 자신의 일기에 당시 서울에서의 활동에
만족스럽지 않은 감정을 적고 있다.

> 무엇 때문에 내가 여기에 있는 것일까. 이 편안한 방에서 불편함 없이
> 있지만, 왠지 나는 내가 평소에 생각하던 그런 이상적인 선교사라는 느
> 낌이 들지 않는다.
> (헨리 데이비스 일기, 1889년 12월 31일)

헨리의 마음은 이미 서울을 벗어나고 있었고, 남쪽지방 특히 거주
선교사가 없는 부산을 염두에 두고 있었다. 그는 동시에 한국에 대한
인상을 편지로 써 호주의 청년남친교연합회로 보내었다. 그 편지의
일부가 당시 일간 신문인 '더 데일리 텔레그래프'나 '더 아르거스'에

실렸고, 미지의 세계인 조선 즉 한국이란 나라가 호주인들에게 알려지기 시작하였다.

한국의 첫 호주 선교사, 그는 어떻게 받아들여졌는가. 다음의 편지는 한국의 첫 선교사 헨리 데이비스가 어윙 목사를 통하여 장로교 청년남친교연합회에 보낸 것이다.

'우리들은 약하나 예수 권세 많도다' 하는 찬송이 들립니다. 저를 향한 격려의 메시지로 들립니다... 한국어 공부를 시작해야겠습니다. 우리를 위하여 계속 기도해 주기를 바랍니다.
(더 데일리 텔레그래프, 1889년 12월 11일)

데이비스는 무더운 열대야인 인도를 피하여 겨울이 있는 한국으로 왔는데, 그해 겨울에 대하여는 다음과 같이 적고 있다.

순백의 눈이 지금은 이 지저분한 도시를 덮고 있습니다. 햇빛 아래 지붕이나 산기슭의 눈이 빛나고 있습니다. 이런 겨울은 나쁘지 않은데, 이곳의 추위가 너무 과장이 되어있다는 생각이 듭니다.
얼마 전 내가 배를 타고 강을 건널 때, 얼음 사이로 뱃길이 나 있었고, 맑은 물의 바닥을 막대로 밀며 나아갈 때, 큰 덩어리의 얼음이 뱃머리에 부딪치곤 하였습니다. 그러나 춥게 느껴지지는 않았고, 영국이나 스코틀랜드의 겨울처럼 습기 차고 답답하여 우울하지 않습니다. 이곳은 낮에는 청명하고, 태양은 따뜻한 겨울입니다.
(톰슨-그레이, 86)

그러나 헨리는 한국의 겨울을 과소평가하였다. 결국, 그는 한국의 날씨로 인하여 병을 얻었고, 사망하게 되니 말이다. 1890년 3월 14일 헨리 데이비스는 조선어 선생과 마부와 함께 부산을 향하여 출발하였다. 3주일 동안의 이 여정은 그의 일기에 잘 기록되어 지금까지 전해지고 있다. 서울을 떠난 그는 수원 등 경기도 지방과 공주 등 충청도 지방을 거쳤고, 경상도의 하동, 칠원, 함안 등을 지나 300마일에 이르는 먼 길을 다녔다. 당시 그가 가진 호조(여행증명서)에는 '영국인 덕배시가 경상과 전라도를 여행할 것이니 각 도 관리는 여행을 막지 않도록 하라'고 적혀 있었다.

헨리는 여행 중에 전도하고 쪽 복음을 팔며 그것을 기뻐하기도 하였고, 또 지방 관원에게 박해를 받아 어려움에 처하기도 하였다. 그러나 겨울이 지났다고 생각했던 날씨는 여전히 추웠고, 그의 감기는 폐렴으로 발전되었다. 이것이 그의 직접적인 사망원인이 되었다. 동시에 그는 천연두까지 감염되어 있었다.

헨리가 부산에 도착할 즈음 그는 업혀서 이동될 정도였다. 그는 겨우 일꾼을 통하여 부산에 있던 캐나다 선교사 게일에게 '즉시 오라'는 메시지를 적어 보냈다. 헨리는 게일과 일본인 의사의 치료와 돌봄을 받았으나, 결국 4월 5일에 사망하였다. 그가 한국 땅을 밟은 지 183일째였다. 게일은 그를 부산항이 굽어 보이는 복병산에 장사지내고, 서울에 있는 헨리의 누나 메리에게 슬픈 소식을 전하는 편지를 보냈다.

잃어버린 것이 아니다. 먼저 갔을 뿐

게일의 편지를 받기 전 메리는 이미 남동생 헨리의 사망 소식을 전보로 받아 알고 있었다. 메리는 큰 충격을 받았고, 호주 멜버른에 있는 가족들에게 그의 사망 소식을 전하였다.

메리의 머릿속에는 온통 멜버른의 샌 킬다 마리나 빌라의 집에 있는 그
녀의 동생들과 곧 지롱으로 옮겨갈 버닌용교회의 남동생 존 목사 생각
뿐이었다. 그녀는 전보를 썼고 주소를 적었다. 서울에서 전보를 치는
것도 쉽지 않은 일이었고, 부활절 휴가 기간인 멜버른으로 전보를 보내
는 것도 불확실하였다. 존은 전보를 4월 10일 목요일까지 못 받을 것이었
다. 서울의 미국대표부에서 보내면 아마 더 일찍 도착하겠지만 말이다.
(앞의 책, 50)

1890년 4월 11일 금요일, 멜버른의 '더 아르거스'에 가족이 실은
헨리 데이비스의 부고 기사가 떴다. 그리고 나흘 후, 교회도 데이비
스의 사망 소식을 같은 신문에 알리고 있다.

더 아르거스 편집인에게

우리의 선교부는 한국에서 일하던 헨리 데이비스 목사의 사망으로 슬픈
손실을 겪고 있다. 이 젊은이는 우리의 지원을 받으며 거룩한 일을 감당
하고 있었다. 주님의 거룩한 섭리 아래 우리를 낮추면서 아르거스 신문
을 통하여 말할 수 있기를 바란다. 나는 믿기를 이것으로 인하여 낙심하
거나 선교를 포기하는 생각은 없을 것이다. 적합한 계승자를 찾을 수
있도록 주님의 인도하심을 기도하자. 젊은 호주를 대표하여 모든 방면
에서 적합한 사람을 찾기는 어려울 것이다. 그러나 주님은 자신의 젊은
종을 부르시고 복 주신 것처럼, 다른 이를 부르시어 축복하시고 사용하
실 것이다.
동시에 멀리 떨어진 한국에 홀로 남겨진 자매와 사랑하는 사람을 잃어

버린 많은 친구에게 따뜻한 위로를 전한다.

"잃어버린 것이 아니다. 먼저 갔을 뿐."
앤드류 하디, 회장.
목사관, 리치몬드, 4월 11일.
(더 아르거스, 1890년 4월 15일 화요일, 6)

그리고 3주 후에 스코트교회에서 헨리 데이비스 목사 추모예배가
열렸다. 메리는 호주로 돌아오는 배 위에 있었으므로 이 예배에 참석
하지는 못했다.

헨리 데이비스 목사 추모예배

일시: 1890년 5월 8일 / 장소: 스코트교회

전주	'하나님은 신비로운 방법으로 역사 하신다'
중보기도	마셜 목사
성경	고린도전서 15장
설교	어윙 목사 (대신에 렌토울 박사)
추모편지 낭독	
추모사	길레스피 청년친교연합회 회장
추모사	하디 이방인선교회 회장
추모사	매카트니 신부
추모사	맥도날드 총회장
추모사	크로스비 코필드 그래머 스쿨 대표

헌금	'사울의 죽음 행진곡'
추모사	벨포어 감리교 레이디스 칼리지 대표
후주	'아 저 건너에 있을'
축도	맥도날드 총회장

다음은 추모예배 후 교회의 한 소식지에 실린 그 날의 모습이다. 긴 글이지만 가치 있는 내용이라 그 전문을 여기에 신는다.

1890년 5월 8일 예배 - 헨리 데이비스를 추모하며

우리의 한국 선교사인 고 헨리 데이비스 추모예배가 5월 8일 스코트교회에서 열렸다. 교회당은 꽉 찼으며, 예배는 거룩하고 인상적이었다. 관심이 더 증폭된 것은 연합회의 부회장인 존 어윙이 그 전날 사망하였기 때문이었다. 청년친교연합회의 회원들이 앞자리를 채웠으며, 동편 의자는 데이비스가 창설한 코필드 그래머 학교의 학생들과 교사들로 채워졌다. 수량의 의자들은 데이비스의 가족과 친척들을 위하여 예약되었다. 총회의 많은 대표 회원들도 자리를 잡고 앉아있었다.

추모예배는 찬송가 '하나님은 신비로운 방법으로 역사하신다'를 부르며 시작되었고, 마셜 목사의 아름답고 적절한 기도가 있었다. 로빈 목사는 고린도전서 15장의 한 부분을 읽었다.

총회장이자 연합회의 명예 회장인 맥도날드가 다음에 나서 한국선교에 열정이 있었고 데이비스의 친한 친구였던 존 어윙이 설교하려고 계획되어 있었다고 밝혔다. 그러나 그는 '네 주인의 즐거움에 참여할지어다'라는 주님의 음성을 어제 들었다고 하였다. 그 이유로 렌토울 박사가 설교를 대신하게 되었다고 설명하였다.

렌토울 박사는 본문으로 출애굽기 13장 13절을 선택하였는데, 그 내용은 '광야 길로 돌려 백성을 인도하시매'이었다. 그는 말하기를 이스라엘 백성은 그 날 사망의 골짜기에 모였다고 하였다. 하나님의 영원의 숨결이 그들의 얼굴에 들이쳤다. 자신의 친구에 관한 설교를 하려던 자도 넘어졌고, 그의 강한 손에 수평도 무너졌다. 설교자는 하나님의 방법은 사람들이 일하는 방법과 어떻게 다른지 설명하였고 그의 목적은 종종 실패한 계획이나 고통 그리고 슬픔을 통하여 더 빨리 이루어진다고 하였다. 설교자는 광야에서 이스라엘 백성의 고난에 대하여 말하였고, 그 결과로 이집트에서 나올 때의 약하고, 작은 가슴의 노예에서 전사의 국가로 변모하였다고 하였다. 갈렙과 여호수아 같은 지도자가 탄생하여 거인들도 힘겨워하고, 여리고의 탄식도 위험에서 벗어나게 하였다고 하였다.

설교자는 어윙과 데이비스의 생애와 죽음이 오늘 여기에 슬픔과 고통을 주고 있다고 말하였다. 우리가 인간의 외침과 하나님의 영원을 무시하면 오는 고통이라고 하였다. 이러한 고통과 슬픔은 인간들이 이기적이고, 세속적이고, 동정심 없고, 자만한 것을 멈추게 한다고 강조하였다. 그는 계속하여 리빙스톤이나 다른 선교사들의 죽음으로 선교 사역이 멈추었던 예를 설명하였는데, 그럼에도 선교의 기동력은 하나님의 종한 사람의 죽음으로 중지되지 않는다고 하였다. 상실이나 죽음이 진실된 마음의 그리스도의 사역과 신교를 꺾시 못한다고 하였다. 우리의 형제 두 명을 잃은 것은 세상이나 물질에 의지하는 교회의 잘못을 보여주는 것일 수 있고, 더 나은 사역을 위한 우리들의 삶을 추동하는데 필요했던 날이 선 배움일 수 있다고 하였다. 하나님의 사역은 중단되지 않을 것이며, 한국에서 계속 일하려는 의지가 줄어들지 않을 것임을 믿는다고 말하였다.

연합회 지부인 코로이트, 워낭볼, 마운트 프로스펙트 그리고 프라한의 대표들과 발라렛의 세인트 존 협회에서 온 전보는 모두 데이비스의 죽음을 애석해하였다. 아델라이드와 뉴사우스웨일스의 친교연합회도 편지를 보내왔는바, 가족과 빅토리아 연합회에 위로의 말을 전하였다. 다음으로 친교연합회의 회장인 로버트 길레스피가 연설하였다. 하나님의 처리법은 놀라운바, 렌토울 씨가 말한 대로 영원의 숨 한 번으로 불러들일 수 있다고 하였다. 기독교인은 위기를 맞을 때, 다른 사람들과 다르다고 하였다. 그들의 계획은 망가졌지만, 하나님이 새롭게 하시리라는 것을 그들은 안다고 하였다. 청년연합회는 장로교회의 희망이며, 하나님이 심하게 가지치기를 하셨으니, 앞으로 열매를 더 맺을 것이라 하였다. 그는 청년들에게 데이비스의 발걸음을 따라가기를 촉구하였다.

장로교회의 이방인선교회 회장 앤드류 하디 목사는 순교자의 죽음이 어떻게 그리스도의 사역을 더 위대하게 확장하였는지 잘 설명하였다. 남멜버른 거룩한 5중주단도 '소명의 역할'을 매우 영향력 있게 연주하였다. 그다음에는 코필드 성공회의 매카트니 신부의 연설이 있었는바, '벽에 쓴 글씨'의 상징으로 교회의 최근 상실에 대하여 이야기 하였다. 그 말씀의 해석은 많은 것을 배울 수 있도록 주의를 끌었다. 그는 궁극적인 축복을 믿는다고 하면서, 왜 이러한 사별이 필요하였는지 또 어떤 것을 찾기를 원하였는지 성찰하기 원한다고 하였다.

선교에 관하여서는 두 가지 영향이 있을 것이라고 하였다. 하나의 목적은 문이 닫혔지만, 다른 것은 눈처럼 빛난다고 하였고, 한국선교의 운명은 용감한 자들을 더 용감하게 할 것이라고 하였다.

총회장은 데이비스를 15년 전부터 알았다고 하였다. 당시 그는 코필드 학교의 교장이었고 교사이었으며, 다른 일 중에도 그 일에 그는 성실하였다. 데이비스는 학생들의 지적인 수준과 영적인 수준을 끌어올리기 위하여 노력하였다고 하였다.

코필드 학교 데이비스의 제자이었던 크로스비 씨가 단상에 초청되었고, 데이비스가 학생들의 영적인 진실을 위하여 어떻게 노력하였는지 증언하였다. 데이비스는 학생들이 운동장에 있을 때도 도박이나 다른 악에 빠지지 않도록 돌보았다고 하였다. 학생들은 모두 그를 사랑하였고, 데이비스의 가르침대로 의로운 길로 들어선 학생들에 대하여 그는 말하였다. 그리고 헌금 시간이 있었고, 그동안 오르간 연주자 에드슨 씨가 '사울의 죽음 행진곡'을 연주하였다.

감리교 레이디스 칼리지 벨포어 씨가 마지막 연사였다. 그는 연사로 초청될 때 망설였다고 하였다. 그러나 어윙의 친구들과 상의를 하여 3주 전 코필드의 추모예배에서 있었던 어윙의 설교를 인용한다고 하였다. 어윙은 한국 선교에 대하여 언급하였었다.

"만약 그들이 성공하였다면, 육신의 팔에 의지하고, 생각도, 믿음도, 돌봄도 없었을 것이다. 그리스도의 선교는 그의 의지이기에 항상 죽음에서 부활한다. 성공은 재산과 편안함이 아니고, 영원한 신앙의 생명이다."
이 추모예배는 2시간 반 동안 진행되었다. 남 5중주단의 '아 저 건너에 있을 땅의'의 후주가 있었고, 총회장이 축도로 예배를 모두 마쳤다.
(더 프레스비테리안 먼슬리, 1890년 6월 1일, 214)

데이비스에 관한 추모 기록

호주장로교회 총회 해외선교위원회는 헨리 데이비스에 관하여 다음과 같은 기록을 남기었다.

해외선교위원회는 큰 손실에 관한 깊은 감정을 기록으로 남기기 원한다. 우리의 첫 한국 선교사 헨리 데이비스의 이른 죽음을 교회는 확인하였다.

선교를 향한 데이비스의 집중된 헌신은 학자로서의 눈에 띄는 능력과, 기독교인 생활의 일관성과, 다른 사람들을 끌어들이는 능력은 성공의 기대와 함께 새 선교를 시작하고 진행하는데 훌륭하게 적합하였다.

이 경험은 그리스도가 그의 교회보다 먼저 선교를 시작하였다는 '열린 문'을 보여주었고, 이 선교의 영향은 우리의 젊은이들에게 여러 가지로 영향을 미치며 격려가 되었다.

우리는 상실감에 깊이 애통하지만, 데이비스에게는 오직 얻은 것만 있었다는 것을 기억한다. 우리 주님은 스데반에게 그랬던 것처럼 그를 영광스럽게 하셨고, 이른 안식과 상을 주셨다. 우리의 희망의 표현으로 슬퍼하는 가족이 위로를 받기를 원하며, 성령의 역사하심에 의하여 많은 사람들이 자극받기를 바란다. 그리고 그와 같이 실천하여 먼저 떠난 우리의 사랑하는 형제에게 주어진 같은 영광의 관을 받기를 바란다. 데이비스 양이 돌아올 때까지 한국 선교에 대하여 아무런 결정을 하지 않기로 동의하다.

(장로교 해외선교위원회 회의록, 1890년 5월 7일)

데이비스를 파송하였던 청년친교연합회의 길레스피 회장은 다음과 같은 기록을 남기었다.

더 아르거스 편집인에게

헨리 데이비스의 죽음

우리의 친구가 한국에 복음을 전하는 특별한 사명을 가지고 안수를 받은 지 몇 개월밖에 지나지 않았다. 그를 파송한 지 이제 6개월이 조금 지났을 뿐이다. 청년친교연합회가 그를 후원해야 한다는 제안을 열정적으로 수용하고 책임을 맡았다. 그리고 헨리와 메리의 파송예배에 참석하였던 사람들은 그 당시 가졌던 끝없는 자부심과 높은 희망 그리고 모든 마음에 채워진 따뜻한 성찰의 기억을 아직도 가지고 있다.

헨리와 메리의 여정은 순조로웠으며, 이미 그곳에 있던 기독교인들의 환영은 기대 이상이었고, 외로움과 소외감 대신에 친절과 환영이 그들을 맞이하였다. 그들은 한국어를 빠르게 습득하였으며, 그는 곧 한국어로 한국인들에게 설교할 수 있을 것으로 기대하였다. 모든 것이 우리의 희망을 넘어서 잘 진행되며 고무적인 것 같았다. 연합회 회원들은 진정어린 관심을 보여 왔고, 해가 가기도 전에 봉급을 제공하므로 애정을 표하였고, 그 선교를 어떻게 더 강화해야 할지 숙고하고 있었다.

그리고 지금 우리는 갑자기 그가 부르심을 받았다고 들었다! 헌신적인 삶과 충만한 약속, 희생적인 노동은 끝이 났다. 그의 태양은 정오가 되기도 전에 내려갔다.

그렇게도 희망적으로 시작되었던 사역은 짧게 끝이 났고, 우리 젊은이들의 삶의 고귀한 포부를 촉진시킬 좋은 본보기는 사라졌다. 우리 연합회에 이렇게 큰 믿음의 시험이 있어본 적이 없다. 하나님이 내리치셨을 때 아무 말도 못하던 다윗과 같다. "내가 잠잠하고 입을 열지 아니함은 주께서 이를 행하신 까닭이니 이다"(시 39:9).

이러한 방법의 하나님의 약속은 헤아릴 수 없다. 그러나 그는 모든 것에는 흠결이 없으시고, 우리는 그의 의지 앞에 순종한다. 그는 우리에게 말씀하셨다. "무릇 열매를 맺는 가지는 더 열매를 맺게 하려 하여 그것을 깨끗하게 하시느니라." 우리는 가지가 더 많은 열매를 맺게 하려는 농부의 더 원대한 계획을 신뢰한다.

하나님이 불러 가신 우리의 형제로 인하여 우리는 감사할 뿐이다. 그는 안식에 들어갔고, 의로운 자를 위한 빛나는 보상이 그의 앞에 있다.

우리는 그의 누나를 위해서 하나님께 신실한 기도를 드린다. 우리가 주일 아침 모일 때마다 은혜의 왕관 앞에 그들을 기억할 것이라고 우리는 서약 하였고, 신실하게 지켜 왔다. 이제 우리는 기도해야 할 한 사람을 잃었고, 다른 한 사람은 슬픔과 외로움과 시험 속에 있다! 우리가 그녀를 위하여 기도를 멈추는 죄를 짓지 않도록 하나님께 기도한다.

한국선교 활동이 멈출 것이라고 우리는 믿지 않는다. 다만 우리의 질문 은 이러하다.

"누가 이 기회 속으로 뛰어들 것인가?"

"죽은 이를 위하여 누가 세례를 받고, 그의 사명을 이어갈 것인가?"

추수의 주님께서 일꾼들을 과수원으로 보내시기를 기도한다.

로버트 길레스피

(더 프레스비테리안 먼슬리, 1896년 5월 1일)

동생 존 데이비스의 증언

헨리보다 먼저 장로교회에서 목사 안수를 받은 동생 존 데이비스 도 자신의 형에 관하여 다음의 기록을 남기었다.

헨리 데이비스를 추모하며

무거운 마음으로 나는 나의 형의 짧은 생에 관하여 메신저 독자들을 위 하여 글을 쓰기 위해 펜을 든다. 형이 사망하였다는 슬픈 소식은 4월 10일 한국으로부터 왔다.

내가 거슬러 그를 기억하는 것은 형이 11살이었을 때 그의 신앙에 관한 것이다. 그가 그리스도를 자신의 구주로 언제부터 믿고 있었는지 나는 모른다. 그러나 그때부터 나는 그가 그리스도의 신실한 추종자이자 신앙인인 것을 알고 있다. 그는 나도 구원의 길의 분명한 확신을 갖도록 도왔다. 1869년 형이 13살 되었던 해 우리의 아버지는 사망하셨고, 그는 장남으로 우리 집안의 많은 일이 그에게 주어졌다.

형은 아버지의 뒤를 따르려는 의도로 제닝스 앤 쿠트 변호사 사무실에서 일하였고, 사무실 시간 전과 후에 공부하여 대학입학 시험에 합격하였다. 그는 사무실의 서기가 되었다. 당시 우리는 코필드의 매카트니 목사의 목회하에 있었는바, 이것은 해외 선교에 꿈이 있던 형의 열정 때문이었다.

형은 이방인 세계의 필요에 대하여 큰 관심을 가졌고, 가서 모든 민족을 제자로 삼으라는 그리스도의 명령을 심각하게 받아들이고 있었다. 해외 선교지로 마음을 빼앗긴 그의 심장은 다시 바뀌지 않았다. 그는 법학 공부를 포기하였고, 이미 얻은 지위와 사무실의 친절한 배려 그리고 촉망되는 미래에 미련 없이 등을 돌렸다. 형은 대학에서 문학학사를 하기 원하였고, 공부하는 동안의 생활을 위하여 그는 투락 칼리지의 기숙사 사감이 되었다.

인도에서 부름이 왔을 때 형은 대학교 1학년 시험을 통과하고 있었다. (인도 북동부에 있는) 일루루 시에는 이미 우리의 누이가 일하고 있었고, 그곳의 알렉산더 목사를 지원하는 일이었다. 형은 그것을 하나님의 부름으로 받아들였고, 거룩한 음성에 순종할 준비가 되어 있었다. 그는 떠났고, 텔루구 언어를 열심히 배워 곧 설교할 수 있게 되었다. 그러나 그는 고열에 시달렸다. 그리고 18개월 만에 집으로 돌아가라는 의사의 권고가 있었다. 집에 돌아온 그는 매우 약하고 아팠으나, 몇 개월 후 그는 중단되었던 대학 공부를 다시 하기 시작하였다.

형이 하는 다른 많은 일을 생각할 때 그리고 건강도 썩 좋지 않았음에도 2학년 때 고전학 우등을 하였고, 3학년 때는 자연과학 장학금과 고전문학에 우수한 성적을 거두었다. 대학 학위를 마친 후에 그는 다시 선교지를 생각하고 있었다. 그러나 인도로 돌아가는 것은 허락되지 않았고, 멜버른 사회에서도 그를 필요로 하고 있었다.

여러 가지를 고려한 후에 형은 코필드 그래머 학교를 시작하였다. 그리고 우리가 아는 대로 그 일에 성공하였다. 그러나 그는 만족하지 못하였다. 학교를 자신과 같이 효과적으로 운영할 사람은 많이 있지만, 이방인 선교는 누가 할까? 형은 생각하였다. 선교의 걸림돌을 하나씩 치우더니 그는 마침내 장로교회의 한국 첫 선교 사역에 자신을 기쁘게 지원하였다.

형이 한국을 선택한 이유는 타오르는 인도 날씨에 비하여 한국의 날씨가 온화하고, 그것으로 좀 더 오래 자신이 사랑하는 일을 할 수 있을 것이라고 생각하였기 때문이다. 그리고 그곳에 선교의 필요성을 절감하였기 때문이다. 그는 그리스도의 이름이 전해지지 않은 곳에 복음을 전파할 불타는 열정이 있었다. 그는 다른 사람들이 안 가는 곳에 갈 준비가 되어 있었고, 고생을 각오하고 있었고, 주님의 나라를 확장할 수 있다면 자신의 생명도 귀하지 않다고 여기고 있었다.

장로교회의 목사로 안수받기 위한 신학 과정을 위하여 에든버러로 떠날 때, 그는 자신의 학교 학생들에게 말하였다. 12살 이후 처음으로 그의 모든 시간을 공부에만 전념할 수 있게 되었다는 것이다. 그가 그곳에서 얼마나 시간을 유용하게 보냈는지 멜버른노회 목사들과 목사 안수 시험관들은 그가 멜버른으로 돌아오자 알게 되었다. 그는 또한 오랫동안 재정을 보수적으로 운영하였고, 그렇게 실천하였다. 그는 정직한 학생이었고, 자신의 삶의 참된 일을 할 수 있는 힘과 지식이 있었다.

한국에서의 짧은 사역이 진행되었고, 형의 소식이 도착하였다. 그가 한국어를 열심히 공부하고 있다는 소식과 함께, 그는 선교 일을 시작하고 있었고, 구약의 히브리어를 주의 깊게 공부하면서 번역작업을 도울 생각을 하고 있었다. 그에게서 전보다 더 큰 충만한 에너지와 생명이 느껴졌고, 장차 유용할 공헌을 할 희망 속에 있었다.

형의 마지막 편지에는 그가 서울을 떠날지 말지 고심을 하고 있었다. 서울에는 이미 선교사들이 몇 명 있지만, 다른 지역에는 거의 없다는 것이었다. 그는 당장은 떠나지 않지만, 조용히 순회 전도를 하겠다고 하였다. 또한, 그는 3개의 도를 방문할 수 있는 여권을 가지고 있다고 언급하였다.

그러나 하나님이 그를 부르셨다. 그는 이제 겨우 33살이다. 천연두로 인하여 사망하였다는 전보에는 그의 누나의 서명이 있었고, 그녀는 가장 깊게 위로를 받아야 할 사람이다.

많은 사람에 의하여 기억될 한 사람에 대하여 나는 사실을 기술하였고, 그 사람은 가장 순결하고, 친절하고, 관대하고 자신을 부인하였다. 이런 사람을 알게 된 것은 특권이었다. 나와 나의 형제자매들에게 형은 어떤 사람이었는지 여기에서 말하지는 않겠다.

우리가 깊은 순종 속에 경배하는 것은 주님의 뜻이 이루어질 것임을 믿으며, 우리가 깨어 있던 잠을 자던 그의 은혜가 지켜줄 것이라는 것을 알기 때문이다.

존 조지 데이비스.

(더 프레스비테리안 먼슬리, 1896년 5월 1일)

에필로그

필자가 데이비스 가문의 톰슨-그레이 씨를 알게 된 것은 즐거운 일이다. 헨리 데이비스의 남동생 존이 그의 아들 조단에게 고조할아버지이고, 헨리는 종고조 할아버지가 된다. 톰슨-그레이 씨는 자신의 아들이 수집한 마가렛과 진 데이비스에 관한 자료를 바탕으로 *How Great Thine Aunt*라는 책을 출판하였고, 필자가 번역하여 『첫 호주인 선교사 헨리 데이비스와 그의 조카들』 제목으로 2020년 출판하였다.

헨리 데이비스에 관한 자료가 한정된 상황에서 톰슨-그레이 씨의 연구와 글은 첫 호주 선교사의 생애와 선교 신앙에 관한 지평을 넓혀주고 있다.

원래 필자는 톰슨-그레이 씨를 2020년 말 한국에서 만나기로 준비하고 있었지만, 코로나19로 인하여 그는 한국에 올 수 없었다. 그리고 올해 그는 다시 한국에 입국할 준비를 하고 있다. 필자는 마치 헨리 데이비스를 만날 것 같은 심정으로 그와의 만남을 기다리고 있다.

벨레 멘지스

Belle Menzies(1856–1935)

"한국 선교사 구함. 간호에 어느 정도 경험이 있고, 상식이 있어야 함."

1891년 호주 빅토리아여선교연합회는 처음으로 한국선교 자원자를 찾는 광고를 내었다. 발라렛의 벨레 멘지스(한국명: 민지사)가 신청하였고, 인터뷰와 건강검진도 합격하였다. 그리고 연합회는 멘지스에게 두 가지를 요청하였는데, 가정 보건에 관한 과정을 이수할것과 장차 사역에 성경의 지식을 어떻게 전할 것인지 개인 교습을받으라는 것이었다(텔스마, 27).

한국 선교사 구함

멘지스는 1856년 호주 빅토리아주 발라렛에서 태어났다. 그녀의부모 로버트와 엘리자베스는 금광 도시로 개발되었던 발라렛의 개척자였고, 평생 그곳에서 살았다. 멘지스는 장녀로 9명의 형제자매가 있었다. 그녀의 어머니는 발라렛 기도 모임에 정기적으로 참여하면서 모임을 인도하던 기도의 사람이었다. 멘지스는 그런 어머니의영향 아래 성장하였고, 어머니의 오른손이었다.

멘지스는 발라렛 샌 앤드류교회에 참석하면서 신앙생활을 시작하였고, 그곳에서 세례를 받는다. 그리고 후에 그녀는 에벤에저교회의 교인이자, 발라렛 지역의 사역자가 되었다. 그녀는 자신을 아는 사람들로부터 이미 존경과 사랑을 받고 있었다. 멘지스가 에벤에저교회의 주일학교에서 가르칠 때 학생 중에 왓슨도 있었는데, 후에 그도 한국에 선교사로 파송된다.

멘지스는 에벤에저 여선교연합회 지부의 맨 처음 총무가 되었고, 그녀 자신이 선교사의 소명을 받아 앞에서 언급한 대로 지원하였다. 첫 호주 선교사 헨리 데이비스가 사망한 후 2년 만에 그녀는 한국에 입국했다. 맥케이 부부, 퍼셋 그리고 페리와 함께 그녀는 1891년 10월 12일 부산에 도착한 것이다.

첫 겨울의 시련

멘지스와 여선교사들의 첫 과제는 한국에서 처음 경험하는 겨울을 무사히 넘기는 것이었다. 그들은 한국인의 집을 빌려 다가오는 겨울을 지내려 하였으나 가능치 않았고, 궁여지책으로 일본인 거류지 내의 흙벽돌로 지은 움막집을 얻어 그곳에서 지냈다. 한국의 첫 겨울을 허름한 창고 같은 곳에서 지냈다는 것이 믿어지지 않는 사실이지만, 그것이 당시 개척자들에게 주어진 현실이었다. 아니나 다를까. 결국, 맥케이의 부인 사라는 그 겨울에 폐렴으로 사망하였는데 부산에 도착한 지 3개월 만이었다.

이런 모습을 본 미국의 하디 선교사는 나머지 호주 선교사들을 자기 집으로 초청하여 남은 겨울을 지내도록 하였고, 그럼에도 멘지스와 여선교사들은 건강이 좋지 못하였다. 한국에 도착한 시기가 겨울이었다는 사실은 좋지 못한 전략이었던 것이다.

유일한 남성이었던 맥케이도 건강이 호전되지 않자 그는 멘지스와 여선교사들을 한국에 남겨둔 채 호주로 돌아가 요양을 하기도 하였다. 그리고 다시 돌아와 여선교사들을 도와 부산진 좌천동에 한옥과 땅을 매입하였고, 비로소 그곳에서 여선교사들은 자리를 잡게 되었다.

그들은 1892년 매입한 부지 위에 서구식 주택을 건립하였는데 이것이 호주선교부의 첫 선교관이었다. 그리고 2년 후 여선교사들을 위한 또 다른 선교관이 건립되었고 이 건물은 선교사들의 숙소, 고아원, 학교 건물 등 여러 가지 용도로 사용되게 된다.

부산에서의 선교가 이제 막 활발히 시작되고 있던 이때, 맥케이 선교사와 그와 결혼한 퍼셋 그리고 페리 선교사가 차례로 선교지를 떠나거나 사임하였다. 호주선교부 제2진이었던 다섯 명 중 이제 멘지스만 남게 된 것이다. 멘지스와 얼마 전에 부임한 무어 선교사 그리고 페리의 후임으로 온 브라운 선교사, 이렇게 3명이 부산진 좌천동에 거주하며 활동을 이어가게 된다.

후에 쓴 글이지만 에디스 커는 이들 다섯 명에 대하여 다음과 같이 말하고 있다.

> 이들 다섯 명은 기차와 자동차가 있기 전, 심한 고생을 하며 순회 전도를 다녔으며, 그들의 희생적인 생활을 통하여 증언하였으며, 그들의 신앙적인 가르침을 통하여 복음과 기독교인의 삶의 방법을 부산과 그 주변 사람들에게 전하였는바 어떤 칭송도 모자랄 정도이다.
>
> (커와 앤더슨, 62)

고아원 개설과 여학생 교육

멘지스에게 가장 중요한 일은 우선 한글을 배우는 일이었다. 그녀는 "30대 초반의 영어를 하는 심상현이라는 한국인에게 한국어를 배우기 시작하였다. 심상현은 유가에 깊이 빠진 사람이었으나 멘지스에게 한국어를 가르치고 그녀의 사역을 돕는 중에 신앙을 고백하였고 1894년 4월 22일에 두 여인 - 이도넘과 김귀주와 함께 부산지방 최초로 세례를 받았다"(김경석, 101). 멘지스의 전도와 기도의 열매로 부산지방에 첫 세례자가 나오기 시작한 것이고, 호주선교회는 심상현에게 한옥을 구입해 주기도 했다. 동시에 이들은 후에 호주 선교사들의 사역에 많은 도움을 주게 된다.

호주 여선교사들은 한국어를 공부하며 주변의 한국인들과 특히 여성, 어린이들과 관계를 이어 가며 전도하였는데, 하루는 그들의 집 앞에 버려져 있던 한 아이를 보았다. 그리고 그가 고아인 것을 알고 돌보아 주면서 고아원 사업을 시작하게 된다. 처음부터 계획한 사업은 아니었지만, 현지의 필요로 자연스럽게 시작된 복지 사역이었다.

이때가 1893년이었고, 고아원은 후에 '미우라 고아원'으로 알려지게 된다. 미우라는 호주빅토리아교회 여선교연합회 회장이던 하퍼 부인 저택의 이름이었는데, 원주민어로 '안식처'라는 뜻이었다.

멘지스는 페리와 함께 고아원을 주도적으로 운영하였고, 2년 후인 1895년에는 고아의 수가 13명으로 늘어났다. 수용인원이 많아지자 그들의 숙식 문제해결뿐만 아니라 교육의 필요성이 제기되었고, 그 해말 3년 과정의 소학교 과정을 설립하고 개교를 하게 된다. 이 학교가 바로 일신여학교의 시작이다. 이 학교는 한강 이남 최초의 여자학교였고, 호주선교부의 첫 교육기관이자 부산경남지방 최초의 근대 여성 교육기관이 된다. '일신'은 날로 새롭다는 뜻이다.

1895년 10월 시작된 일신여학교의 첫 교장이 멘지스였고, 무어도 교사로서 협력하였다. 당시 이 학교의 교육내용은 주로 성경과 기독교 신앙이었으며, 한글, 한문, 산수, 체조 등을 가르쳤다. 한문 교사로는 심취명이 있었다. 당시의 한국 문화는 여성에게 교육한다는 것에 거부감이 있었고, 또한 서양인이 서양 종교를 가르친다는 사실에 부모들이 냉담하여 어려움이 많았다. 멘지스는 결석하는 학생이 생기면 가정을 방문하여 부모를 만나기도 하고, 상담을 하기도 하면서, 학교를 이끌어 갔다.

> 그 후 학생들의 수가 점점 늘어나 교세가 확장되어 1909년 4월 15일 좌천동 768번지에 단층 서양식 교사, 현재 부산광역시 지정건물 제55호를 신축하여 학교형태를 갖추어 사립부산진 일신여학교로 본격적인 교육활동이 되었다.
> (김경석, 108)

남선교사와의 갈등

여러 가지 악조건 속에 복지와 교육사업을 막 시작하고 있던 여선교사들에게 또 한 번의 시련이 닥쳐왔다. 이번에는 뜻밖에도 호주선교회 내부의 분쟁이었다. 맥케이의 뒤를 이어 아담슨이 한국 선교사로 임명을 받고 부산에 도착하였는데, 그와 멘지스를 비롯한 여선교사들과의 갈등이 시작된 것이다. 이 갈등이 얼마나 심각하였는지 부산진 호주선교부의 존폐까지 논의될 정도였다.

이 갈등에 관한 내용은 커와 앤더슨이 후에 쓴『호주장로교 한국

선교역사 1889~1941』에는 언급되어 있지 않지만, 당시의 크로니
클 선교지에는 보고되고 있다. 이상규가 쓴『왕길지의 한국선교』에
도 그 내용을 자세히 다루고 있다.

여선교사들은 다섯 가지 점에서 아담슨의 과오와 실책, 혹은 인격적 불신
을 토로하고 이점을 본국에 보고하였다. 즉 아담슨은 첫째 진실성이 없
고, 둘째 기만적이라 하였다. 이 두 가지 점에 대해서는 여선교사 전원이
문제를 제기하였다. 셋째는 여선교사들의 명예를 훼손했다. 이 점을 주
장한 이는 멘지스, 무어, 브라운이었다. 넷째는 음주벽이 있고, 다섯째는
은행 잔고가 없음에도 불구하고 수표를 발행한다는 점이었다. 이것을
제기한 이는 무어 선교사였다.
(이상규, 왕길지의 한국 선교, 56-57)

남선교사인 아담슨과 세 명의 여선교사들 사이에 신뢰가 무너졌
음을 알 수 있으며, 성 대결의 양상을 보이고 있다. 멘지스와 여선교
사들은 아담슨의 태도를 남성우월주의로 보고 있으며, 지도적 위치
에서 자신들을 주관하고자 한 것으로 인식하고 있었던 것이다.

1897년 초 멘지스는 안식년으로 호주 멜버른에 체류하고 있었는
데, 한국에 있던 여선교사들, 즉 무어와 브라운이 아담슨과 함께 일
을 할 수 없다며 사표를 내었다. 멘지스도 멜버른에서 사퇴 의사를
표명하였다. 그러나 여선교연합회는 그 사표서를 반려하였다. 그러
나 또다시 사임서가 제출되었고, 이 역시 반려되었다.

결국, 호주빅토리아교회 해외선교부는 한국의 미국 북장로교선
교회에 의뢰하여 이 일에 대한 조사를 실시하도록 하였고, 위에 언급
한 다섯 가지 비난에 대한 보고서를 내도록 하였다. 결론은 많은 내용

이 불신과 편견과 오해에 기초하였음을 설명하고 있고, 그 다섯 가지 내용의 고소는 취소되었다고 보고되고 있다(앞의 책, 59-60).

이런 엄중한 상황에서 여선교연합회는 능력 있는 엥겔 목사를 한국에 파송하였고, 그에게 부산에서 활동하고 있는 여선교사들을 관장할 책임을 맡긴 것이다.

부산진교회

멘지스와 여선교사들이 부산진 좌천동에 자리를 잡고 고아원과 여학교를 시작하면서, 주일에는 자연스럽게 그들의 집에서 예배를 드리고 있었다. 멘지스는 그때부터 교회의 사역도 주도하고 있었으며, 담임 목회자의 역할을 하고 있었다. '일신'이라는 잡지는 당시의 상황을 다음과 같이 쓰고 있다.

> 그때에는 아직 남선교사가 없었기 때문에 주일 아침 예배는 모두 멘지스 부인이 인도하는 것이 상례이었고, 어떤 때는 다른 선생을 시켜서 인도하도록 하는 때도 있었지만 그럴때에는 일일이 손수 준비해 주게 됨으로 이튿날에는 두통으로 들어 눕게 되는 일도 여러 번 있었다.
> (일신, 1936, 3)

이후 엥겔 선교사가 부임하여 1900년 11월 4일 주일예배에는 남자 15명, 여자 48명, 총 63명이 아침예배를 드렸다고 그의 일기에 기록하고 있다. 당시까지 목사가 없었던 부산진교회에 목사인 엥겔이 부임하므로 멘지스는 자연스럽게 교육과 복지 사역에 집중할 수 있게 되지만, 그녀는 엥겔의 통역사가 되어 계속하여 교회 일에도 협력하게 된다.

조선예수교장로회 사기는 부산진교회의 성립에 관하여 다음과 같이 기록하고 있다.

> 부산진교회가 성립하다. 선시에 여교원 영국인 멘지스 양이 당지에 래주하야 각양의 시험과 핍박을 모하고 전도한 결과 신자가 계기하얏고, 선교사 왕길지가 내주하야 교회를 설립하니라.
> (조선예수교장로회 사기, 상, 1901, 88.)

이 기록을 기준으로 부산진교회가 1901년 설립된 것으로 알려졌지만, 부산진교회는 다른 문서들을 근거로 멘지스가 입국한 1891년을 창립연도로 지정하고 있다. '부산진교회 백년사'를 보면 1916년 11월 8일의 기독신보 기사를 소개하고 있는바, 기사의 제목이 '부산진교회 기념식 상황'이다.

> 십월 이십오일 오후 3시에 부산진 례배당에서 부산진 교우의 주최로서 영국 선교사 민지스씨 조선 선교 이십오주년 기념 축하 회례식을 거행한 뒤… 당신의 설립하신 부산진교회를 위하야 금실까흔 그 머리가 빅발이 성성토록 힘쓰고 애쓰신 그 경력을 랑독정에 만정이 갈최흐며…
> (기독신보, 1916년 11월 8일)

이 기사에는 멘지스가 부산진교회를 설립한 것으로 기록하고 있으나, 부산진교회 백년사는 다음과 같이 적고 있다.

> 부산진교회는 서양 선교사들이 부산에 들어오기 이전에 이미 복음을

접하고 믿음을 갖게 된 한국인들에 의해서 1891년에 세워졌을 것이며, 이 신앙공동체가 그 해 들어 온 멘지스를 비롯한 호주 여선교사들에 의해 본격적인 교회로 발전해 나갔을 것이다.

(부산진교회 백년사, 74)

이 글은 부산진교회 설립자나 연도에 관심을 두기보다 부산진교회의 설립과 초기 목회에 있어서 멘지스의 공헌을 살펴보는 것인데, 여기에는 안팎으로 이의가 없다.

엥겔이 남긴 일기 중에 교인들 사이에서 당시 멘지스의 영향력을 알 수 있는 대목이 있다. 엥겔이 초읍에서 온 여성을 상대로 한 세례 문답의 일부이다.

'누가 교회의 머리입니까?'

'예수 그리스도입니다.'

'다른 왕이 있습니까?'

'아니오'

'그러면 한국의 왕은 어떻게 됩니까?'

'그는 교회와는 상관이 없습니다.'

'그러면 당신은 누구의 뜻에 의하여 행해야 합니까?'

'멘지 부인의 뜻에 따라야 합니다.'

우리의 웃음이 터졌는데도 그녀는 별로 놀라지 않았다. 그녀는 잠시 후 올바른 대답을 하였다.

(엥겔의 일기, 1901년 2월 7일, 목요일)

멘지스는 또한 울산 병영지역 교회가 설립되는 데에도 공헌을 하였다. 멘지스와 무어가 울산지역을 순회전도하는 동안 신자가 된 이희대는 가족과 이웃들과 함께 울산에서 예배를 드리게 되는데 바로 그 지역의 첫 교회인 병영교회이다. 그러나 초량에 있던 아담슨이 그 지역은 본인 관할이라며 병영교회 책임자로 자처하였고, 성도들에게 세례를 받으라고 권고하고 있었다.

병영교회 성도들은 멘지스를 찾아와 자신들은 여선교사들과 관계를 이어가기를 원한다고 말하였다. 당시 그들은 아담슨과 여선교사 중 한쪽을 선택해야 하는 상황이었다.

또한, 현재 수안교회인 동래읍교회도 초대 목사가 엥겔이었지만 멘지스에 관하여 다음과 같은 기록을 남기고 있다.

그러던 동래지역에 대한 선교는 호주의 여선교사 멘지스에 의해서 이루어졌다. 그가 두루 다니며 선교하여 몇몇 여성 신자들을 얻게 되고 이 지역에 예배처소를 마련하게 되었던 것이다. 따라서 수안교회는 이 여성들이 시작한 교회라고 할 수 있다.
(수안교회 100년의 역사, 2005, 78)

이 당시 또 한 가지 주목할 만한 일은 멘지스를 비롯한 여선교사들을 도우며 순회전도를 다녔던 한국인 전도부인들이다. 빅토리아여선교연합회에 의하여 1902년 처음으로 임명된 전유실을 비롯하여 그다음 해 1903년 정백명, 김단청, 이수은 등이 임명되었다. 한국의 지리와 풍습을 모르는 호주 여선교사들은 순회전도를 다닐 때 전도부인과 꼭 동행하였으며, 이들의 도움은 없어서는 안 될 큰 힘이었다 (크로니클, 1908년 12월 1일, 12).

선교활동의 확장과 발전

1906년 11월 호주 멜버른에 기독교 선교 잡지가 창간되었다. '빅토리아장로교여선교연합회 더 크로니클'이란 제목의 월간지는 그후 오랫동안 한국에서 활동하는 호주 선교사들의 소식을 전하는 역사적인 기록물이 된다. 당시 여선교연합회 회장 하퍼는 연합회만의 소식지를 오래 기다렸다고 하며, 특히 각 지부의 소식과 선교사들의 소식을 빅토리아 지방에 있는 회원들에게 신속하게 전할 수 있게 되었다고 자축하고 있다(크로니클, 1906년 11월, 1).

그 창간호에 멘지스에 대한 짧은 기사가 다음과 같이 언급된다.

미스 멘지스는 보조교사 서매물과 함께 고아원과 유치원의 책임을 맡았다. 그리고 여성 반은 장금이가 보조하였다.

(앞의 책, 2)

호주선교부의 초기 사업 중 하나는 부산에서 고아원과 여학교를 운영하는 일이었다. 당시 한국인들의 편견으로 인하여 여학생들이 많이 등록하지 않았으나 1907년 초에는 75명의 소녀가 여학교 낮반에서 공부하고 있었다. 그리고 시간이 지남에 따라 학생 수가 더 증가할 것으로 여겨 100명을 수용할 수 있는 학교를 건축하기로 결정했다. 무어 선교사를 포함하여 호주에서 모금을 하기 시작하였는데 1907년 2월에 총 151파운드 6실링 8펜스가 모였다.

한편 엥겔 선교사의 1906년 연례 보고에는 그 숫자가 조금 다르게 나오고 있다. 5년 전 여학교가 시작될 때 5명의 여학생과 9명의 고아로 시작되었는데, 현재는 85명이 참석하고 있다고 하였다. 그리고 멘지스는 그 여학생 모두를 수용하기 위하여 더 큰 공간이 요청된다고 쓰고 있다. 당시 부산에 있던 호주 선교사들은 여학교에 큰 관심을 가지고 함께 협력하고 있는 모습이었다(크로니클, 1907년 2월 1일, 8).

또한, 미우라고아원에 있던 고아 한 명 한 명을 호주의 개인이나 단체 후원자와 연결하여 재정적 지원도 하고 관심 갖도록 하였고, 그들의 성장에 관한 보고를 하였다. 때로 배를 빌려 그들과 동행하여 부산의 다른 항에 소풍을 가기도 하였다. 또한, 당시 소녀들을 위한 야학도 운영하고 있었는데 60명 정도가 참석하고 있었다. 그러나 여학생들이 정기적으로 출석한 것은 아니었는데 부모들이 여러 가지 이유로 허락하지 않거나 서양 이론에 물들어 결혼에 지장이 있을까 염려하였기 때문이었다. 야학 강의도 멘지스의 많은 일 중 하나였다.

멘지스는 당시 부산에서 나돌던 많은 미신과 그 미신을 믿는 사람들과의 영적 싸움에 큰 관심을 가졌다. 그녀의 1907년 초 편지에는 미신으로 인하여 고통받는 한 가정에 대하여 쓰고 있고, 또 여학교 학생 중 몇 명의 이름을 일일이 거명하며 그들의 근황을 소개하고 있다.

당시 호주선교부 학교에서 지원을 받은 여학생과 후원자의 명단은 다음과 같다; 장금이(라이리 가 교회 성경공부반), 홍기(투락의 친구들), 종기(말번주일학교), 서매물(에센돈주일학교), 복순이(도르카스 가 교회), 봉금이(호쏜의 밴드 양과 박스힐주일학교), 순남이(호프 양, 다리웰), 정순개(플레밍톤 밴드 양과 피콜라), 덕순이(배정되지 않음), 달순이(현장의 친구들), 덕보기(현장의 친구들)(크로니클, 1907년 5월 1일, 7).

당시 부산진교회에는 서울 이남에서 처음 장로로 안수받은 남성이 있었다. 심상현의 동생 심취명은 1904년 장로 안수를 받았고, 5년 후에 이 지방 최초의 목사가 되었다. 멘지스는 심취명과 함께 학습과 세례자들 공부를 시켰고, 엥겔 목사가 최종적으로 심사를 하여 세례를 주었다. 최종 심사에는 후보자가 암기해야 할 것이 있었는데, 사도신경, 주기도문 그리고 십계명이었다.

심취명은 당시 빅토리아장로교 총회 해외선교부 이름으로 활동하고 있었는데, 연 18파운드 18실링을 받고 있었고, 그것에 더하여 여행경비로 5파운드를 받고 있었다. 참고로 니븐이나 멘지스 등 여선교사의 봉급은 연 100파운드였다(크로니클, 1909년 5월 1일, 17).

심취명은 1907년 12월 17일 호주의 여선교연합회에 다음과 같은 편지를 쓰고 있다.

> 여러분들이 엥겔 선교사를 통해 보내주신 귀중한 시계와 단도를 잘 받았습니다. 이것들은 나에게 매우 유용합니다. 이제 나는 시간을 정확하게 알고 움직일 수 있게 되었습니다. 나는 절대로 여러분들을 잊지 못할 것입니다... 나에게 시계를 선물로 준 여인과 단도와 줄을 보내준 어린이 선교회에 저를 대신하여 감사의 말씀을 전해주시기 바랍니다...
> 멘지스 양이 몸이 아파 우리를 떠나게 되어 안타깝게 생각합니다. 그러나 하나님의 섭리에 순종합니다. 우리는 희망하고 기도하기를 그녀가 빨리 회복되어 우리에게 돌아오기를 바랍니다.
> (크로니클, 1908년 4월 1일, 6)

이 편지에서 보듯이 멘지스는 계속하여 몸이 안 좋았다. 호주의 여선교연합회와 해외선교위원회는 멘지스의 상태를 염려하며, 그들의 기도와 진정한 동정심을 전달하기를 만장일치로 결정하고 있다. 그리고 결국 멘지스는 호주로 돌아가게 되었다.

크로니클 선교지는 멘지스가 거의 17년을 사역하면서 그간의 스트레스와 업무의 과중함으로 건강이 무너졌다고 전하면서, 1908년

1월 한국을 떠나 호주로 돌아왔으며 1년 정도 진료와 쉼을 가진다고 전하였다. 그리고 다시 회복되어 그녀가 사랑하는 사람들에게 돌아 갈 수 있기를 희망한다고 하였다(크로니클, 1908년 5월 1일, 7).

멘지스가 호주로 떠나자 여학교 건물 건축은 엥겔이 계속 진행하였다. 당시 벽돌을 부산의 일본 거주지에서 가지고 왔다고 하며, 일꾼들을 항시 감독하며 건축을 독려하였다. 또한, 학교를 위하여 호주에 요청한 물품은 손으로 치는 종이나 밧줄로 당기는 큰 종, 용수철이 튼튼한 10개의 태양 차단막, 세계지도와 세계역사 차트 그리고 그림으로 설명하는 성경과 그리스도의 일생 이야기 등이었다(크로니클, 1908년 7월 1일, 7).

멘지스의 사표

1909년 초, 멘지스가 선교 사역에 사표를 내었다는 소식이 전해졌다.

> 빅토리아장로교 여선교연합회 선교사로 부산에서 17년을 사역한 멘지스가 사표를 내었음에 우리는 깊은 유감을 표한다. 지난 2월 멘지스는 악화된 건강으로 호주로 돌아왔고, 그 후 지금까지 의사 진료를 받아왔다. 지금은 다행히도 건강이 회복되었고, 근력도 돌아오고 있다. 그러나 그녀는 하나님의 뜻이라면 이제 호주에 머무르기를 원하고 있다.
> (크로니클, 1909년 1월 1일, 1)

여선교연합회 정기위원회는 멘지스의 사표를 받아들였고, 다음과 같은 감사의 기록을 남기고 있다.

우리는 멘지스의 사표를 받아들이며 감사의 기록을 남기기 원한다. 멘지스는 여선교연합회의 젊은 여성 선교사로서 1891년 부산에 임명이 된 이래 그녀가 보여준 헌신과 능력 있는 봉사에 깊은 감사를 표한다. 이제 자신의 어머니를 돌보는 중요한 일을 위하여 떠나는 그녀는 이곳에서 선교의 일을 계속하는 것이며, 이것은 우리의 사역을 더 전진시키는 것이다.

(앞의 책, 8)

한편 여선교연합회는 부산에서 멘지스의 돌봄을 받던 여성들과 그녀에게 의지하고 있던 동료들에게도 동정심을 표하였다. 한국에서 고참자 선교사였던 멘지스의 사임은 이 해 여선교연합회의 가장 큰 슬픈 변화였다. 그리고 여선교연합회와 멘지스는 어떤 방법이든 계속하여 관계를 이어 가기를 원하였다.

그 후 부산의 여학교와 남학교는 니븐과 엥겔이 이어 가게 되는 바, 새로운 변화를 가지게 된다. 학교 교과내용이 좀 더 처방된 내용으로 설계되어야 하는데, 규정에 맞게 교과과정을 작성하여 엥겔과 일본당국의 허락을 받아야 하였던 것이다. 제시된 과정에 맞추면 매주 총 39시간을 교수해야 하였지만, 교사와 학생들에게 부담이 되므로 34시간으로 제한하였다. 교수 내용으로는 성경, 기초 윤리, 산수, 지리, 역사, 그림, 음악, 자연사, 체육, 한국어와 한문 등이었다 (크로니클, 1909년 5월 1일, 5).

니븐은 몇 명의 여학생이 곧 학교를 떠날 것이라고 서운해하고 있으나, 그 여학생들은 곧 결혼할 것이었다. 그리고 그들 대부분이 기독교인이므로 새 가정을 이루어 좋은 영향을 미칠 것으로 기대하고 있다.

믿지 않는 가정에서 온 한 여학생이 성탄절에 상을 받았다. 하루는 이 학생의 어머니가 자기 딸이 옷옷이 필요하다고 말하였다. 그때 이 여학생이 말하였다. '엄마, 내 옷은 필요 없어요. 엄마가 예수를 믿는다면 나는 새 옷을 갖는 것보다 더 기뻐요.' 이런 학생은 주님의 왕관을 위한 멘지스와 장금이의 보석일 것이다.
(앞의 책, 5)

한편 멜버른의 여선교연합회는 부산의 고아원과 다른 학교들을 위하여 정기적으로 모금 활동을 하고 있었다. 1909년 중반에는 투락에 있던 하퍼 여사의 집 뜰에서 바자회 준비 모임이 열렸고, 13개의 지부가 대표하여 참석하였다. 지부마다 음식, 케이크, 꽃, 생산품, 어린이 놀이, 카드, 과일, 성탄 나무, 동물 전시 등 한두 가지의 물품을 맡아 매대를 운영하기로 하였다. 또한, 미우라고아원에 있는 여학생들도 놋그릇을 멜버른으로 보내어 바자회에 출품하기로 하였다. 이 바자회는 같은 해 11월 성황리에 열렸고, 1,100파운드 이상의 거금을 모금하였다.

12월 7일에 열렸던 여선교연합회 위원회는 이번 바자회에 대하여 보고를 하였고, 특별한 결정을 하였다. 부산의 고아원을 '미우라고아원'이라 명명하기로 하고, 일신여학교는 '하퍼' 이름을 붙여 사용하도록 한 것이다. 이 안은 만장일치로 통과하여 박수를 받았는데, 이번 바자회를 포함한 하퍼 여사의 그동안의 심오한 공로를 인정하는 자리였다(크로니클, 1910년 1월 1일, 8).

장금이와 서매물의 그리움

멘지스는 호주에 있으면서도 한국을 잊지 못하고 계속하여 다양한 방법으로 한국선교를 홍보하며 지원하고 있었다. 1909년 말의 크로니클은 멘지스의 한국선교 보고서에 관하여 언급하고 있다.

> 멘지스는 설명하기를 고아원은 우연히 시작되었다고 하고 있다. 1893년은 가뭄과 기근의 해였는데, 여선교사들은 그들에게 보내지거나 길거리에 버려진 아이들을 거두지 않을 수 없었다고 하였다. 그리고 이들의 행동은 한국인들에게 깊은 인상을 주었으며, 기독교 사랑이 무엇인지 그들이 처음으로 알게 되었다고 하였다.
> 또한, 고아원 사역은 여학교를 시작하는 길을 내어주었다. 그러나 한국인들은 자기들의 딸이 왜 교육을 받아야 하는지 몰랐고, 학교에 보내지도 않았다. 그러나 아이들은 고아들이 교육을 받는 모습을 보고 자신들도 배우기를 희망하였다. 이것이 지금 성장하는 여학교의 시작이었다. 하나님은 우리가 이해할 수 없는 방법으로 역사하신다.
> (크로니클, 1909년 11월 1일, 1-2)

또한, 멘지스는 같은 해 10월 11일 열린 연합기도 모임에서 미우라고아원의 학생들을 소개하고 있다. 장금이는 한쪽 다리를 절며 길거리에서 구걸하다 발견되었고, 서매물은 어머니에게 버림받은 아이였다. 지금 이들은 둘 다 일신여학교의 선생이 되었다. 한 번은 멘지스가 아파서 의사의 처방대로 6주를 휴식하고 있을 때, 이 둘이 학교를 책임 맡았고 그 일을 훌륭히 감당하였다고 한다. 장금이는 멘지스에게 말하기를 자신이 하나의 규칙을 만들었는데, 큰 학생들이 작은 학생 한 명씩을 맡아 돌보아 준다고 했다. 멘지스가 다시 학교로 돌아와 보니 이 방법이 효과적으로 운영되고 있었다고 한다.
그뿐만 아니라 서매물은 일주일에 두 번씩 사지가 마비된 한 노인을 방문하여 그녀의 몸을 씻기고 머리를 빗겨주었는데, 마지막에는 성경을 읽어주었다. 그 할머니가 병으로 위중할 때 이렇게 말하였다고 한다. "내가 죽어 하늘나라에 가면 먼저 하나님과 예수님을 만나고 그리고 부인들과 매물이를 지켜보며 올 때까지 기다릴 것입니다"(앞의 책, 4).

그런가 하면 미우라고아원 출신 순복이는 진주선교부의 여학교 교사가 되어 그곳에서 꼭 필요한 일꾼으로 성장하였다. 고아원의 아이들은 멘지스가 들려주는 이야기를 즐겨 들었다고 한다. 당시 고아원 집이 너무 오래되어 한옥식의 새집을 건축하려고 모금하고 있었으며, 타일 지붕을 얹어 태풍에도 날아가 버리지 않도록 준비하고 있었다. 멘지스가 없는 고아원은 당시 무어가 책임 맡고 있었고, 여학교는 니븐이 운영하고 있었다.

니븐과 함께 가르치고 있는 21살의 서매물은 호주의 여선교연합회에 1910년 말 편지를 보내고 있다. 그녀는 호주교회의 후원자들에게 감사하며, 하나님이 은혜와 축복으로 갚아주시기를 기도한다고 하였다. 그리고 그녀는 일신여학교에 관하여 보고하고 있었는데, 당시 80명의 학생과 4명의 교사가 있다고 하였다. 그리고 고아원에는 11명이 있다고 하였다.

그러나 서매물의 편지는 사실 멘지스의 안부를 묻는 서신이었다. 자신이 보낸 편지를 읽었다면 어떻게 지내는지 답장을 고대하고 있다고 하였고, 이 세상에서 못 만난다면 나중에 천국에서도 꼭 만나기를 바란다고 하였다. 매물이가 멘지스를 얼마나 그리워하는지 알 수 있는 대목이다(크로니클, 1910년 11월 11일, 3-4).

1911년 9월에 와서야 멘지스에 관한 소식이 다시 전해지고 있다. 한국선교를 그만둔 이유였던 멘지스의 어머니가 사망한 것이다. 멘지스는 그동안 자신의 어머니를 돌보아 왔는데, 어머니가 '죽음의 천사' 방문을 받았다고 하였다. 그리고 그 날갯짓 소리는 두려움의 소리가 아니라 승리의 나팔이었다고 기록하고 있다(크로니클, 1911년 9월 1일, 2).

그리고 그다음 달 정기위원회에서 여선교연합회는 다음과 같은 결정을 한다. "멘지스 양이 우리의 선교사로 다시 한국으로 돌아가는 것을 만장일치로 동의한다"(앞의 책, 10월 2일, 4). 한국 부산에서도 원하고, 호주 여선교연합회에서도 동의하는 멘지스의 복귀가 초읽기에 들어간 것이다.

다시 한국으로

멘지스는 다음 해인 1912년 4월 17일 다시 한국 부산으로 돌아왔다. 그녀가 떠난 지 4년 만이었다. 부산진의 성도들은 눈물을 흘리며 반가워하였고, 아무도 '민 부인'을 대체할 수 없다고 하였다. 그리고 멘지스는 7월 8일 부산진에서 편지를 쓰고 있다. 멘지스는 이미 본인이 초대 교장이었던 미우라고아원을 다시 책임 맡아 사역을 하고 있었고, 다시 한번 그곳 학생들의 어머니가 되어있었다.

또한, 멘지스는 가가호호 다니며 전도도 하고 있었는데 그 결과는 실망스럽다고 쓰고 있다. 만나는 사람들 대부분은 상냥하게 대답은 하고 있지만 실제로 교회에 나오는 경우는 드물었던 것이다. 그러나 멘지스는 개인적인 만남과 관계가 중요하다고 생각하였기에 이것을 포기하지 않았고, 7, 8월 한여름의 불볕더위도 막지 못하였다(크로니클, 1912년 9월 2일, 4).

당시 하퍼일신여학교에는 니븐과 맥피가 교사로 있었고, 알렉산더도 거들고 있었다. 멘지스도 여학교에서 다시 가르치면서 이들의 삶속에 들어가 선한 영향을 미칠 수 있도록 기도하여 달라고 호주 후원자들에게 요청하고 있다.

1912년 10월 크로니클에는 맥켄지 부인이 청년선교회에 편지를 보내고 있다. 이 편지 서두가 멘지스의 이야기로 시작되고 있는데, 부산에서 4마일 정도 떨어진 초읍이라는 마을의 이야기다. 멘지스는 그녀의 성경부인과 함께 매주 이 마을을 방문하며 여성들을 가르쳤는데 그중 몇 명이 예수를 믿기 시작하였다. 그중에는 사지마비의 한 노인도 있었다. 그 여성들은 수요일마다 모여 멘지스와 성경공부를 하였고, 주일에는 부산진교회 예배에 참석하였다.

그러던 중 그 마을의 몇 남성들도 믿기 시작하여 신자의 수가 늘어나게 되자, 매주 부산에 오는 대신 그 마을에서 주일예배를 드리자는 의견이 모아졌다. 그리고 한 신자의 집에 있던 방 2개를 개조하여 예배소로 사용하기로 하였다. 그 신자가 바로 사지마비의 할머니였다. 본인은 작은 방 하나만 사용하고 나머지 공간을 내어준 것이다.

그리고 지난주에 바로 그 공사를 마치고 예배드릴 준비가 되었다고 하였다. 그리고 여선교사들과 몇몇 부산진교회 교인들이 아침 일찍 초읍으로 향하였다. 산을 넘어 도착한 그 집은 다른 한국인 초가집과 같았지만, 예배소 방은 깨끗이 도배되어 있었다. 그곳에서 그들은 오전과 오후에 예배를 드렸는데, 13명의 여성 신도와 6명의 남성 신도가 참석하였다. 초읍에는 당시 4백 명 정도가 살던 작은 마을이었다(크로니클, 1912년 10월 1일, 8).

이날 초읍에서의 교회창립 예배설교는 맥켄지 목사가 하였고, 멘지스의 이름은 등장하지 않고 있지만, 본인이 전도하여 예배공동체를 이루는 데 주도적인 역할을 하였음은 틀림이 없다.

1912년 말에 멘지스는 미우라고아원에 관하여 보고서를 보내고 있다. 당시 18명이 고아원에서 생활하고 있었는데, 그 중 장금이와 서매물을 포함한 9명 고아를 빅토리아교회가 후원하고 있었다. 나머지 6명은 여학교의 학생들로 기숙사처럼 그곳에 기거하고 있었고, 한국인 교사 2명, 학교 사감 1명이었다.

멘지스는 각 학생에게 일을 할당하여 집을 깨끗이 유지하게 하였고, 점수 제도를 통하여 연말에 수상하기도 하였다. 학생들은 낮에는 수업을 들었고, 저녁에는 요리와 설거지 등 집안일을 배웠다. 그리고 금요일 오후에 수업을 마치면 묵은 빨래를 가지고 강가에 내려가 빨래를 하였다. 그리고 집에서 그 빨래를 삶았고, 토요일 아침에 널어 말리어 다림질까지 하였다. 심 목사의 딸 순이도 이 집에서 함께 살며 복영이와 좋은 친구였다고 멘지스는 말하고 있다(크로니클, 1912년 12월 1일, 4-5).

다음 해인 1913년 초에 부산진일신여학교의 첫 졸업생들이 나왔다. 이들은 호주 여선교연합회에 감사의 편지와 함께 그들의 사진을 보냈다. 그들은 말하기를 사진이 잘 안 나왔지만 용서하고 보아달라고 하면서 자신들의 이름을 적었다. 문순검, 양귀추(양한나), 방순달, 박덕술이 그들이다. 이들은 하나님과 여선교연합회에 감사를 표하며 계속 기도해 주기를 요청하고 있다(크로니클, 1913년 7월 1일, 12).

멘지스의 보고에 의하면 서매물은 교사가 되기 위하여 중학교 과정을 마치고 수료증을 받았고, 계속 공부하기 위하여 평양에 갔다고 말하고 있다. 멘지스는 그녀를 그리워하고 있지만, 그녀가 어서 마지막 시험을 통과하여 돌아오기를 기대하고 있었다. 장금이는 안타깝게도 이번 3월에 공부를 마치지 못하였고, 일본교육부에서는 그녀가 1년 더 공부하여야 수료증을 받을 수 있다고 하였다고 한다.

그 외에 여학교 학생 모두는 한 학년씩 올라갔으며, 복세기는 상으로 새 성경을 받고 좋아하였다고 한다. 심 목사의 딸 순이와 두래는 매우 아파 멘지스 교장이 일본인 의사를 불러 진료하였지만, 호주선교회 의사의 필요성을 절감하고 있었다. 덕은이는 기숙사에 몇 년 있었는데 이번에 졸업하고 마산포학교 교사로 가게 되었다고 보고하고 있다(크로니클, 1913년 8월 1일, 5-6).

그런가 하면 마산포에 부모에 의하여 팔린 봉해라는 소녀가 있는데, 맥피 선교사가 그 소녀를 구하여 부산으로 보내 미우라고아원의 새 식구가 되었다. 멘지스는 이 학생을 위하여 특별히 기도해 달라고 요청하고 있다.

에벤에저교회의 후원

1913년 말, 호주 빅토리아 발라렛의 에벤에저교회에서는 발라렛 지부 여선교연합회 행사가 있었다. 에벤에저교회와 관계된 한국 선교사만 해도 멘지스를 포함하여 엥겔 부인, 왓슨 선교사가 있기에 이들은 한국선교에 대한 특별한 애정을 가지고 있었다. 이 행사에서 회원들은 한국으로 보낼 미션 박스를 만드는 일을 하였는데, 박스 안에는 부산에서 필요한 많은 물품으로 채워졌다. 옥양목, 침대보, 배게 보, 병상보, 붕산, 바셀린, 유칼립투스 오일, 각종 비누, 골무, 주삿바늘, 솜, 여러 색조의 구슬, 모직 끈 등이었다(크로니클, 1913년 11월 1일, 11).

한편 멘지스는 이미 이전부터 미우라고아원이라는 이름을 더 이상 쓰지 않고 있었다. 대신에 미우라학원이라고 쓰고 있었다. 미우라학원의 봉남이가 결혼을 하게 되었다. 봉남이는 그동안 빅토리아의 호프 양이 후원하고 있었는데, 초읍에 사는 김채수라는 기독교인 농부와 결혼을 하게 된 것이다. 결혼식 날 교회 안의 여성 칸이 꽉 찼고 사람들로 붐볐지만, 봉남이는 차분하였다고 한다. 결혼식 후 축하연에는 신랑 가족, 선교사들, 친구들 등으로 테이블을 나누어 식사를 즐겼다. 멘지스는 말하기를 한국인들의 기준으로 보면 봉남이는 행운이라고 하는데, 시어머니가 없기 때문이라 하였다!

멘지스는 딸을 시집보내는 마음으로 학원에 남아있는 다른 소녀들의 이름도 일일이 언급하며 잘 있다고 하였다. 또한, 마산포에서 온 봉해도 잘 적응하고 있다고 전하였다. 보고서의 마지막 부분은 이때가 일왕의 생일이었는데 여학교 교문 위에는 하퍼 여사가 선물로 보내준 호주연방국기가 펄럭였다고 쓰고 있다(크로니클, 1914년 2월 2일, 2).

1914년 초부터 미우라학원에 작은 소동이 벌어졌다. 선교사관에서 잠을 자던 맥켄지 부부가 난데없는 아기 울음소리에 놀라 깨어났다. 누가 다섯 달도 채 안 된 아기를 선교사관 앞에 두고 도망갔던 것이다. 맥켄지 부인은 멘지스를 불렀고, 멘지스는 한걸음에 달려왔다. 아기의 몸에는 여러 상처가 있었지만, 잘 먹인 것 같은 건강한 상태였다. 멘지스와 교사들은 즉시 아기를 씻기고 우유를 주었다. 그리고 멘지스는 경찰을 불렀다.

일본 경찰은 그 지역 한국인 순사를 앞세워 미우라학원에 도착하였다. 경찰은 자초지종을 받아 적은 후 만약 부모를 찾지 못하면 이 아기를 어떻게 할 것인지 물었다. 멘지스는 즉각 대답하였다. "우리가 돌보아야지요. 거리로 다시 돌려보낼 수 없지 않습니까?" 경찰이 돌아간 후에 그곳의 한 학생이 어찌하여 경찰을 불렀는지 멘지스에게 물었다. 멘지스는 입을 열었다. 경찰이 오지 않으면 동네에 소문이 퍼져 다른 사람들도 이곳에 아기를 버릴 것이라고 하였다. 결국,

부모를 찾지 못한 그 아기는 미우라학원에 남게 된다. 그리고 그 아기의 이름을 새해의 복이라 하여 신복이라 불렀다. 멘지스는 이 아이를 입양하였고, 장성하여 결혼할 때까지 돌보아 주었다(크로니클, 1914년 4월 1일, 7).

같은 해 2월에도 여성과 남성 성경반이 순차적으로 열렸다. 경남여자성경학교 교사로는 멘지스, 엥겔 부인, 니븐, 맥켄지 부인 그리고 알렉산더였고, 남성반 교사로는 엥겔, 맥켄지 그리고 심취명이었다. 여성반에는 지방에서 온 부인들이 많았고, 이 해는 특히 출석률도 좋았다. 여성반이 마치면 남성반이 시작되는데 이 반은 교회 일꾼들을 양성하는 훈련반이었고, 5년 기간의 과정으로 이 해가 3년째였다.

1914년 말 크로니클은 새로 부임하는 여선교사 에버리와 스키너가 한국에 도착하였음을 알리고 있다. 이로써 빅토리아장로교 여선교연합회의 한국 선교사는 모두 11명이 되었으며, 5개 선교부 모두에 선교사들이 주재하게 되었다. 또한, 여선교사들이 거주할 수 있는 숙소도 선교부마다 거창을 포함하여 모두 건축된 셈이었다.

또한, 각 선교부가 있는 5개 지역, 즉 부산진, 진주, 마산포, 통영 그리고 거창에 여선교연합회 소속 여학교가 모두 세워졌고, 자체 건물을 가진 곳은 3곳이며, 남은 두 곳에도 건물을 건축하기 위하여 비용을 송금하고 있었다. 다만 정부가 제시하는 교육내용에 맞는 교사를 확보하는 것이 당시 선교부로서는 제일 큰 문제였다.

부산진은 여선교사들이 가장 먼저 거주하며 자리를 잡은 곳으로, 새 선교사들이 부산항에 입항할 때마다 이곳을 먼저 찾게 되었다. 새로 온 여선교사들은 말로만 전해 듣던 미우라학원과 일신여학교를 둘러보고, 또 멘지스와 다른 선교사들의 환영을 받게 된다. 멘지스는 남녀 선교사들의 최고참으로 그들을 어머니처럼 따뜻하게 맞아주고, 유용한 정보를 공유해 주었다.

순회 전도

멘지스는 심취명 목사 부인과 1915년 1월에 순회전도를 나갔는데 다음이 그녀의 글 일부분이다.

나와 심 목사 아내는 한 작은 마을을 방문하기 시작하였다. 첫 번째 집은 젊은 청년이 있던 곳이었다. 이 청년은 교회를 나왔다 안 나왔다 하고 있었는데, 가족과의 관계 때문에 분명히 결단하지 못하고 있었다. 그에게는 할머니가 있었고 80세가 넘은 신실한 불교도였다. 그녀에게는 손녀도 있었는데 손녀가 교회 나오는 것을 그 할머니가 막고 있었다. 그 할머니는 절에 많은 시간을 쏟고 있었고 시주도 적지 않게 하고 있었다. 그녀는 돈을 내지 않고도 구원받는 길이 있는데 그것을 거부하고 있다니 안타깝다.

두 번째 집을 방문하였다. 그 집의 남편은 미국에 유학을 가서 법을 공부하고 있다고 하였다. 남편은 그곳에서 기독교인이 되어 아내에게 교회에 다니라고 하고 있지만 거절하고 있었다. 그러면서 그녀는 본인의 어머니는 죽기 선에 기독교인이 되었다고 말하였다. 나는 말하기를 만약 당신이 당신 어머니를 또 만나기 원한다면 신자가 되어야 한다고 하였다.

이날 오후의 마지막 집을 방문하였을 때 그 집에는 총명하게 생긴 여성이 있었다. 그녀는 교회에 관심이 있었지만, 남편이 반대한다고 하였다. 그때 마당에는 시어머니가 볏단에서 쌀을 털고 있었는데 교회를 다닌다고 하였다. 그러면서 언젠가 남편이 허락하면 교회에 나가 배우고 싶다고 하였다.

우리는 돌아오면서 이 세 가정에 하나님의 은혜가 함께 하기만을 빌었다. 심 목사 아내는 놀라운 일꾼이다. 좀 더 시간을 내어 함께 하면 좋을 텐데 다섯 아이를 키우기 때문에 불가능하다.

(크로니클, 1915년 4월 1일, 4)

2월 28일의 니븐 선교사 편지를 보면 멘지스는 알렉산더와 니븐과 함께 밀양에 연례 여성 성경공부반을 인도하러 갔었다. 그들의 성경공부반에는 보통 160명의 여성이 참석했는데, 이번에는 웬일인지 그 반밖에 오지 않았다. 알고 보니 미국 선교사들 때문이었다. 미국 선교사들도 그곳에서 성경공부를 시작하였는데, 절반이 그곳으로 갔다는 것이다. 그럼에도 불구하고 성경공부반이 성공적으로 마쳤음을 알리고 있다(크로니클, 1915년 5월 1일, 6).

멘지스는 미우라학원을 운영하는데 있어서 상주하며 학생을 돌보는 사감의 역할이 중요하다는 것을 알고 있었다. 지금까지 있던 사감은 할머니로 도움을 주고 있었지만 여러 가지로 만족스럽지는 못하였다. 새로 온 사감은 좀 더 젊은 여성으로 성격도 좋게 보여 기대된다고 멘지스는 말하고 있다. 당시 학원에는 총 17명이 살고 있었는데 부산에서뿐만 아니라 울산과 마산 등지에서도 와 있었다. 지난해 겨울에는 독감으로 인하여 학생들이 많은 고생을 하였지만, 현재는 나아졌다고 한다(크로니클, 1915년 10월 1일, 5). 맥켄지는 그들을 데리고 부산 시내의 전철을 탔는데 학생들은 처음 경험하는 것이었고, 일본인 거주지까지 구경을 다녀오기도 하였다.

1916년 3월의 크로니클은 부산진의 성경부인, 나환자 요양원의 성경부인 그리고 일신여학교에서 일하는 한국인들 이름을 일일이 기록하고 있다. 성경부인으로는 여선교연합회에서 지원을 받는 박

유은, 오금이, 양주암이 있었고, 반은 여선교연합회에서 나머지 반은 한국교회에서 지원을 받는 강보은 그리고 성서공의회에서 지원을 받는 허보은이 있었다. 또한, 일신여학교 교사로는 장금이, 김기모, 엄성실, 송상원 등이 있었다. 나환자 공동체의 성경부인은 빅토리아의 한 여성이 지원을 하였는데 이름이 이분이 이었다(크로니클, 1916년 3월 1일, 14).

또한, 이 학교 출신의 학생 한 명이 교사로 일을 시작하고 있었는데 서매물이었다. 그녀는 4월 20일 멜버른의 에센돈 주일학교 학생들에게 편지를 보내고 있다. 에센돈주일학교와 여선교연합회는 지난 20년 동안 매물이를 지원하여 왔으며, 이제 그녀는 평양에서 3년간의 고등교육을 성공적으로 졸업하고 일신여학교에서 교사의 정식 자격을 얻게 된 것이다. 한번 만나지도 못한 자신을 그동안 지원하여 준 후원자들에게 그녀는 깊이 감사하고 있다. 멘지스도 물론 서매물을 크게 자랑스러워하고 있다(크로니클, 1916년 8월 1일, 3).

조선선교 25주년

1916년은 여러 가지로 멘지스에게 의미 있는 해였다. 호주 발라렛에 있는 그녀의 모교회인 에벤에저교회 여선교연합회 지부는 창립 25주년을 맞이하였는데, 멘지스가 이 지부의 첫 총무이자, 이 지부에서 배출한 첫 한국 선교사였기 때문이다. 발라렛의 금광 붐은 당시 수그러들었고, 그로 인하여 인구도 줄고 있었지만 여선교연합회 지부는 선배들이 시작한 선교 지원 활동을 계속 이어가고 있었다. 그들은 그들의 교회 회원이었던 멘지스와 브라운을 자랑스럽게 여기고 있었고, 그들의 활동 소식에 항상 귀 기울여 왔다.

동시에 부산진에서도 멘지스의 '조선선교 25주년 기념축하예배'가 10월 25일에 있었다. 멘지스의 보고서에는 그것에 관하여 아무런 언급이 없지만, 호킹 선교사의 편지에 그날의 모습이 담겨 있다. 부산진교회는 이날의 행사를 세심하게 준비한 듯하다. 당일의 좋은 날씨를 위하여 기도하였고, 교회당에 꽃과 화분, 깃발로 엮은 줄 장식, 특별한 의자 등을 준비했으며, 이 모든 것이 교인들의 손에 의하여 이루어졌다.

축하예배에는 심취명 목사가 먼저 오늘 예배를 드리는 의의에 관해 설명하였고, 찬송과 기도로 예배가 시작되었다. 다음으로 정덕생 목사는 멘지스가 처음 한국 땅에 도착할 때의 모습과 초기 사역을 소개하였는데, 이것은 멘지스의 한국어 교사였던 김 목사에 의하여 쓰인 것이다. 그 소개의 내용은 당시 교계 신문 '기독신보'가 자세히 보도하고 있다. 다음은 그 내용의 일부분이다.

열심 전도하는 중 고난풍파를 몇 번이나 겪어도 길이 참음과 조선 여성 교육이 급무로 알고 여학교를 설립함과 혈혈무의한 아이들을 거두어 금일까지 성심으로 수양하신 그 성격과 당신이 설립하신 부산진교회를 위하여 금실 같은 그 머리가 백발이 성성토록 힘쓰고 이끄신 그 경력을 낭독함에 만장이 갈채하며…

(기독신보, 1916년 11월 8일)

또한, 교회는 멘지스에게 은메달과 금과 은으로 된 핀 그리고 한국의 귀부인들이 사용하는 은제 기념장을 선물하였다. 기념 메달 한 면에는 한국어가 새겨져 있었고, 다른 면에는 십자가 새겨져 있었다. 양면 가장자리에는 25개의 별이 있었는데, 멘지스의 25주년 봉사를 상징하는 디자인이었다. 그리고 일신여학교의 교사와 학생들이 노래를 불렀고, 노래 가사는 멘지스를 칭송하는 내용으로 심 목사가 쓴 것이라 하였다.

빅토리아여선교연합회도 멘지스를 축하하며 손목시계를 부산으로 보내었고, 맥켄지가 대신하여 멘지스에게 증정하였다.

엥겔 목사는 이번 행사에 대하여 교회에 감사하였고, 버려진 아기였던 신복이가 나와 남성 쪽과 여성 쪽을 향하여 각각 인사하고 요한복음 3장 16절을 암송하였다. 그리고 양손을 번쩍 들어 "우리 엄마 만세" 소리를 쳤다. 그리고 '헤일, 스마일링 몬'이란 노래가 경쾌하게 연주되었는데 서매물의 특별 요청이었다고 한다.

이윽고 기념예식을 모두 마치고, 앞마당으로 모두 나와 기념사진을 촬영하였다. 그 후 준비된 다과를 나누며 여흥을 즐겼는데 외국인들을 위하여 보리차와 일본 케이크 그리고 과자 등이 있었다고 전하고 있다(크로니클, 1917년 1월 1일, 5). 그때 촬영한 기념사진은 그다음 달 크로니클 선교 잡지 한 페이지를 장식하면서 역사적 자료로 지금까지 남아있다.

언양에서

25년의 사역 후에도 멘지스의 일은 계속되었다. 멘지스와 마가렛 데이비스는 어느 날 양산과 언양 중간쯤의 길 위에 있었다. 그들은 일주일 전에 언양의 여성성경반 인도를 부탁받았기에 그곳으로 가는 길이었다. 가을 끝자락의 그 길은 참 아름답고도 고요하였고, 간간이 시냇물 흐르는 소리만 들렸다고 한다. 이 길은 멘지스에게 초행은 아니었다. 20년 전에 심 목사와 함께 대구에서 이 길을 따라 내려

온 적이 있었던 것이다.

밤에 도착한 언양에서 그곳 여성 교인들은 이 두 외국인 여성을 따뜻이 맞이하여주었다. 그리고 다음 날 멘지스는 9시 30분부터 3시 30분까지 6일간 언양교회를 꽉 채운 교인들 성경공부를 인도하였다. 그리고 저녁에는 처음 믿는 신도들을 만나고 상담도 하고 찬송도 함께 불렀다.

멘지스는 그곳에서 그치지 않고 전도부인 2명과 함께 울산에도 갔다. 울산에서도 그녀는 따뜻한 환영을 받았으며, 58명의 여성이 성경반에 등록하였다. 그곳의 여성들은 멘지스를 '오랜 친구'로 여겼다. 그리고 감사하는 마음으로 계란, 감, 밤, 소고기 등 구할 수 있는 것은 모두 구하여 멘지스에게 공궤하였다. 멘지스는 어엿이 50세를 넘어 51세인 '구관 할머니'였던 것이다(크로니클, 1917년 2월 1일, 3).

성탄절이 되면 멘지스는 학생들에게 약간의 용돈을 선물로 주곤 하였다. 1916년 성탄에도 그녀는 똑같은 선물을 주었는데, 이번에는 세 가지 사용 용도를 제안하였다고 한다. 첫째는 그 돈으로 맛있는 것을 사 먹거나, 둘째는 쓰고 싶은 곳에 사용하거나 그리고 셋째는 교회당 건축을 위한 헌금으로 드리는 것이었다. 학생들은 이구동성으로 교회당 건축헌금으로 내겠다고 대답하였고, 그날 모두 헌금하였다고 한다(크로니클, 1917년 4월 2일, 4).

1917년 중반에 와서 멘지스는 네피어와 함께 호주로 휴가를 떠나게 된다. 빅토리아 여선교연합회는 그녀들의 여행경비를 보냈고, 그들은 8월 12일에 호주에 도착하였다. 여선교사들이 호주에 오면 먼저 병원에 가서 건강을 검진하였는데 멘지스는 건강하였다. 그 후 그녀는 빅토리아에서 노회들을 방문하며 보고도 하고 모금도 하게 되는데, 먼저 본인의 모교회가 있는 발라렛 노회의 지부들을 방문하게 된다.

또한, 멘지스는 모트레이크 노회 소속 지부들과 선교동아리들을 방문하면서 바쁜 시간을 빅토리아에서 보내고 있었다. 여선교연합회는 멘지스에게 휴식을 권고하고 있고, 부산진으로 돌아갈 준비를 해야 한다고 언급하고 있다. 멘지스가 미우라학원을 떠나있을 당시 마가렛이 그곳을 책임 맡고 있었고, 보고서도 쓰고 있다.

멘지스는 여선교연합회에 부산진 여선교관 가구들을 교체할 건의를 하고 있다. 비용은 20~25파운드 정도이며, 특별 모금이 필요하다고 하였다. 멘지스는 호주에서의 휴가를 마치고 네피어 그리고 새로 임명된 매카그와 1918년 8월 말 한국으로 돌아오게 된다. 7월 17일에는 발라렛에서 가족과 교인들이 참석한 가운데 환송식이 있었고, 8월 16일에는 여선교연합회가 주관하는 큰 규모의 환송식이 열렸다. 이 모임에서 멘지스는 다음과 같이 말하였다.

호주에서 다시 안녕을 고하고 한국으로 가기는 쉽지 않지만, 새로 선교사로 떠나는 매카그를 환영한다고 하였다. 한국인들은 그들도 실패와 좌절을 겪지만, 그들은 사랑스럽고 사랑하는 사람들이고 새 선교사를 환영할 것이라고 하였다. 그리고 휴가 기간 중 보여준 친절과 사랑에 감사를 표하였다(크로니클, 1918년 9월 2일, 7). 여선교연합회는 멘지스가 미우라학원의 '감독관'으로 돌아간다고 하므로, 다른 새내기 여선교사들과 차별을 두고 있다.

1919년의 만세운동

1918년 미우라학원 보고서에 멘지스와 일행이 한국에 도착한 것을 알리고 있다. "몇 주 전에 '어머니' 멘지스가 다시 돌아와 가족은 매우 행복해하며 환영하였다. 사감 선생부터 작은 신복이까지 모두 멘지스의 귀국을 고대하였었다"(크로니클, 1918년 12월 2일, 4). 멘지스는 다시 미우라학원을 책임 맡아 운영하게 되었다.

당시 부산에 독감이 유행하여 많은 사람이 고생하고 있었다. 멘지스도 독감이 걸려 도착하자마자 고생을 하게 된다. 선교사들이 독감에 예민한 것은 독감이 자칫 폐렴으로 발전되어 치명적일 수 있기 때문인바, 실제로 이것으로 사망한 선교사들이 있지 않았던가. 당시 부산에서 독감에 걸려 폐렴으로 사망하는 사람들이 하루에 35명에 이르고 있었다.

멘지스는 미우라학원에 복귀하여 첫 보고서를 1919년 1월에 쓰고 있다. 그녀는 먼저 본인의 휴가 동안 학원을 훌륭히 운영한 마가렛에게 감사하고 있다. 학생 중 문복순과 박세윤은 통영선교부로 갔고, 그중 한 명은 진명학원 교사로 다른 한 명은 직원으로 일하고 있다고 하였다. 차명아는 진주병원에서 간호사로 훈련을 받고, 이제 곧 서울의 세브란스병원으로 이직을 한다고 하였다. 일신여학교 출신 여학생들이 이제 사회에서 각자의 일을 감당하는 것을 멘지스는 자랑스럽게 보고했다. 또한, 새로 온 식구 한 명도 소개하고 있는데 마산에서 어머니에게 팔려 나락으로 떨어진 여아를 라이얼 부인이 구출하여 부산까지 보내 후원하고 있다고 하였다(크로니클, 1919년 4월 1일, 5-6).

1919년 3월은 서울에서 3.1절이 있던 해이다. 부산에서도 독립운동의 분위기가 감돌고 있었으며, 일신여학교도 예외가 아니었다. 멘지스는 학생들에게 일본 경찰에 의심을 받지 않도록 주의하라며 독려를 하고 있었다. 그런 와중에 3월 11일 저녁 8시 30분경 미우라학원의 여학생들이 사라진 것을 발견하였다. 아무도 그들이 어디로 간지 모르자 여선교사들은 그들을 찾으러 나섰다.

우리는 갑자기 '만세'하는 함성을 들었다. 우리는 작은 골목에서 학생들을 찾다가 큰 거리로 뛰어나갔다. 그곳에 사람들이 만세를 부르며 행진하고 있었다. 우리는 먼저 남학생들을 보았고, 곧 우리의 여학생들도 그 행렬에서 만세를 부르고 있는 것을 발견하였다. 큰 무리는 아니었지만 작은 골목마다 사람들이 서서 구경하고 있었고, 그 행렬에 합류하는 것을 두려워하였다. 우리는 여학생들을 집으로 데려오려고 하였지만, 여학생들은 우리에게서 더 멀리 뛰어나갔다. 심 목사 아이는 집으로 보냈지만 다른 학생들은 완강하였다. 우리는 더 이상 할 것이 없어 조용히 집으로 돌아왔다.

(크로니클, 1919년 6월 2일, 3)

그러나 호킹과 데이비스는 곧 경찰서로 잡혀가게 된다. 그들이 큰길가에 나와 있던 것을 일본 순사들이 보고 쫓아왔던 것이다. 처음에는 몇 마디 질문만 할 줄 알았지만, 결국 그들을 차에 태워 경찰서로 갔으며 그곳에서 2시간 방치되다 마침내 유치장에 수감 되었다. 밤새도록 일본 형사가 들락거리며 그들을 감시하였다. 소식을 들은 멘지스는 여학교 사감과 요리사를 통하여 담요와 깔개를 유치장에 들여주었는데 그때가 새벽 3시였다.

다음 날 아침 검은 제복의 경찰은 일신여학교와 기숙사에 태극기가 있는지 취조를 시작하였다. 여선교사들은 모른다고 대답하였다. 그날 그들은 온종일 유치장에 있었고, 결국 유치장에서 필요한 화장실용품과 음식 목록을 적어 멘지스에게 보내주었다. 라이트 목사가 음식 등이 담긴 광주리를 가지고 왔고, 그때야 여선교사들은 식사를 제대로 할 수 있었다. 라이트는 이들의 구류 사실을 즉시 영국대사관에 보고하고 구명 운동을 시작하였다.

셋째 날이 되자 그들은 같은 경찰을 대면하였는데, 그는 질문하는 대신 일신여학교에 태극기가 있었고, 그것들을 멘지스가 불태웠다고 말하였다. 나중에 안 일이지만 여학생들이 학교에 태극기를 숨기고 있었던 것이다. 호킹과 데이비스가 잡혀가자 매카그와 장금이가 책장을 뒤져 태극기를 발견하였고, 멘지스는 학교에 어려움이 닥칠 것을 예견하고 즉시 태워 버렸다. 일본 경찰은 멘지스가 태극기를 태워 증거를 없앤 동기에 대하여 심하게 취조하였다.

이때부터 일신여학교는 일본 형사들에 의하여 점거되다시피 하였고, 무엇보다도 멘지스가 취조당하는 모습에 여선교사들과 학생들은 괴로워하였다. 그녀는 오랜 기간 여학생들을 위해 봉사한 사실과 희끗희끗한 머리 덕분에 풀려났다고 하였다.

넷째 날인 13일에서야 비로소 호킹과 데이비스도 오전 11시 30분에 풀려났다. 경찰서장은 그들에게 잘못이 없어 풀려나는 것이 아니라 폭력을 쓰지 않았고, 한국인이 아니기 때문이라 했다. 그리고 서장은 경고도 잊지 않았다. 여선교사들은 기독교 순교자의 진실에 대하여 말하였지만, 서장은 귓등으로 들었다.

일신여학교의 기숙사 거주 학생 5명 포함한 11명의 학생과 교사 2명 역시 감옥에 갇힌 것을 그들은 풀려나서야 들었다. 그 학생들을 면회하는 것은 가족 포함하여 누구에게도 허락되지 않았기에, 선교사들은 감옥 근처의 여관에서 음식을 준비하여 넣어주는 일 외에 다른 방법을 쓸 수 없었다고 한다.

그리고 그것이 끝이 아니었다. 멘지스와 두 명의 여선교사들은 법원까지 소환되어 교차 심문을 받게 된다. 그리고 경찰서에도 여러 번 가서 많은 질문에 대답하여야 했다. 당시의 일본 경찰 질문은 다음과 같았다.

"당신은 이곳에 오기 전 당신의 나라에서 범죄한 사실이 있습니까?"
"당신의 해로운 가르침으로 학생들이 감옥에 있는데 수치스럽지 않습
니까?" 물론 멘지스는 전혀 수치스럽지 않다고 대답하였다.
(크로니클, 1919년 6월 2일, 3-4)

당시의 사실에 대하여 일본 경찰은 다르게 기록하고 있다.

부산진 소재 기독교 경영 일신여학교 한국인 여교사 임말이 외 생도 1명
을 취조한 바 동교 교장인 여선교사 데비스 및 한국인 여교사 주경애가
주동이 되어 교원 일동에게 '각지에서 독립운동을 시작하고 있으니 우
리 학교도 거사하자'고 협의하고 생도들에게 전달하여 3월 10일 동교
고등과 생도 11명이 기숙사에서 한국기 50개를 제작, 이를 동교 기숙사
감 메체스에 넘겨준 것을 진술하였으므로 동인을 취조한 바 깃대 31본
을 생도에게 제공한 사실을 자백, 나아가서 가택수색을 한 결과 기숙사
옆 쌀겨가 있는 곳에서 한국기를 발견하였을 뿐만 아니라 한국기를 제
작한 붓 등도 압수하였다.
그리고 데비스와 동교 여교사 혹킹은 의거 당일 '부르시오! 만세를 부르
시오'라고 소리를 외치면서 생도를 지휘, 생도는 일제히 만세를 부르면
서 행진한 사실을 목격한 사람이 있었다.
(김정명, 조선독립운동1, 원서점, 1967. 163)

그리고 경찰은 이 내용을 근거로 이들을 법정에 세웠으며, 법정에
서의 싸움은 계속되었다. 당시 법정의 모습을 호킹 선교사는 자신의
5월 12일 편지에 비교적 소상히 보고하고 있다. 일신여학생들과 여
교사들이 포승줄로 묶이고 머리에는 자루를 쓴 채 법정에 나타났고,

만세운동에 가담하였다는 이유로 주경애와 박신연 교사는 각 18개월과 강제노역을 선고받았고, 학생들은 5개월과 강제노역을 선고받았다. 부산 일신여학교 출신 통영 진명학교 교사 문복순과 김순이도 6개월과 강제 역을 선고받았다(크로니클, 1919년 7월 1일, 3-4).

멘지스는 같은 해 9월 보고서에 기쁜 소식을 전하고 있는데 여학생들이 출감하였다는 소식이었다. "출소된 학생들은 모두 창백해 보였는데, 운동시간 없이 갇혀있었기 때문이다. 또한, 벌레 물린 자국도 많이 있었다. 우리는 감사 기도의 시간을 가졌다"(크로니클, 1920년 1월 1일, 5).

마지막 사역

일신여학교는 당시 마가렛 데이비스가 교장으로 일을 하고 있었고, 멘지스는 감독관으로 미우라학원 전체를 돌보고 있었다. 1919년에는 165명이 낮 반인 일신여학교에 등록하였고 1920년에는 200명 가까이 등록하였다고 데이비스는 보고하고 있다. 그러나 문제는 여학생들의 기숙사 공간과 교사 인력이 절대적으로 부족하였다. 저학년 100명에 교사는 단 한 명이었다고 한다(크로니클, 1920년 7월 1일, 3).

또한, 여성성경학교도 운영되어야 하므로 여선교사들은 많은 짐을 지고 있었다. 1920년에는 20명이 공부를 하였고, 다음 해는 32명이 등록하였다. 교사로는 멘지스를 포함하여 맥피, 호킹, 데이비스, 스키너 그리고 한국인 전도부인들이었다.

1920년의 경남여성성경학교 위원회 위원장이었던 멘지스는 호주선교부에 보고서를 내고 있다. 이 해에는 5년의 과정을 모두 마친 졸업생이 1명 있었는데, 70세의 여성이었고, 그녀에게 수료증을 수여하는 것은 즐거움이었다고 멘지스는 말하고 있다. 성경학교가 진행될 당시 부산진교회에는 김익두 목사의 부흥집회가 열리고 있었다. 학생들은 그 집회에도 참석하였고, 더 큰 열정으로 성경반에서 공부를 하였다(더 레코드, 32).

이 해에는 호주선교부의 한국인 직원 전원의 봉급 인상이 있었고, 호주 선교사들의 봉급도 물가와 환전 차이로 인상되어야 하였다. 또한, 미우라학원도 같은 이유로 적자임을 멘지스는 보고하고 있다. 이 말은 호주에서 모금이 더 되어야 한다는 의미였고, 그만큼 빅토리아여선교연합회의 책임이 무거워진다는 현실이었다. 그렇다고 빅토리아장로교 해외선교부는 선교사 수를 줄이는 방법은 고려하고 있지 않았고, 오히려 더 발전시키고자 적극적으로 논의하고 있었다.

1922년 한국선교를 위한 빅토리아장로교회 여선교연합회의 예산은 3,457파운드였으며, 이것은 전해보다 663파운드 인상된 것으로 호주교회의 지치지 않는 한국선교 의지를 엿볼 수 있다(크로니클, 1921년 10월 1일, 4).

1921년 말 부산에는 맥켄지 부부, 라이트 부부, 알렉산더, 위더스 그리고 멘지스가 있었으며, 멘지스는 미우라학원과 여성 야간반을 다시 책임 맡아 계속 일하고 있었다. 당시 다른 지역의 선교부와 비교할 때 부산진에는 하나 없는 것이 있었다. 바로 유치원이었다. 많은 부모가 유치원을 원하였지만 수용할 수 없어 안타까워하고 있었고, 여선교사들도 유치원 설립을 희망하였다.

그러나 그때 멘지스의 건강이 좋지 않았다. 신경쇠약으로 쓰러질 수도 있다는 보고가 있었고, 어쩌면 계속 한국에서 일하기 어려울 것이라는 동료들의 언급도 있었다. 멘지스는 일단 진주 배돈병원에서 맥라렌의 치료를 받았으며, 다행이도 맥라렌은 그녀의 상태가 호전되었다고 말하고 있다(크로니클, 1922년 5월 1일, 2). 그러나 여선교회연합회는 이듬해 멘지스가 호주로 병가 차 휴가를 떠날 것을 결정하고 있고, 그 후 여선교연합회는 그녀에게 은퇴를 권유하게 된다.

떠나는 '우리 어머니'

1923년 7월, 멘지스가 병가 차 호주로 떠난다지만 이것이 아마 마지막이라는 것을 교인들은 알고 있었다. 멘지스를 환송하는 예배가 부산진교회당에서 열렸다.

> 지난 수요일 매우 감동적이고 훌륭한 환송예배가 교회에서 열렸다. 멘지스는 '우리 어머니 혹은 우리 교회의 어머니'로 우리를 위하여 기도해 주셨다. 33년 전 처음 한국에 오셨을 때부터 지금까지의 공적에 대한 아름다운 환송사도 있었다. 이것은 우리의 주님이 우리의 구원을 위하여 이 땅에 사셨던 기간과 같으며, 하나님의 사랑을 드러낸 주님의 삶과도 흡사하다.
> (크로니클, 1923년 10월 1일, 4)

멘지스를 환송하기 위하여 부산항에 많은 교인 특히 여성들이 모였고, 그들의 눈에는 눈물이 흘렀다.

그리고 8월 말 멘지스는 네피어 그리고 왓슨 부인과 함께 호주에 입국하였다. 여선교연합회는 이들이 진찰과 휴식이 필요하다며, 이 해 말까지 다른 일은 하지 않도록 배려하고 있다. 그럼에도 멘지스는 그해 11월에 열린 노회 여선교회 모임에 발라렛 지부를 대표하여 참석하고 있다.

1924년 초 크로니클 선교지는 연합회가 멘지스의 사임을 권고하였고, 그녀가 받아들였다고 보고하고 있다. 멘지스는 한국으로 다시 돌아갈 의향이 있었지만, 결정을 여선교연합회에 맡겼고, 여선교연합회는 모든 상황을 고려하여 결정을 하게 된 것이다. 그러면서 그녀는 호주에서 후원하는 일을 계속하게 될 것이라고 언급하고 있다 (크로니클, 1924년 4월, 1).

그리고 그해 6월 17일 열렸던 여선교연합회 정기 모임에서 멘지스에 대한 감사의 말을 회의록에 남기고 있다. 다음은 그중 일부분이다.

이 위원회는 한국의 호주선교회에서 사역한 멘지스의 은사로 인하여 하나님께 깊이 감사한다. 멘지스는 1891년 동료들과 함께 아직 알려지지 않은 곳에 새로운 선교의 기초를 놓기 위하여 갔다. 그들은 그곳 사람들에 대한 지식이나 언어도 몰랐고, 사람들이나 책에서도 도움을 받지 못하였다. 이러한 기초 위에 교회가 세워진 것에 그녀는 기뻐하였고, 우리 선교부는 그녀의 오랜 사역으로 성장할 수 있게 되어 축복이었다.

멘지스가 다른 동료 선교사들과 한국인 친구들에게 베푼 행동들은 말로써 다 표현하기 어려울 정도이다. 우리는 그녀의 헌신과 모범으로 인하여 감사하고, 앞으로는 이곳에서 우리와 함께 선교를 지원할 수 있게 되기를 바라며, 앞날에 축복이 있기를 기도한다.
(크로니클, 1924년 7월 1일, 5)

이로써 부산진의 미우라학원은 '어머니'를 잃게 되었고, 아무도 멘지스만의 그 자리와 그 역할을 대신할 수 없었다.

한국의 호주선교회도 다음과 같은 기록을 남기고 있다.

우리 선교회는 멘지스가 이 땅에서 그리스도를 위하여 오랫동안 헌신 봉사함을 깊이 감사한다. 그녀는 1891년 한국에 온 호주장로교 선교부의 개척자 중 한 명이다.

그녀는 한국인들에게 때 묻지 않은 애정과 힘을 주었고, 그녀의 사랑의 봉사 정신은 그녀에게서 영감을 받은 사람들의 마음속에 계속 드러날 것이다. 그녀가 한국에 돌아오지 못한다고 그녀의 사역이 다 끝난 것이 아니라는 것을 우리는 안다. 그녀의 마음속에 소중한 이 땅을 위하여 그녀는 기도와 노력 속에 우리와 협력할 것임을 굳게 믿는다.

(크로니클, 1924년 10월 1일, 5)

어머니가 돌아오셨다!

그 후 멘지스는 빅토리아장로교 여선교연합회의 여러 일을 맡으면서 한국선교를 계속 지원하게 된다. 그리고 1930년 11월 '여선교연합회의 베테랑 선교사' 멘지스는 한국을 한 번 더 방문하게 된다. 그녀 나이 66세였다.

"오늘 아침 어머니가 돌아오셨다!"

"우리는 어머니를 이제 천국에서만 볼 수 있을 줄 알았어요. 이 땅에서 다시 만나다니 얼마나 좋은지 몰라요."

"어머니는 더 젊어 보이고 강해 보여요. 우리를 잊지 않으셨어요."

멘지스를 환영하는 성대한 모임이 11월 20일 열렸고, 얼마나 감동적인 만남이었을지 상상이 갈 듯하다(크로니클, 1931년 2월 2일, 5).

그리고 약 두 달 후 부산진교회 설립 40주년 기념예배가 있었고, 멘지스와 무어의 공로 기념비 제막식도 있었다. 무엇보다도 양딸인 민신복의 결혼식에 어머니로 참석하는 기쁨을 멘지스는 가졌고, 그들에게 한옥 한 채도 선물할 수 있었다.

더 높은 곳으로 올라라

그리고 5년 후인 1935년 9월 10일 멘지스는 발라렛에서 80세의
나이로 별세하였다. 그리고 그곳 구 공동묘지에 묻히게 된다. 당시
'더 에이지' 신문은 멘지스의 장례식을 지역 소식에 알리며 한국의
첫 여성 호주 선교사로 소개하고 있다(더 에이지, 1935년 9월 12일, 14쪽).

데이비스 여사는 크로니클 독자들을 위하여 '고결한 여인을 기억
하며'라는 제목의 추모사를 남기는데 다음이 그중 일부분이다.

'더 높은 곳으로 올라라'라는 부름을 받고 멘지스는 하나님의 백성 중에
안식에 들어갔다. 잠언서에 나오는 고결한 여성은 신실한 아내를 말하고
있지만, 멘지스는 미혼으로 어머니와 같은 마음을 가진 여인이었으며
그녀의 사랑의 돌봄을 받은 많은 사람은 그녀를 어머니로 여겼다.…
오랫동안 한국에서 선교사로 일할 동안 그녀의 집은 항상 진실된 사랑
과 친절함의 중심이었는바, 특히 새내기 선교사들, 한국인 고아들, 한국
인 여성들은 그녀의 지혜롭고 친절한 방법으로 돌봄을 받았다.
(크로니클, 1935년 10월 1일, 3-4)

멘지스가 호주에서 세상을 떠났다는 소식을 들은 부산진일신여
학교도 1936년 '고 멘지쓰 부인을 회고함'이라는 제목의 글을 남기
고 있는바, 다음이 그 일부분이다.

오늘날 암탉이 병아리를 품는듯이 東萊天地를 안고 섯는 우리 日新學校
를 낳고 길을 여는 그 어머니로서 永遠히 잊혀지지 않을 것이다. 日新의
어머니 멘지쓰 婦人 그는 벌서 이 世上을 떠나 日新이 40週年 돌을 맞이
하는 1935년 9월 10일에 그 日新을 낳고 길르시든 멘지스 婦人은 멀리
그의 故鄕인 濠洲 '바라라트' 라는 곳에서 平穩한 가운데서 이 世上을
떠났다는 訃音을 받으니 다시금 그의 혁혁한 功績을 回想하고 感謝하게
되는 바이다.
(일신, 1936)

멘지스가 설립한 일신여학교는 후에 고등과도 설립되었고, 고등
과는 동래로 이전하여 동래일신학교 혹은 하퍼기념학교로 불리었
다. 그러나 1941년 선교사들이 한국을 떠날 때 구산재단으로 인계되
어 현재는 동래여자중학교와 동래여자고등학교로 이어지고 있다.
1905년 준공된 좌천동의 부산진 일신여학교 건물은 부산에서 가
장 오래된 근대 건축물이자 부산경남 최초 신여성 교육기관으로 한
국기독교사적 제7호, 부산광역시 지정 기념물 제55호로 지정되었
으며 2010년 역사전시관으로 새롭게 단장하였다. 멘지스와 무어의
공로기념비는 현재 부산진교회 뜰에 세워져 있으며, 그 전문은 다음
과 같다.

이 두 분은 1892년에 호주 선교사회의 보내믈 받아 부산에 이르러 심상
현씨 인도로 이곳에 와서 집집이 단이며 사람 앞에 복음을 전하야 교회
창설과 녀자 교육에 많은 즁 맨지씨는 것친밥 것친옷으로 고아 수양과
빈궁 구제에 30여 년의 일생을 희생하였고 모씨도 25년의 일생을 바쳤
습니다.

에필로그

2019년 한호선교 130주년을 맞이하여 부산진교회 방문단이 호주를 방문하였다. 필자는 이 팀을 안내하여 멘지스의 고향인 발라렛을 찾았다. 세월을 머금고 여전히 우뚝 서 있는 에벤에저교회 그리고 멘지스가 묻혀있는 무덤… 평생 몇 번이나 그런 느낌을 경험할 수 있을까. 신성한 공간, 거룩한 땅에 들어선 것 같은 말로 표현할 수 없는 감정이 필자의 마음속에 요동쳤다.

겔슨 엥겔

Gelson Engel(1868–1939)

겔슨 엥겔(한국명: 왕길지 혹은 왕길)은 1900년 10월 29일 가족과 함께 한국에 입국하였다. 엥겔은 남성이고 목사이지만 미혼 평신도 여선교사들만 파송하는 빅토리아여선교연합회의 파송으로 한국에 오게 되었고, 빅토리아장로교 총회도 이를 승인하였다. 엥겔은 그로부터 38년간 부산과 평양에서 일하면서 한국교회에 큰 지도력을 발휘하게 된다.

엥겔은 1868년 독일 뷔르템베르크에서 4남매 중 장남으로 태어났다. 교육자였던 아버지를 따라 그는 교육대학에서 공부하였고, 졸업 후 교사로 일을 시작하였다. 동시에 그는 가정에서 그리고 교육의 과정에서 경건주의의 영향을 강하게 받았고, 그의 일생에서 청교도적이고 경건주의적인 경향이 짙게 나타난다. 또한, 그러한 종교적인 환경에서 중시되는 선교운동에 엥겔은 관심을 갖게 되었다. 자신이 살던 지역에서 열리는 선교대회에 매년 참석을 하면서 그는 선교적 과제의 의미를 깨닫고 선교사의 길을 모색하게 된다.

마침내 엥겔은 1889년 8월 바젤선교회에 선교사 지원을 하였다. 그는 곧 체계적인 선교교육과 훈련을 받았고, 3년 후인 1892년 말 인도 푸나로 파송을 받는다. 그의 나이 당시 24세 독신이었다. 인도에서의 6년간 활동은 순탄치 않았지만, 그는 그곳에서 클라라를 만나 결혼을 하여 두 아들을 얻게 된다. 건강이 좋지 않았던 엥겔 부부는 호주로 이민하기로 하고 1898년 말 호주로 떠난다.

독일에서 인도로 그리고 호주로

호주 빅토리아주에 도착한 엥겔 가족은 발라렛 인근 마을인 스타웰에 정착하였다. 이곳의 초중등학교인 하버드 칼리지의 교장으로 초빙을 받았기 때문이었다. 당시 발라렛과 그 일대는 금광의 발견으로 많은 사람이 몰려들고 있었다. 그중에 독일인 이주자들도 있었고, 엥겔은 이들의 교회를 맡아 봉사하기도 하였다.

엥겔은 곧 자신의 교단을 빅토리아장로교회로 이적하여 정회원이 된다. 그곳에는 그를 기다리는 새로운 과제가 있었다. 마침 빅토리아여선교연합회가 한국으로 갈 선교사를 찾고 있었던 것이다. 그리고 엥겔은 그 특별한 역할에 준비된 자였다.

〈왕길지의 한국선교〉를 집필한 이상규는 그의 글 서문에 다음과 같이 쓰고 있다.

> 호주장로교회는 1889년 데이비스를 한국에 파송한 이래 해방 이전까지 78명의 선교사를 파송하였는데, 이 중 가장 유능한 그리고 지도적인 인물이 겔손 엥겔 목사였다.
> (이상규, 15)

당시 빅토리아여선교연합회는 이미 한국에 벨레 멘지스를 비롯하여 3명의 여선교사를 파송하였다. 그러나 얼마 안 있어 여러 가지 이유로 멘지스만 남게 되었고, 여선교연합회는 베시 무어와 아그네스 브라운(후에 엥겔의 아내가 됨)도 곧 파송하였다. 그때 남선교사를 파송하였던 청년친교연합회는 맥케이의 뒤를 이어 앤드류 아담슨 목사를 한국에 파송하였는데, 바로 여기에서 문제가 시작된 것이다. 여선교사들과 아담슨 간에 심각한 대립과 불화가 생기게 된 것이다.

> 아담슨은 한국에 파송된 유일한 남자 목사 선교사로 비록 선교지에는 여선교사들보다 늦게 왔으나 이미 중국에서 일한 경험이 있었다. 연령으로는 멘지스보다는 젊었으나 다른 여선교사보다는 연장자였다. 그래서 여선교사들은 아담슨이 호주선교부의 지도적 위치에서 자기들을 주관하려고 한 것으로 인식하였다.
> (앞의 책, 56)

아담슨과 여선교사들 간의 신뢰가 무너져 관계가 악화되었고, 이것으로 빅토리아장로교회는 진상조사까지 하였다. 빅토리아여선교연합회로서는 여선교사들과 좋은 관계를 맺으며 목사로서 그들을 관장할 수 있는 유능한 선교사가 필요하였던 것이다.

이런 상황에서 여선교연합회는 엥겔 목사를 면접하였고, 그를 그 역할에 맞는 선교사로 한국에 파송하기로 결정하였다.

1900년 9월 17일 빅토리아 총회 회관에서 총회장이 참석한 가운데 엥겔을 한국으로 파송하는 환송회가 열렸다. 여선교연합회는 한국에 있는 여선교사들과 엥겔에게 편지를 보내 선교 사역 전반에 대한 지침을 알렸다. 이 내용은 총 7개 항으로 구성되어 있는바, 앞의 조항만 살펴보더라도 엥겔에 대한 교회의 기대가 어떠했는지 알 수 있다.

엥겔 목사는 한국에서 여선교연합회의 사역을 총괄하는 감독으로 임명
되었다.⋯ 본회 사역의 모든 영역, 곧 지역담당, 순회전도 그리고 학교사
역을 전적으로 엥겔이 통괄한다.⋯ 따라서 합의하고 의논한 이후라도
감독자의 최종 허락 이전까지는 어떤 일도 실행해서는 안 된다.⋯
('여선교사들에게 주는 지침', 1)

한국에 도착한 엥겔 가족

1900년 9월 19일 멜버른을 출발한 엥겔 가족은 40일 뒤인 10월
29일 부산에 도착하였다. 그리고 그는 즉시 한국어 공부를 시작하였
다. 독일어와 영어 등 언어에 재능이 있던 엥겔은 한국어 습득에도
남달랐다. 엥겔은 멜버른을 떠날 때부터 저널을 쓰기 시작하였는데
한국에 도착한 지 한 달이 채 안 된 주일에, 부산교회(後에 부산진교회)
저녁 예배 시 한국어로 축도하였다고 적고 있다.

예배를 마칠 때 나는 한국어로 축도를 하였는데, 이것이 공중 앞에서의
첫 축도였다. 사람들은 즐거워하였고, 놀라는 눈치였다. 나의 한국어 교
사 김 서방이 특히 좋아하였다.
(엥겔의 일기, 1900년 11일 25일, 일요일)

무엇보다도 엥겔에게 시급하였던 과제는 아담슨과 여선교사들
사이의 갈등을 해소하고, 상호 협의를 통한 선교부 재정비였다. 엥겔
은 먼저 한 번도 만난 적 없는 초량의 아담슨과 만나 친교하며 예배를
드렸다. 그리고 호주에서 위임받은 지침서를 나누며 서로의 일과
구역을 토론하였다. 두 사람 사이에는 이견이 있었고 긴장도 있었지

만, 상호협력을 해야 한다는 데는 서로 동의하였다.

> 오늘은 아담슨 씨와 기도와 협의를 위하여 만나기로 약속한 날이다. 나의 아내가 나와 동행하였다. 찬송과 기도 그리고 성경을 읽은 후, 아담슨 씨가 제기하는 문제에 대하여 토론하였다. 그는 우리의 세세한 모든 일을 서로 상의하여 함께 결정하는 것으로 생각하는 듯하였다. 이것은 해외선교위원회 실무자가 그와 소통한 사역 업무의 한 문단 '교회의 모든 업무는 공동 행동을 요한다'에 대한 번역의 오해인 것 같다… 축도로 모임을 마친 후, 우리는 오후 다과회를 가졌고, 짧지만 자유롭고 우호적인 대화를 나누었다.
>
> (앞의 책, 1900년 12월 4일, 화요일)

또한, 엥겔은 여선교사들과 아담슨 간의 지역 관할 문제도 중재하였다. 그중 하나가 울산지역 관할 문제였다. 무어와 브라운 등은 동래를 거쳐 울산까지 왕래하며 순회전도를 하였는데, 그 결과로 울산지방의 첫 교회로 알려진 병영교회가 1895년 설립되었다. 당시는 엥겔이 파송되기 전이라 아담슨도 울산을 방문하며 특히 학습이나 세례 교육을 하므로, 그는 울산지역도 자신의 관할로 인식하고 있었던 것이다.

결론적으로 여선교연합회의 여선교사들이 기장, 울주, 울산 등 경남동부지역을 관하게 되었고, 아담슨은 마산과 서부경남지역을 맡게 된다. 그리고 얼마 후에 아담슨이 마산으로 이주함에 따라 그동안의 관할 문제는 점차로 해소되었다.

부산진교회 당회장

엥겔에게 무엇보다 중요한 사역은 물론 여선교사들이 자신들의 숙소에서 시작한 예배공동체를 책임 맡아 목회하는 일이었다. 엥겔이 부임하기 전에는 멘지스를 비롯한 여선교사들이 목사 없이 예배를 인도하며 책임을 맡고 있었다. 그는 부산에 도착하여 자신이 처음으로 참석한 11월 첫 주의 주일예배도 기록으로 남기고 있다.

> 한국에서의 첫 주일예배. 아침예배에는 63명(남성 15명, 여성 48명)이 모였고, 몇 명은 새로 온 '목사'(선교사)를 만나기 위해 초읍으로부터 왔다. 교인들에 대한 인상은 조용조용하였고, 집중하며 참석하였고, 찬송을 잘 부른다는 것이다. 그러나 식당으로 쓰기에는 너무 비좁았다. 하비는 그 방을 '교회와 식당'으로 불렀는데, 다른 이름으로는 명명할 수 없을 정도였다.
>
> (앞의 책, 1900년 11월 4일, 일요일)

목사선교사가 교회에 부임함으로 교인들은 비로소 정기적으로 성찬식에 참여할 수 있었고, 학습과 세례 문답을 거쳐 세례도 받을 수 있었다. 첫 세례식은 1901년 2월 3일에 있었다. 이날 41명의 성인과 27명의 어린이, 총 68명이 세례를 받았고, 그중 일부는 초읍에서 왔다. 특히 고아원의 장금이, 서매물, 보배도 이때 세례를 받았다.

엥겔의 또 다른 당시의 책무는 부산경남에서 이미 일하고 있던 미국 북장로교회와의 선교지 분담이었다. 이 지역은 미국과 호주교회의 공동 선교구역이었고, 불필요한 마찰이나 인적 물적 낭비를 막는 것과 효과적인 선교를 실현하는 일이 상호관심 주제였다. 마침내 1903년 양 교단은 원칙적인 합의에 이르렀고, 엥겔은 이때의 분담지역을 손수 지도로 그려 남기고 있다.

> 즉 경남지방 동남쪽, 곧 울산, 기장, 언양, 양산, 거제, 진해, 고성은 호주 장로교가, 경남 동부지역, 곧 김해 웅천, 창원, 밀양, 영산, 창녕, 칠원 등지는 북장로교 선교부가 맡기로 합의했다. 그리고 부산과 마산은 공동지역으로 했다.
>
> (이상규, 81)

1904년 5월 27일 부산교회에 첫 당회가 개회되었다. 당시의 당회록 1회에는 엥겔이 당회를 어떻게 시작하였는지 기록하고 있다.

> 장로 공의회와 경상도 목사들이 심취명을 부산교회의 장로로 택한 것은 좋다 하고 또 경상도 위원들이 심취명의 교회법과 성경요리문답 아는 것을 족하다 한 후에 장로의 직분을 세우기를 허락하였으니 부산교회 주장하는 왕길 목사가 주강생 일천구백사년 오월 이십칠일에 심취명을 교회법대로 장로를 삼았더라.
> 그리한즉 마침내 왕길 목사의 공부방에 목사와 장로와 거렬의원장로로 함께 모여서 목사가 기도하여 교회법대로 온전한 참된 당회를 세웠느니라.
> (부산진교회, 1)

이후 엥겔은 1913년 다른 호주 선교사나 한국인 목사가 당회장을 맡을 때까지 당회장을 역임하였으며, 그 후 1919년 평양으로 떠나는 해까지 때로는 동사목사로 당회원이나 임시 당회장으로 부산진교회에 큰 정신적 지주의 역할을 감당하였다.

엥겔은 또한 여선교사들이 세운 일신여학교 교장을 맡았다. 일신여학교는 미우라고아원의 어린이들을 위한 교육기관으로 시작되었는바, 자선기관에서 교육기관으로 선교가 발전하고 있었다. 멘지스가 설립 교장으로 일하였고, 1902년 중순부터는 엥겔이 2대 교장으로 취임하였다. 그는 이미 인도와 호주에서 학교 교장을 맡았던 경험이 있는 교육자였다. 그 후 그는 1913년 초까지 약 13년간 교장으로 사역하였고, 그동안 학교는 새 건물을 건축하며 이사하기도 하며 큰 발전을 이루었다.

1900년대 초 부산지역 선교

엥겔은 1901년부터 몇 차례에 걸쳐 여선교사나 전도부인과 함께 부산경남 지역 순회전도를 다녔다. 울산, 창기, 병영, 기장, 감포, 경주, 언양, 안평, 울주, 학동, 내덕 등이었다. 그는 가는 곳마다 기회를 찾아 복음을 전하였고, 신자가 있는 곳에서는 학습과 세례문답을 했으며, 교회가 있는 곳에서는 예배와 성찬식을 인도하였다. 다음은 당시 그의 순회전도가 어떤 모습이었는지 보여주는 한 장면이다.

오후에 우리는 한국 점심을 먹기 위하여 길거리의 한 여관에 멈추었다. 음식이 준비되고 기다리는 동안 우리는 우리가 이곳에 온 이유와 예수 그리스도의 구원에 대하여 말하였다. 다행히 열심히 듣는 사람들이 있었고, 우리가 보여주는 쪽 복음을 기꺼이 사려는 사람들에게 판매하며 다른 정보도 제공하였다.
(엥겔의 일기, 1901년 6월 1일, 토요일)

1906년 빅토리아여선교연합회의 선교 소식지 '크로니클' 창간호
에 엥겔의 연례보고서 일부가 실리고 있다.

지난해 교회에 37명의 새 신자가 더해졌고, 61명의 세례문답 학습자가
공부하고 있다. 두 개의 새로운 선교처가 조직되었는바, 3월에 심 교리
교사가 기장 지역의 신화에 한곳, 6월에 엥겔이 함안의 무남에 세웠다.
6월에는 내덕과 동래의 기도처가 이제 교회가 되었는데, 완전히 조직된
형태의 교회는 아니지만 각 처에 몇 명의 세례교인이 있다. 학동과 울산지
역의 교인들은 교회당을 구하였고, 대부분의 재정이 김 교사로부터 왔다.
(크로니클, 1906년 11월, 2)

부산진교회는 당시 한 명의 전도자를 온전한 봉급을 주고 채용하
였다고 엥겔은 같은 보고서에 쓰고 있다. 여성과 소녀를 위한 사역에
대하여 그는 계속하여 다음과 같이 적고 있다.

여학교의 학생은 46명에서 85명으로 증가하였다. 새 학교 건물은 현재
자발적인 후원으로 인하여 건축 중이다. 주일 오후 여성반에 참석하는 인
원이 늘어났으며, 저녁반에는 소녀들이 48명에서 60명으로 증가하였다.
(앞의 책, 2)

당시 여성성경반은 브라운이 책임을 맡고 있었고, 멘지스는 고아
원과 학교를 책임 맡고 있었다. 니븐과 켈리는 한국어 공부를 하고
있었다.

1905년 7월부터 1906년 6월까지 1년 동안 한국인 전도부인 김유
실은 3,658명의 여성을 만났으며, 290개의 쪽 복음을 팔았다. 정백명

은 3,152명의 여성에게 복음을 전했으며, 502개의 쪽 복음을 팔았다. 김단청은 335개의 쪽 복음과 306개의 기독교 달력을 팔았다. 이수은 은 311개의 쪽 복음과 148장의 달력을 팔았다(앞의 책, 1907년 2월, 9).

왜 더 일찍 오지 않았습니까

1906년 말에 엥겔은 휴가차 호주를 방문하게 된다. 한국에서 사역을 시작한 지 6년이 된 그는 이 해 초 아내 클라라를 잃는 슬픔이 있었다. 같은 해 12월 빅토리아 총회 회관에서 열린 환영회에서 그는 위로를 받았으며, 그동안의 사역에 대하여 칭송과 격려를 받았다. 이 환영회에서 엥겔은 다음과 같이 말하였다.

무엇이 나를 한국에서 일하게 하는가? 공의회를 통하여 나는 교회들을 목회하고 있다. 이교도들이 밀집해 있고, 깊은 어둠이 그곳에 있음을 느낄 수 있다. 6년 전 나는 한국 땅에서 필요로 하는 것이 무엇인지 깨달았다고 생각하였다. 그러나 지금에서야 이교도들의 긴박한 필요가 무엇인지 나는 안다.
우리에게 할당된 지역에만 750,000명의 이교도들이 살고 있다. 그중에 일부는 자신들이 구원이 필요함을 깨닫고 있다. 시간은 더 걸리겠지만 그들의 울부짖음이 들린다. "왜 더 일찍 오지 않았습니까?"
(크로니클, 1907년 1월, 2)

엥겔은 당시 호주교회에 보고한 부산진교회 교인 수는 75명의 성찬자, 50명의 세례문답자, 30명의 교인, 총 155명이었다.
엥겔은 1907년 한 해 호주에서 휴가를 갖는 동안 빅토리아의 각

교회와 선교단체에서 쉴 새 없이 보고회와 강연회를 다녔고, 한국선교의 절박성을 말하며 일꾼이 더 필요하다고 웅변하였다. 당시 엥겔이 받는 연봉은 223파운드였고, 그 외에 여행경비 등이 포함되어 있었다.

한편 이 해 초, 부산진교회 심취명의 짧은 편지가 크로니클 선교지에 실렸다.

형제들이여, 여러분들의 친절함에 감사합니다. 지난 성탄절에 무어 선교사를 통하여 여러분이 보내준 선물에 매우 기뻤습니다. 매우 좋고 아름답습니다. 우리가 어떻게 감사해야 할지 모르겠습니다. 여러분은 매우 친절하고, 알지도 못하는 우리에게 사랑을 베풀었습니다.
우리는 무어를 다시 만나 반가웠고, 그녀와 성탄절을 즐겁게 지냈습니다. 하나님이 여러분을 크게 축복해주시기를 바랍니다. 우리가 서로 만날 수는 없지만, 천국에서는 볼 수 있을 것입니다. 행복한 새해가 되시기를 바랍니다. 사랑하는 친구들이. 부산의 형제들을 대신하여. 심취명 (크로니클, 1907년 4월, 3).

엥겔은 부산의 심취명을 비롯하여 학동의 김 선생으로 불리는 교회 지도자들을 호주의 교회에 소개하고 있다. 특히 심취명에 관한 다음의 내용을 보면 한국인 지도자에 대한 그의 애정을 느낄 수 있다.

1904년 7월, 심취명(세례명인 취명은 '빛을 이루다'라는 뜻)은 그의 일생을 주님께 헌신하기로 결단하였다. 그리고 이 해 그는 호주 선교사 공의회에 의하여 목사 후보생으로 받아들여졌다. 그러므로 그는 다른 학생들과 마찬가지로 4월에서 6월까지 평양의 신학교에 출석해야 하며, 1905년부터 신실하게 참석하고 있다. 1909년 그는 과정을 모두 마칠 것으로 기대하고 있으며, 목사가 될 자격을 얻을 것이다.

(크로니클, 1907년 7월 1일, 6)

1907년 8월 2일 멜버른 스코트교회에서 열린 환송예배에 엥겔과 부인이 참석하였다. 그는 한 달 전 발라렛의 에벤에저교회에서 아그네스 브라운과 재혼하였던 것이다. 아름답게 꾸며진 교회당 안에는 많은 교인이 모였고, 빅토리아장로교회 총회장과 여선교연합회 임원들이 대거 참석하였다. 총회장의 설교와 여선교연합회 회장의 격려사가 있었고, 총무인 로란드는 회원들을 대신하여 엥겔에게 27개의 금화와 은화를 선물로 주었다.

엥겔은 답사를 하였다. 한국을 향한 그의 사랑과 사역 그리고 한국인들의 결단력 있고 훌륭한 성격 등을 언급하였다. 그리고 일꾼이 더 필요하다는 강조로 그의 말을 마치었다. 그 후 선교사들을 위한 중보기도가 있었고, 축도로 환송예배를 모두 마치었다.

성장하는 부산선교부

1907년 말 부산으로 다시 돌아온 엥겔은 새 부인과 함께 다시 순회전도를 다녔다. 그는 울산의 병영에서 7명의 성인과 2명의 어린이에게 세례를 주었으며, 14명의 세례문답자를 얻었다. 엥겔은 또한 호주교회가 부산교회의 심취명과 김봉명에게 준 선물을 전달하였고, 그들의 감사의 글이 여선교연합회 선교지에 실렸다.

여러분이 나에게 보내준 귀한 시계와 좋은 칼을 잘 받았습니다. 이것은

내게 매우 유용한 것들입니다. 이제 나는 정확하게 몇 시인지 알 수 있게
되었습니다. 여러분을 절대로 잊지 못할 것입니다.
(크로니클, 1908년 4월 1일, 6)

엥겔은 당시 일신여학교 건축으로 인하여 바쁜 일상을 보내고
있었다. 또한, 동료 선교사들을 지원하고, 한국인 일꾼들을 감독하
는 일에도 힘을 썼다.

1908년 당시 빅토리아여선교연합회의 지원을 받는 선교사는 엥
겔을 포함한 총 6명이었고, 엥겔이 이들을 감독하고 있었다. 여선교
사들의 명단과 입국 연도는 다음과 같다. 멘지스(1891), 무어(1892),
켈리(1905), 니븐(1905), 스콜스(1907). 총회 해외선교위원회의 지원
을 받는 휴 커를 부부(1902)와 청년친교연합회의 지원을 받는 앤드류
아담슨 부부(1894)도 있었다.

한편 호주선교회에서 봉급을 받으며 사역을 돕는 남성 한국인들
의 명단과 역할 그리고 임명 연도는 다음과 같다.

심명개(남학교, 1893), 심취명(장로, 1903), 김봉명(남학교, 1903), 정덕
생(조사, 1906), 김교명(매서인, 1908), 박승태(매서인, 1908).

여성으로는 다음과 같다. 김유실(전도부인, 1902), 정백명(전도부인,
1903), 김단청(선도부인, 1903), 이수은(전도부인, 1903), 장금이(여학교 교
사, 1903), 서매물(여학교 교사, 1906), 박계실(전도부인, 1908)(크로니클,
1908년 12월 1일, 12).

호주선교회의 부산선교가 시작된 지 10년 만에 20여 명의 호주인
선교사와 한국인 조력자들이 각자의 위치에서 일하고 있었다. 그중
엥겔은 목사로서 큰 부분을 책임을 맡고 있었고, 특히 세례문답 교육
과 교회 목회에 많은 시간과 정성을 쏟았다.

엥겔은 자신의 한 주일을 다음과 같이 소개하고 있다. 부산진교회에서 오전 8시 몇 명의 교인이나 세례문답자를 불러 권면이나 책망을 하고, 10시에 예배를 인도하였다. 예배 시간에는 교회 소식이 있어 이 시간에 직분자 선출이나 임명 혹은 견책 등을 하는데 회계 선거로 이 주일에는 1시간이 걸렸다. 그리고 그는 설교하고 마칠 때 성찬식을 거행하였다. 23명이 성찬을 받았다. 그리고 오후 1시부터 2시 반까지 세례문답자들을 교육하였다. 많은 사람이 엥겔을 만나기 원하므로 그는 인원을 제한하고 있다.

그 후 엥겔은 바삐 4마일 떨어진 울산의 교회로 갔다. 그곳에서 그는 식사를 하고, 그를 기다리고 있는 강정으로 가 예배를 인도하였다. 이곳에서 그는 처음 설교를 하는데 마태복음 16장 13~18절에 관한 내용이었다. 예배 후 그는 교인과 세례문답자들에 관한 보고를 받고, 6시경에 저녁식사를 하였다.

7시 30분의 저녁예배에서는 세례식과 성찬식을 베풀었고, 11명이 참석을 하였다. 이 울산지역에는 이미 37명의 수세자와 50~60명의 교인이 있었다. 그리고 10시 반까지 세례문답 교육이 또 이어졌다. 동래를 제외하고 엥겔은 당시 26개의 처소를 책임 맡고 있었고, 울산에만 6개의 처소가 있었다. 다음 날 아침 엥겔은 목이 쓰리고 아팠다고 보고하고 있다(크로니클, 1909년 1월 1일, 4).

빅토리아여선교연합회와 엥겔

엥겔의 또 다른 역할은 연례 성경학원을 조직하며 강의하는 것이었다. 1909년 2월에 있었던 성경학원에는 70명의 주로 젊은 청년들이 부산 인근 각처에서 모여 참석을 하였다. 성경공부는 열흘 동안이나 진행되었고, 대부분 숙식을 같이하며 끝까지 참석하였다.

같은 해 중반에 와서 엥겔의 신분에 관하여 약간의 변화가 일어난다. 빅토리아장로교회 총회는 엥겔이 더 이상 변칙적인 여선교연합회 선교사가 아니라 총회 해외선교부 선교사로 총회에 직접 보고하도록 하였다. 그러나 그의 봉급은 여전히 여선교연합회에서 지원하도록 했고, 여선교연합회 회원들은 엥겔의 사역에 계속 관심을 유지할 수 있었다.

그러나 이 결정은 엥겔의 정기 보고서가 더 이상 여선교연합회의 크로니클 선교지에 실리지 않는 결과를 가져왔고, 총회의 기관지에 실리게 된다. 엥겔의 사역에 깊은 관심을 가지고 있던 여선교연합회 회원들에게는 실망스러운 일이었다.

1910년 말에는 프랭크 페이튼을 비롯한 호주교회 대표단이 한국을 방문하게 된다. 이들은 부산에 도착하여 처음으로 부산진교회에서 예배를 드리게 되는바, 엥겔이 인도하는 예배에서 큰 감동을 받았다고 적고 있다. 또한, 대표단은 엥겔의 안내를 받으며 부산지역을 시찰하였다.

오르간의 음악이 멀어지자 왕길 목사는 기도를 인도하였다. 모두 경외함으로 머리를 앞으로 숙였는데 얼굴이 거의 바닥에 닿을 정도였다. ... 많은 사람이 눈물을 흘렸다. 왕길 목사가 마지막 찬송을 인도하기 전 (페이튼과 캠벨, 39). ...

두 주 동안의 한국 방문을 모두 마친 호주대표단은 다음 해인 1911년 1월 4일부터 1월 7일까지 호주 선교사 공의회와 수련회를 부산진에서 가졌다. 당시 호주 선교사 공의회 총무가 엥겔이었다.

이들은 성경공부와 기도 그리고 자기 성찰의 깊은 시간을 함께 했으며, 세계선교, 평신도선교운동, 학생운동, 한국선교의 어려움 등을 토론하였다. 수련회 후에 호주 선교사 공의회가 개회되었다.

주요 안건으로는 확실하고 완성된 선교정책을 세우는 일이었다. 우리가 책임 맡고 있는 지역에 공정한 인원 배치와 그들을 지원할 수 있는 재정확보의 때가 우리에게 온 것이다.… 그리고 점차적으로 선교정책이 드러났다. 이 선교정책이 이후에 (호주)총회의 안건으로 상정되었고, 약간의 수정 후에 통과되게 된다.

(앞의 책, 96)

선교 전진정책으로 알려진 당시의 결정으로 한국선교가 좀 더 조직적이고 왕성하게 진행될 수 있었고, 여기에 엥겔의 역할이 주요했음을 알 수 있다.

장로회공의회

1800년대 말, 조선에는 해외선교사들의 협의체가 존재하였다. '연합공의회'(1889), '선교공의회'(1893)를 거쳐, 1901년에는 '장로교공의회'가 탄생하였다. 엥겔은 아담슨과 함께 그때 장로교공의회에 가입하였다.

이때부터 왕길지는 한국장로교회의 조직과 제 규정 정립에 기여하였다. 장로교공의회는 1901년부터 조선의 장로교회를 독립적인 기구로 조직하려고 시도하였다. 1902년 9월에 모인 장로교공의회에서 왕길지는 신학교육위원회, 교회정치위원회, 법규위원회, 교리표준위원회, 찬송가위원회 등에서 활동했다.

(이상규, 104)

그리고 1904년 엥겔은 장로교공의회 의장으로 선임되었다. 그는 이 역할을 비롯하여 경상남북도에 산재한 교회를 관장하는 경상위원회 대표를 역임하기도 하였다. 그리고 1906년의 장로교공의회는 한국에서 첫 노회 조직을 결의하게 되고, 1907년 평양에서 '독노회'가 창립되었다. 독노회가 조직된 후 신학교를 졸업한 한국인 7명을 '대한국 예수교장로회 노회' 목사로 장립하였다. 엥겔은 독노회에서 정사위원, 규칙위원, 신학생 준시위원 등에 활발히 참여하며 공헌하였다.

총회장과 노회장 엥겔

1912년 1월 6일, 새로 조직된 장로회총회 결의에 따라 경상대리회가 부산진교회에서 개회되었다. 이 때 총대로 선교사 15명, 한국인 목사 2명, 장로 9명이 참석하였다. 이 모임이 경상노회로 개편되었는바, 초대 노회장에 엥겔이 피선되었다. 이 노회에서 경상도에 있던 선교사들의 각 사역지를 정하였고, 조사를 세워 학습자를 세우는 권한을 허락했다. 엥겔은 경상노회에서 경남노회로 분리될 때까지 경상노회의 핵심적인 지도자의 역할을 감당하였다.

1913년 9월, 경성 승동교회당에서 열린 조선예수교장로회 총회에서 엥겔은 선거를 통하여 2대 총회장으로 피선되었다. "임원을 선정하는데 회장은 왕길지 씨로 투표선정하고 부회장은 한석진 씨로 선정하고…"(예수교장로회 조선총회 제2회 회의록, 4) 호주장로교회가 파송한 선교사가 초대 총회장인 언더우드를 이어 2대 총회장을 역임하므로 한국 장로교 정치제도에 준한 여러 규정과 규칙, 행정적 체계를 수립하는 데 앞장서게 된다.

당시 호주선교부 소속 선교사는 30여 명에 불과했으나 그가 호주교회를 대표하여 총회장으로 추대된 것은 한국교회의 지도자로 인정을 받았기 때문이기도 하지만 그간 여러 치리기관에서의 봉사에 대한 인정이었다. 선교사로서 총회장을 역임한 사람은 왕길지 외에는 언더우드(제1대, 1912), 배유지(제3대, 1914), 마포삼열(제8대, 1919) 뿐이었다. (이상규, 112)

그 후 엥겔은 1916년 당시 경상노회를 남북으로 나누자는 헌의안을 발의하여 총회에서 이를 통과시키기도 하였다. 그는 경남노회에서도 초대부터 연이어 3번 노회장을 역임하였다. 이처럼 엥겔은 한국교회 정치와 행정에 막강한 영향력을 가지며, 각종 치리회에서 활동하였으며 교회를 감독하였다.

엥겔은 또한 다수의 교회를 설립했다. 그는 정덕생, 박성태 등 조사들과 함께 경남 내륙지방과 거제도 지방을 순회하며 교회를 직접 설립하거나 설립을 지원하였다. 이상규의 '왕길지의 한국선교'에 따르면 다음의 교회들이 엥겔이 직접적인 관계 하에 설립한 교회이다; 기장동부교회(1905), 기장 월전(후 죽성)교회(1905), 의령갑을교회(1907), 장전리교회(1908), 두구동교회(1908), 금사리교회(1908), 언양 동부교회(1909), 언양 반천교회(1909), 울산 월평교회(1910), 동래 산성교회(1911), 하단리교회(1911).

평양선교부

'호주장로교 한국 선교역사'를 쓴 에디스 커는 자신의 책에 다음과
같이 기록하고 있다.

엥겔 박사는 1902년부터 이 신학교(평양신학교)와 관계를 맺기 시작하
였다. 그는 학교의 시간제 교수로 일 년에 3개월씩 몇 년 동안 가르쳤으며,
1919년부터는 교회역사부의 회장직을 받아들였고, 히브리어와 그리스
어도 강의하였다. 그리고 그는 평양에 상주하였다.
(커와 앤더슨, 165)

엥겔은 자신의 한국선교 사역 초기부터 신학교 교육에 참여하였
다. 1906년부터는 매년 3개월간 평양에 거주하며 교수요원으로 활
동하며 히브리어와 헬라어 그리고 교회사를 가르쳤다. 평양신학교
의 첫 졸업장 교수명단에 왕길지의 이름이 올라가 있는 것을 보면,
그는 한국장로교 목회자 양성에도 적지 않은 기여를 하게 된 것이다.

1917년에 엥겔은 평양신학교의 교수 겸 이사로 선임되었는바,
학교의 학생 수가 증가하자 더 많은 선교사 교수가 필요하였던 것이
다. 호주선교회는 그가 부산에서 평양으로 이주하는 것을 허락하였
고, 뿐만 아니라 호주장로교의 '평양선교부'로 재정 후원을 하며 선
교사업을 추진하도록 하였다.

그리하여 엥겔은 1919년부터 평양에서 전임교수로 활동하게 되
었다. 그는 이때부터 1937년 은퇴할 때까지 18년간 교수로 활동하
게 된다.

엥겔은 또한 1918년 계간지로 창간된 '신학지남'의 첫 편집인이

되어 1921년까지 책임을 맡았다. 그는 당시 총 12권의 '신학지남'을 발간하였는바, 장로교회의 신학, 교회 생활 그리고 삶의 지침을 제시하려 하였다.

뿐만 아니라 엥겔은 집필과 저술 활동에도 게으르지 않았다. '신학지남'을 통하여 다양한 주제의 많은 논문과 논설을 집필하거나 번역하여 발표하였다. 그중 일부만 보면 '성 어거스틴', '십이사도의 교훈', '영국감독교회 조직', '기독교 신경 상으로 본 하나님의 신', '항거하시는 보혜사', '로마교회의 변천' 등이다. 그가 출판한 두 권의 서적은 1915년의 '갱정후사기'와 '고교회변증론'이다.

엥겔의 활동 중에 꼭 언급되어야 할 부분이 또 하나 있다. 바로 구약성서 개역 작업과 찬송가 편찬 참여이다. 그는 구약개역위원으로 초빙되었고, 1920년부터 개역에 참여하여 1936년에 개역 구약전서를 출간하게 된다.

또한, 그는 찬송가 편찬위원으로 활동하며 한국 찬송가 편찬에도 공헌하였다. 평양신학교 채플에서 반주자로 봉사하기도 했던 그는 1927년까지 25년 동안 편찬위원으로 활동하면서 기여하였는데, 특히 마르틴 루터의 독일 찬송 '내 주는 강한 성이요'를 번역했다.

평양에 기숙사를 건립하다

엥겔 가족이 평양에 상주하면서 호주선교회는 평양에도 선교사업을 시작하게 되었다. 먼저 학교 운영을 위하여 평양신학교를 재정적으로 지원하면서, 학교 구내에 기숙사를 설립하게 된다. 이 기숙사는 후에 '빅토리아관' 혹은 '빅토리아 기념 기숙사'로 불리게 된다.

호주선교회의 정책 중 하나가 대학교를 독자적으로 세우지 않는 것이었다. 그러나 다른 해외선교부가 세운 대학교는 지원할 수 있다는 것이었다. 마침 1911년 초 호주교회 대표단이 한국을 방문하였을 시 그들은 선교사들과 함께 다음과 같이 결정하였다.

> 호주선교부가 평양신학교 인접한 곳에 학생들을 위한 기숙사를 세우고 운영할 것을 동의 제청하였다. 안건이 통과되다.
> (더 레코드, Vol 1, 부산진, 1913, 12)

그리고 같은 해 9월에 진주에서 열린 호주 선교사 공의회에서 평양신학교 내에 '빅토리아 기숙사' 건립 안이 다시 논의되었다. 엥겔은 이 프로젝트를 위임받아 평양신학교 이사진과 협의를 하였고, 결국 학교 안에 있던 미국의 남장로교 소유의 부동산과 주변 부지에 대하여 영구무료임대 조건으로 그들에게 총 1,200엔을 지불하기로 합의했다. 그리하여 빅토리아 기숙사가 건립되었다. 이 기숙사는 주로 경남지방에서 온 학생들을 위하여 사용되었다.

뿐만 아니라 엥겔이 평양에 거주하게 되자 연합기독대학인 숭실대학도 호주선교회와 관련을 맺기 원하였다. 호주선교회에 재정지원과 협력을 요청하면서 강사 한 명을 요청한 것이다. 결국, 1920년 엥겔이 교수를 하게 되었고, 그는 이 학교의 이사회에도 참여하게 된다. 이렇게 호주선교회는 1937년까지 24년간 숭실대학과 교류하며 인적 지원과 재정적 후원을 하였다.

나는 이같은 회합을 슬퍼하오

엥겔은 1938년 8월 말 호주에서 공식적으로 은퇴하였다. 그의 나이 70세였다. 평양신학교에서의 은퇴와 환송예배는 그 전 해인 1937년 3월에 있었다. '신학지남'에 실린 '은사 왕길지 박사를 보냄' 이란 제목의 글을 통하여 그가 어떠한 사랑을 받았는지 짐작할 수 있다.

> 우리 조선의 은사, 우리 교회의 은사, 우리 신학교의 은사되는 왕길지 박사를 보내는 글을 쓰고 할 때 일어나는 감상이 복잡하다.… 값있는 일생을 우리를 위해 바치신 위대한 은인은 그만 고국으로 돌아가셨다. 지금 우리는 그 정직하고 아버지다운 박사의 음성을 다시 들을 길이 없다.… 박사가 최후로 인연 깊은 강단에 무기력하게 나오셔서 '나는 이같은 회합을 슬퍼하오'라고 울먹울먹하시던 인상이 아직 머리에 완연하다. (신학지남, 19권 3호, 1937년 5월)

엥겔은 은퇴한 다음 해인 1939년 5월 24일 멜버른에서 세상을 떠났다. 그의 나이 71세였다. '더 미셔너리 크로니클' 선교지는 그의 사진과 함께 사망 소식을 알리면서 다음과 같이 쓰고 있다.

> 한국에서 38년간의 헌신적인 봉사는 위대한 기록이다. 1900년에 (한국으로) 떠난 그는 초보자가 아니었다. 동쪽(인도)에서 6년 동안의 선교사 경험이 이미 있었다.… 우리 교회는 이 신실한 부부에게 감사의 빚을 졌다.
> 엥겔 박사의 공헌은 다음과 같다. 그는 복음 전도와 교회 운영을 위하여 아낌없이 자신을 드렸다. 대부분 그의 '순회전도'는 여행하기 가장 불편하고 위험하던 개척기 때였다. 그는 성서 번역작업에 동참하였다. (하나님의) 말씀을 자신들의 언어로 제공하는 것이야말로 전도에 있어서 가

장 가치 있는 일이다. 그는 처음부터 신학교 교육에 관심이 있었고, 선교부가 그를 전임 교수로 임명할 때까지 그 일을 점차로 늘려 나갔다. 이것이 학교나 성경학원 혹은 교회 안에서 그가 실천한 여러 교육 사역의 절정이었다. 그의 증인된 삶으로 인하여 우리는 하나님께 감사드린다. (크로니클, 1939년 7월 1일, 2)

멜버른의 캠버웰교회에서 열린 그의 장례식에는 총회장을 비롯하여 한국 선교사였던 노블 맥켄지, 조지 앤더슨 등 많은 사람이 참석하였다. 그의 시신은 스프링베일에 있는 공동묘지에 안장되었다.

감사의 기록

호주 선교사 공의회는 엥겔의 은퇴를 기념하며 엥겔과 그의 부인 아그네스에 감사의 기록을 남기고 있다. 오래전 엥겔은 선교사로 인도에 가면서 40년을 섬길 수 있게 해 달라고 기도하였는데, 결국 그 기도가 차고 넘치게 응답이 되었다고 공의회는 감사하고 있다. 다음이 그 기록의 일부이다.

엥겔 박사는 '하나님의 풍성한 은혜의 선한 청지기'였다. 그는 인종적인 철저함과 신비함의 은사, 학문과 음악의 은사, 언어와 교회 행정의 은사, 끝까지 인내하는 신앙의 은사를 가졌다. 이 모든 은사를 그는 은사를 준 위대한 주인에게 돌려주었다. 그리고 그 하나님은 37년 동안의 엥겔의 헌신을 한국의 교회와 선교를 위하여 사용하셨다. 우리는 감사를 드린다.…
초창기 한국에서는 질병이 항상 가까이 있어 위협하였다. 무법의 난봉

꾼들도 위험하였다. 엥겔은 병에도 걸렸고, 구타당하기도 하였다. 그에게는 쉼이 없는 노동이 있었다. 그는 홀로 순회전도를 하면서 우리의 첫 학교의 교장으로 일하였고, 영국과 해외성서공회의 번역위원회에서 봉사하였다.…

그의 31년 헌신은 신학교의 전임교수로 임명이 되면서 절정에 이르렀다. 1920년에 그는 자신의 사역을 인정받아 오하이오 우스터에서 신학박사 학위를 받았다.

(더 레코드, Vol 24, 1937, 152-153)

에필로그

부산진교회에는 왕길지 기념관이 있다. 초대 당회장이었던 그를 기리기 위하여 2007년 개관하였다. 그리고 한호선교 130주년을 맞이하여 2019년 부산진교회의 일행이 호주를 방문하였다. 필자는 이때 이들을 안내하며 동행했다. 우리의 중요 일정 중 하나가 멜버른 스프링베일 공동묘지에 있는 엥겔 부부의 무덤을 찾는 것이었다. 마침 엥겔의 손자와 손녀가 우리를 안내해 주었는데, 그들의 안내가 없었다면 어디에 묘지가 있는지 모를 정도로 한 모퉁이에 작은 묘비만 남아있었다.

오랜 세월이 지난 그 순간, 부산진교회 초대 당회장 엥겔의 손주들과 부산진교회 후손들이 묘지 앞에 경건히 섰다. 그리고 함께 찬송하며 기도하며 그를 추모하였다. 호주교회의 선한 청지기 그리고 한국교회의 거목 겔슨 엥겔, 지금은 많은 사람의 기억 속에 잊혔다 해도, 이들의 마음속에는 영원히 살아있을 것이다.

제임스 노블 맥켄지

James Noble Mackenzie(1865-1956)

1909년 12월, 제임스 노블 맥켄지(한국명: 매견시)의 사진이 '더 크로니클' 선교지에 등장한다. 당시 빅토리아여선도연합회는 연합기도 모임을 정기적으로 가지고 있었는데, 이달 열리는 기도 모임에 맥켄지가 설교를 한다는 것이다. 그리고 그다음 달인 1910년 1월 5일 맥켄지는 호주 멜버른 항을 떠나 한국 부산으로 향하게 된다. 당시 여전도연합회는 회원들에게 그를 위해 기도해 줄 것을 호소하고 있다.

> 노블 맥켄지 목사가 안전하고 건강하게 한국까지 항해할 수 있도록 모든 우리의 독자들에게 기도를 요청합니다. 또한, 그가 한국어를 배워야 하는 초창기 어려움을 잘 극복할 수 있도록 기도해 주세요. 그는 에스에스 엠파이어호로 가며, 미션 박스도 같은 배에 보내지게 됩니다.
> (크로니클, 1910년 1월 1일, 5)

그런데 맥켄지는 선교초보자가 아니었다. 그는 이미 남태평양의 뉴 헤브리데스의 산토 섬에서 15년 동안 선교사로 일한 경험이 있었다. 그곳의 열대성 기후로 그와 그의 아내 매기는 질병으로 고통을 받았고, 결국 그는 아내를 그곳에서 잃어버리게 되었다. 그 후 맥켄지는 산토 섬으로 다시 돌아가지 못하였고, 대신에 한국으로 지원을 하게 된 것이다.

청소년선교동아리 선교사

당시 45세였던 맥켄지가 부산에 막 도착한 1910년 3월, 부산진에서 호주 선교사 공의회 연례모임이 열렸다. 이 모임은 맥켄지의 장차 사역에 관하여 다음과 같이 추천하고 있다.

> 노블 맥켄지는 마산포에서 남쪽의 지역을 관할한다. 그는 숙련된 항해 사이며, 그 일을 즐거워한다. 만일 이 안이 통과되면 산토 섬 기독교인들이 선물로 준 돈으로 모터보트를 살 수 있다. 그의 교회는 해안가 지역과 섬들을 포함하고, 인구는 200,000명이다.
> (앞의 책, 4)

그리고 같은 해 10월 맥켄지는 1905년부터 부산에서 활동하고 있던 메리 제인 켈리와 약혼하였다는 소식이 전해지고 있다. 빅토리아여선교연합회로서는 유능한 선교사 켈리를 잃어버리는 것이었지만, 남편과 함께 한국에서 계속 봉사할 수 있다는 것이 위안이었다. 맥켄지와 제인은 1912년 2월 상해에서 결혼하였고, 이 부부의 사진은 7월 1일 크로니클 선교지에 실렸다. 그 후 그들은 1939년 은퇴할 때까지 27년의 긴 세월을 부산지역에서 함께 살며 협력하게 된다. 맥켄지는 후에 자신의 자서전에 다음과 같이 말하고 있다.

> 부산에 도착한 후 첫 2년간에 일어난 일들 중에서 나와 나의 선교사업을

위하여 가장 중요한 일은 메리 켈리 양과 결혼한 일이었다. 켈리양은 나보다 5년 앞서서 한국에 온 선교사였는데 그때 내가 고투하고 있던 한국어에 아주 능숙하였으며, 나의 한국어 습득과 다른 여러 가지 일들에 많은 도움을 주었다.

(지응업, 57)

맥켄지는 '영 피플스 미션밴드'(청소년선교동아리)에서 후원하는 선교사였다. 청소년선교동아리는 빅토리아주 전역의 교회나 지역에 지부를 두어 활동하며 회비를 냈고, 그 기금으로 자신들의 선교사를 파송하고 있었다. 그들은 자신의 선교사로부터 선교지에 대하여 배우고 자신들도 장차 선교사로 나갈지 꿈을 꾸며 도전을 받고 있었다. 맥켄지는 그 동아리에 정기적으로 편지 형식의 보고서를 보내었고, 글의 마지막 부분에 꼭 '나는 여러분들의 선교사'라고 적었다. 동시에 그의 보고서 일부가 종종 크로니클 선교지에도 실리고 있다.

여러분들은 종종 바울과 그의 동역자들이 교회를 순회 방문하는 사도행전의 이야기를 들을 것이다. 엥겔과 나는 최근 9일 동안 이 지역의 교회들을 방문하였다. 뉴 헤브리데스에서 일할 때는 종종 바다와 육지에서 위험을 겪었지만, 이번 여행은 전혀 그렇지 않았다. 한국인들은 그들이 이방인임에도 불구하고 매우 친절하고 예의가 발랐으며, 사랑스러웠다. 그들과 함께 있는 것이 매우 안전하게 느껴졌다.

(크로니클, 1911년 2월 1일, 6)

맥켄지는 처음으로 마루 위에 양반다리를 하고 앉는 방법을 배웠고, 젓가락을 사용하여 밥을 먹을 때 흘리지 않는 요령을 배우고 있었다. 가는 곳마다 세례받기 원하는 신자들을 만나 그들의 기독교 신앙의 지식을 문답하였다. 그리고 준비된 자들에게는 세례를 주기도 하였다. 엥겔의 동행이 그에게 큰 도움이 되었음은 말할 나위 없다.

여러 곳에서 우리는 부흥의 징조를 보고 있다. 우리는 최근에 세워진 4개의 교회를 방문한 첫 선교사들이다. 그중에 한 교회를 우리가 여는 기쁨을 가졌고, 우리가 떠나기 전 주일에 그 근처 집에서 다섯 번째의 교회를 시작하였다.
우리는 또한 문답에 합격한 88명의 성인 남녀에게 세례를 주는 기쁨을 가졌다. 나이 많은 몇 명은 예외였는데 그들도 사도신경, 십계명 그리고 주기도문을 실수 없이 다 잘 암송하였다. 이 기독교인들의 정직함과 우리 선교사들을 위한 사랑은 우리의 마음을 즐겁게 한다.
(앞의 책, 1911년 7월 1일, 9)

이 해말 맥켄지는 열흘간 두 번의 순회전도를 하여 20개의 교회를 방문했으며, 세례문답을 성공적으로 마친 56명의 성인에게 세례식을 베풀었다.

내가 세례를 준 한 명의 남성은 한쪽 몸이 마비된 26살의 지체장애자였다. 그럼에도 그는 그리스도를 알게 됨에 매우 기뻐하고 행복해하였다. 그는 항상 무엇인가 읽기를 원하는 학습자였고, 영국과 해외성서공회 매서인에게 쪽 복음을 구입하여 읽고 그리스도인이 되었다.
(앞의 책, 1912년 3월 1일, 13)

1912년 7월에는 맥켄지의 아내 메리가 청소년선교동아리에 편지를 쓰고 있다. 먼저 자신과 노블의 결혼을 축하해 주어 감사하다고 적었고, 초읍의 교회당 재건축 완공에 관하여 설명하고 있다.

> 지난 주일 교회당 재건축이 끝났고, 예배를 드릴 준비가 되었다. 여러분의 선교사(노블 맥켄지)가 헌당식을 인도하게 되어 주일 아침 일찍 우리는 초읍을 향하여 떠났다...
> 부산진에서도 몇 명이 우리와 함께 갔다. 그중에 맥켄지의 교사와 그의 아내 그리고 3살 정도 된 요셉도 같이 가게 되어 즐거웠다. 언덕 위에서 우리는 잠시 쉬었다가 교회당이 있는 곳으로 내려가기 시작하였다. 교인들은 우리를 따뜻하게 환영하였다. 대단한 헌당식은 아니었지만, 돌과 진흙의 벽, 초가지붕 그리고 매우 깨끗하게 벽지를 바른 평범한 한국식 집이었다. 목적에 알맞은 방이었고, 모두 자랑스러워하였다.
> (앞의 책, 1912년 10월 1일, 8)

모터보트의 꿈

맥켄지는 뉴 헤브리데스의 많은 섬을 배로 순회한 경험이 있었다. 그가 한국의 남해지역에 와 섬이 많은 것을 보고 그는 즉시 하나님이 자신을 이곳의 섬 선교를 위하여 보내었다고 생각했다. 처음에 동료 선교사들은 맥켄지가 그 일에 합당치 않다고 생각하였다. 그러나 그는 언어를 배우며 때를 기다리고 있었다. 그리고 마침내 진주에서 열린 호주 선교사 공의회에서 기회가 왔다.

> 진주의 모임에서 내가 그 섬 지역에서 선교를 하도록 결정하였다. 나의 희망대로 된 것이다. 내가 전도한 산토의 교인들이 내가 떠날 때 200파

운드를 선물하였다. 그리고 그들은 말하기를 나의 한국 사역을 위하여 모터보트를 사도 좋다고 하였다. 내가 모터보트를 사게 되면, 그 배를 '산토'로 부를 것이다.

(앞의 책, 1911년 12월 1일, 11)

한 가지 흥미로운 점은 산토 섬의 장로들이 맥켄지의 한국선교를 지원하기 위하여 2년 동안 활과 화살 그리고 얌(芉)을 팔아 모은 거금 200파운드를 헌금하였다는 사실이다.

맥켄지는 곧 선교 사역의 목적으로 마산포 항에 모터보트를 사용할 수 있도록 일본 해군 대장에게 신청하였다. 그러나 결과는 불승인이었다. 이것은 그에게 큰 실망이었다. 모터보트를 구입하려는 계획은 일단 보류되었다. 그러나 마산포를 근거지로 삼아 많은 섬을 다니며 선교하려는 그의 계획은 여전하였다.

맥켄지의 아내 메리는 후에 이런 기록을 남기고 있다.

맥켄지는 현재 본토에서 멀리 떨어진 섬들을 방문하고 있다. 그 섬들은 화요일 새벽부터 금요일 밤까지 걸린다. 그곳의 섬사람들에게는 선교사에 의한 방문이 처음이고, 그들을 많이 도울 수 있기를 희망한다.

(크로니클, 1913년 2월 1일, 8-9)

'부산나병원'과 교회

부산의 나환자병원(다른 이름으로는 나환자요양원 혹은 후에는 상애원)은 1909년 미국 북장로교 선교사에 의하여 감만동에서 시작되었다. 그러다가 1910년 부산경남지역을 호주선교회가 맡게 되었고, 그중 나병원 책임도 포함되었다. 맥켄지는 부산에 부임하자마자 이 일을 책임 맡게 되었고, 당시 나병원의 환자는 80명이나 되었다. 그는 의사는 아니었 지만 일정 기간 의료훈련을 스코틀랜드에서 받은 경험이 있었다.

1913년 초, 맥켄지의 아내 메리는 나환자교회에서의 예배에 관 하여 쓰고 있다. 그녀는 구약의 나아만 장군 이야기를 소개하면서 부산에도 3년 전 '인도와 동양의 나환자를 위한 선교회'에서 나환자 들을 위한 집을 세웠다고 밝히고 있다. 맥켄지는 기회가 있을 때마다 이곳을 방문하여 예배를 인도하고 있었고, 니븐도 여성과 소녀 환자 들을 위하여 성경공부를 지도하고 있었다.

> 그중 몇 명은 오랫동안 예수 그리스도를 믿는다고 고백하고 있었고, 세 례를 받기 원한다고 하였다. 그래서 지난주 맥켄지는 그들이 준비되었 는지 문답하였고, 3명의 남성과 7명의 여성이 지난주 세례를 받도록 하 였다. 세례식이 포함된 예배는 이곳에서 처음 있는 일이었고, 매우 엄숙 하고 감사하게 진행되었다.
> (크로니클, 1913년 2월 1일, 8)

1916년 당시 나환자요양원에도 전도부인이 있어 호주에서 지원 을 받으며 선교사를 돕고 있었는데, 그녀의 이름은 이분이었다. 빅토 리아 발라렛의 한 후원자가 그녀를 재정지원 하였던 것이다.

또한, 매년 호주에서 보내오는 미션 박스 속의 생필품들도 환자들 에게는 꼭 필요한 선물이었다.

> 박스 속의 가치 있고 당장 쓸 수 있는 물건들을 나환자들에게 나누어 주었다. 158명의 환자 모두가 장갑이나 양모 목도리를 받았다. 여성들

은 비누 등이 든 가방과 스카프를 받았다. 남는 것이 있으면 밖에서 입원을 기다리고 있는 환자들에게도 나누어 주었다.… 이 일을 하면 할수록 더 가치 있는 사역이라는 생각이 든다.

(앞의 책, 1917년 4월 2일, 13)

이 무렵부터 나병치료의 특효약이라 불리는 대풍자 기름이 수입되어 치료로 쓰이게 되었고, 1918년에는 25퍼센트에 이르던 환자 사망률이 1923년에는 2퍼센트 이하로 떨어지는 결과가 있었다. 1924년에는 환자 44명이 완치되어 퇴원하였는바, 이 소문을 들은 많은 환자가 병원으로 몰려왔지만 다 수용하지 못하였다.

다음은 맥켄지로부터 직접 치료를 받은 환자들의 증언을 바탕으로 작성된 기록의 일부분이다.

당시 직접 맥켄지 부부로부터 치료를 받았다는 용호동 나환자촌의 김모 씨(70) 등 20여 명의 환자도 '매 선생 부부를 평생 잊어 본 적이 없다'면서 '그들이 많은 생명을 살려냈다'고 회상했다. 치료 혜택을 받을 수 없었던 당시, 거의 매일같이 바다에 투신하는 자살 환자가 속출했으나 매 선생 부부가 온 뒤부터 모두가 독실한 신자가 돼 희망을 갖고 살아왔다고 했다.

(부산진교회 100년사, 1991, 124)

울릉도 순회전도

1914년 초 부산에는 7명의 호주 선교사가 일하고 있었다. 맥켄지 부부, 엥겔 부부, 멘지스, 니븐 그리고 알렉산더가 그들이다. 섬 사역에 관심 있던 맥켄지는 한국에 부임하여 얼마 안 있어 울릉도를 방문하며 전도하고 있었다.

제임스 맥켄지 선교사의 울릉도 방문은 그가 한국에 도착한 첫해인 1910년부터 시작되었다. 당시 울릉도는 대한예수교장로회 경상노회 소속이었으며, 맥켄지 선교사도 부산경남지방에서 사역을 하므로 경상노회와 긴밀한 협조하에 있었다. 그는 울릉도를 순행한 첫 외국인 선교사였다.
(양명득, 38)

'울릉도 기독교 90년사'에 따르면 울릉도 선교 초기에 세워진 네 개의 교회 성장에 맥켄지가 큰 견인차 역할을 하였고, 실제로 저동교회, 장흥동교회 그리고 현포교회의 창립자를 맥켄지 선교사로 기록하고 있다(울릉도 기독교 90년사, 1999, 66-67).

1914년 6월에도 그는 울릉도를 다시 방문했다. 전에는 4일 걸리던 뱃길을 이번에는 작은 일본 증기선을 타고 이틀도 안 되어 울릉도에 도착하였다고 설명하였다.

나는 일요일 아침 일찍 섬에 도착하였다. 해변에서 한 무리의 기독교인이 나를 기다리고 있었다. 그들은 나를 융숭하게 환영하였다. 나의 첫 번째 방문과는 참 대조적인 것은 당시는 나를 환영하는 기독교인이 이곳에 한 명도 없었기 때문이다.
(크로니클, 1914년 9월 1일, 4)

맥켄지의 지난 방문 시에는 기독교인이 있었지만, 교회는 없었다.

그러나 이번에는 예배당이 생겼고, 더 많은 기독교인이 있었다. 기독교인 중 한 명이 자신의 집을 예배당으로 내어준 것이다. 교인들이 그 집의 방을 트고 단장하여 예배당으로 꾸민 것이다.

> (그들은) 나를 곧바로 교회당으로 데리고 갔다. 그리고 우리 모두 바닥에 무릎을 꿇고 앉아 하나님께 감사하였다. 교인들은 교회당에 선교사가 온 것도 감사하였고, 나는 교인들의 믿음과 열정에 감사하였다. 이날 집을 교회당으로 드린 남성이 다른 두 명과 함께 세례를 받았다. 그는 교회의 지도자로 선출되었고, 선교사가 다시 올 때까지 교회의 모든 예배를 책임지게 되었다.
> (앞의 책, 4)

다음날 그는 교인 몇 명과 함께 울릉도를 순회하였다. 그는 먼저 멀리 가파른 산에 있는 교회당을 방문하였다. 이 교회당은 한 목수가 지었는데 교인들의 도움으로 빚 없이 완공하였다고 한다. 18개월 전 맥켄지가 이곳을 방문하였을 때는 세례 받은 자가 없어 성찬식을 나누지 못하였는데, 이때 12명이 세례를 받으므로 모두 19명이 성찬식에 참여하였다. 맥켄지는 울릉도를 방문한 6일간 동안에 31명의 성인과 세례받은 부모를 둔 13명의 어린이에게 세례를 베풀었다.

> 18개월 전 내가 처음 울릉도를 방문하였을 때 세례받은 자는 성서공회의 매서인 한 명밖에 없었다.… 지금은 67명의 남녀가 세례를 받았고, 101명이 세례학습자로 내 명단에 기록되어 있다.
> (앞의 책, 5)

이 해말, 울릉도에는 크게 흉년이 들었고, 맥켄지의 호소로 호주 교회가 모금을 하였다. 그리고 양곡과 구제품 등을 그곳 교회를 통하여 나누어주기도 하였다.

1915년 4월에는 메리도 맥켄지와 동행하여 울릉도에 갔다. 그녀는 울릉도에 간 이유를 다음과 같이 밝히고 있다. "복음을 갈망하고 있는 울릉도 여성들과 소녀들을 가르치고 믿음을 나누기 위하여 갔다"(헬렌 맥켄지, 242).

당시 그들이 울릉도에서 찍은 사진이 두 장이 크로니클 선교지에 남아있는데, 하나는 관모봉이 멀리 보이는 도동항에서 촬영하였고, 하나는 짐꾼을 앞세운 메리의 사진이다(크로니클, 1915년 8월, 3-4).

이방인과 기독교인 놀이

1916년 말 맥켄지는 많이 지쳐있었다. 무리한 순회 전도여행으로 뉴 헤브리데스에서 앓던 열병이 도졌고, 진주의 테일러 박사와 네피어 간호사가 그를 돌보았다. 동시에 맥켄지는 자신의 순회전도에 관하여 청소년선교동아리를 설명하고 있다.

먼저 자신은 책과 자신이 먹을 약을 챙기면, 아내는 도시락을 준비한다고 하였다. 도시락에는 홍차, 설탕, 소금, 빻은 귀리, 버터, 우유, 육포 그리고 빵 등이었다. 대부분 선교사들은 한국 음식인 밥, 달걀, 국 등도 먹지만 호주에서 보내주는 자신들에게 익숙한 음식을 가지고 다녔다. 물론 이국적인 음식으로 인하여 탈이 나는 것을 보호하기 위한 목적도 있었던 것이다.

또한, 맥켄지는 접히는 요와 이불 그리고 담요 등도 챙겼는데, 보통 짐꾼이 지게로 짐을 운반하며 동행하였다. 맥켄지에게는 예배당의 구들도 신기하였는바, 종종 며칠 동안의 성경공부를 인도하면서 겨울의 추운 밤을 예배당에서 잠을 자기도 하였다.

1917년 초 맥켄지는 아내와 두 딸 헬렌과 캐서린과 함께 호주 빅토리아로 휴가를 떠나게 된다. 어린 두 딸은 호주로 떠나기 전부터 감기가 떨어지지 않았고, 가는 동안에 천연두의 증세도 나타났다. 그들은 염려되는 항해 속에 마침내 5월 16일 멜버른에 도착하게 된다.

그러나 맥켄지는 쉴 수 없었다. 그의 전임지인 뉴 헤브리데스 산토 섬을 방문하기로 되어 있었던 것이다. 맥켄지와 테일러가 그곳을 떠나 한국으로 온 후 그곳의 교회에는 상주하는 선교사가 없었다. 그는 3개월가량 산토 섬을 방문한 후에 자신을 후원하는 빅토리아주의 여러 선교동아리 지부를 방문하며 보고회를 가졌다. 깁스랜드 노회를 시작하여 주의 북서쪽까지 넓은 지역을 다니며 한국선교를 소개하며 후원을 호소하였다.

1918년 말 한국으로 다시 돌아온 맥켄지는 부산에서 계속 사역을 이어갔다. 당시 엥겔은 대부분의 시간을 강의나 번역에 몰두하고 있었고, 그는 라이트와 함께 부산지역의 교회들을 돌보았다. 맥켄지는 39개의 교회를 맡고 있었고, 165명의 나환자가 있는 요양원을 책임지고 있었다.

또한, 1919년 맥켄지 부부는 나병에 걸리지 않은 건강한 자녀들을 위한 '어린이집'을 시작하고 있었다. 호주를 방문하였을 때 모금한 600파운드를 가지고 쓰지 않는 병원 건물을 사들여 수리하였다. 그리고 7명의 어린아이를 받아들여 개소식을 하였다. 맥켄지는 후에 이곳에서 자란 두 소녀에 관하여 다음과 같이 소개하고 있다.

두 소녀는 처음에는 '나환자의 집'에서 살고 있다가 나병 증세가 사라진

다음 '건강한 어린이집'으로 옮겨졌다. 이 두 소녀는 우리 선교단이 운영하는 초등학교와 고등학교를 졸업하고 간호직업학교에 입학하였는데 그 성적이 아주 훌륭하였다. 이들 두 소녀는 어린 시절부터 나병으로 인하여 '우리의 집'에 와서 몇 년간 치료를 받고 건강진단서를 발부받았다. 그 후 그들은 건강이 좋아져서 인생도 크게 바뀌게 되었다. 위의 두 소녀가 아닌 다른 한 소녀는 참으로 비참한 상태에서 우리에게 와 '우리의 집'에서 10년간을 같이 살았다. 그의 다리와 팔에 나타난 나병 자국 때문에 그는 동네에서 쫓겨났다가 '나환자의 집' 이야기를 듣고 우리를 찾아온 것이다.

상당한 세월이 지난 후에 이 소녀는 '증세 없음'이라고 판정을 받고 '건강한 어린이집'으로 옮겨졌으며 선교부가 운영하는 초등학교를 졸업하고 지금은 우수한 성적으로 고등학교를 다니고 있다. 장래에 간호사가 되기를 희망하고 있으며 다른 무엇보다 예수를 주님으로 받아들이고 구세주로 믿고 있다는 사실을 자랑스럽게 생각하고 있었다. 그녀는 항상 성경을 읽고 있었으며 주일학교에서 어린이를 가르치고 있었고 자기가 받은 큰 은혜에 대하여 항상 감사드리는 일을 게을리하지 않고 있었다. (지웅업, 77)

한편 맥켄지 부부는 자신들의 딸들을 한국에서 키우면서 한국 문화의 영향을 크게 받고 있는 것에 대하여 언급하고 있다. 특히 호주를 방문한 지 얼마 안 된 헬렌과 캐서린은 호주와 한국이 다른 것에 대하여 자주 말하곤 했다고 한다. 그중에 '이방인과 기독교인'이라는 놀이가 있었다.

넬리(헬렌)가 캐시에게 이렇게 말하였다. '이방인과 기독교인 놀이를 할래. 너는 이방인이고 나는 기독교인이야.' 캐시가 대답하였다. '그래. 내가 언덕 위의 나무 아래에서 귀신에게 기도하는 여인처럼 기도할게.' 넬리가 그 모습을 보고 웃더니 말하였다. '이방인하고 기독교인이 다른 것이 무엇인지 알아? 한국 사람은 이방인이고 영국 사람은 기독교인이 야!!! (크로니클, 1919년 10월 1일, 3)

또한, 1919년은 한일합방이 되던 해였다. 당시 헬렌과 캐서린은 한국인들이 만세를 부르며 저항하는 모습을 보았다. 자신의 친구들이 만세를 부르다 일본 경찰에게 잡혀 감옥에 가는 모습에 충격을 받기도 하였다. 그들은 그 장면을 또 놀이로 만들어 놓았다. 다음은 맥켄지 부인의 증언이다.

며칠 전에 나는 캐시가 팔을 뒤로 하고 두 손이 묶인 것을 보았다. 그리고 넬리(헬렌)는 그녀의 머리 위를 천으로 덮고 있었다. 캐시는 '만세'를 부른 한국 여학생이고, 넬리는 일본 경찰들이 그녀를 잡아가는 것이었다! 우리 아이들이 점점 자라며 희망하건데 자신들이 흉내 내는 이곳의 사람들에게 그리스도의 메신저가 되기를 바란다.
(앞의 책, 4)

세상에서 가장 좋은 일

1920년 중반부에 와서 맥켄지는 40개의 교회와 나환자 요양원인 '우리의 집' 그리고 그들의 어린이들을 위한 집을 책임 맡고 있었다. 지난 11년 동안에 청소년선교동아리가 그와 그의 가족을 지원해 왔으며, 맥켄지는 동아리 회원들에게 감사를 전하고 있다.

나는 여러분이 좀 더 성장하였을 때 몇 명은 선교사로 부름을 받기를
희망합니다. 나의 오랜 경험으로 말하자면 세상에서 가장 좋은 일이기
때문입니다. 예수의 이름을 전혀 듣지 못한 사람들에게 그의 이름을 전
하고, 그로 인하여 수많은 사람이 열심히 예수를 쫓으려는 모습을 보면
그렇습니다. 나환자 중에 일하는 것은 유쾌한 일이 아니라고 여러분은
생각할지 모르지만, 그러나 그 일도 밝고 즐거운 것이 많습니다.
(크로니클, 1920년 8월 2일, 13)

맥켄지는 또한 시간이 될 때마다 부산진교회 당회에 참석하며,
때로는 당회장을 맡는 등 여러 가지 일을 감당하고 있었다. 특히 이
당시 부산진교회의 부흥회에 관하여 그는 기록을 남기고 있다.

이번 주 우리는 부산진교회에서 매일 모인다. 매일 아침 5시 사람들은
부흥을 위하여 기도하는데 교회당이 꽉 찬다. 오전과 오후 그리고 저녁
에도 집회가 있다. 이 부흥회를 통하여 많은 사람이 기독교인이 되기를
기대하고 있다.
(앞의 책, 13)

매년 각각의 호주선교부는 연말 호주 선교사 공의회가 모이기
전 그다음해의 사역 분담을 조정하였다. 1922년을 위해서 부산선교
부도 모임을 가졌는바, 다음과 같이 사역을 조정하였다.

노블 맥켄지 목사. 북동 동래, 기방과 울산 지역(25개 교회), 부산시 교회
중의 하나 동역 목사, 기장교회 담임, 남성경학원 책임자, 나환자 요양원
과 어린이의 집 감독, 부산선교부 서기.
(크로니클, 1921년 11월, 1)

맥켄지가 당시 얼마나 바빴는지 청소년선교동아리에 보고서를 못 쓰고 있자 그의 부인 메리가 대신 동아리에 편지를 보내곤 하였다. 메리는 결혼하기 전 메리 켈리 선교사로 이미 양질의 보고서를 쓴 경험이 있기 때문에 그녀의 보고서에는 흥미로운 정보가 많이 담겨 있다.

1922년 말, 맥켄지는 한국에서의 사역이 이제 13년이 되었고, 한국이 그동안 얼마나 변모하고 있는지 설명하고 있다. 특히 한일합방 이후 일본 군대와 일본인들의 존재가 부산에 생생하게 작용하고 있다고 하였다.

> 오늘날 한국인들은 일본과 같은 군대나 해군도 없지만, 그들은 강력한 그리스도의 군대를 가지고 있다. 사탄과 대적하여 싸우는 강한 힘이 있으며, 밤낮으로 그 전쟁은 계속되고 있다. 한국인들은 대부분 그리고 최고의 전사들이다. 한국인들은 최전선에서 싸우며, 우리 선교사들은 후방에서 가르치며 훈련하며 어떻게 싸울지 돕는다.
> 그리고 여기서 선교동아리 회원들도 중요한 역할을 하고 있다. 여러분은 고향에서 우리가 여기에서 할 수 없는 일들을 하고 있다. 우리는 이 싸움에서 이기고 있는바, 하나님의 편에 있기 때문이다. 꼭 승리할 것이다. 여러분이 도울 수 있는 만큼 지원해 달라. 나는 당신들의 선교사이다.
> (크로니클, 1923년 2월 1일, 6-7)

나병원 교회당 건축

맥켄지는 자신의 편지에 끊임없이 호주의 청소년선교동아리 회원들을 격려하고 있으며, 그들의 도움이 자신의 한국선교에 얼마나 중요한지를 강조하고 있다.

우리의 나환자요양원에 끔찍한 병에 걸린 매우 똑똑한 소년과 소녀들이 있습니다. 그런데 우리가 하는 치료를 받으며 지금 그들은 강건하고 얼굴의 상처도 없어지고 있습니다. 몇 명은 곧 자신들의 집으로 돌아갈 수 있을 것입니다. 우리는 이들을 위한 학교도 운영하고 있고, 여러분들 같이 매일 수업을 받고 있습니다.

(크로니클, 1926년 5월 1일, 11)

이 당시 크로니클 선교지에는 나병에 걸린 여학생들이 마루에서 다리미질을 하고 있는 사진이 실렸고, 그 마루 아래 짚신도 보이고 있다.

맥켄지는 1926년 호주에서 휴가를 보낼 때 나환자 요양원과 교회당 건축을 위하여 모금 활동을 하였다. 그 결과 여성들을 위한 요양원 병동을 세울 수 있었고, 또한 550명 정도가 참석할 수 있는 아름다운 교회당 건축을 마칠 수 있었다.

내가 전에 휴가로 호주에 갔을 때 우리 나환자들을 위한 새 교회당 건축을 위하여 많은 기금을 제공받았습니다. 지금은 교회당이 완공되었는데, 매우 자랑스럽게도 나의 감독하에 나환자 자신들이 건축한 것입니다. 헌당식에 지사와 시장 등이 참석하고 많은 사람이 함께 하였는데, 그들도 이제는 나환자들에게 관심을 갖게 되었습니다. 그런 사람들을 먼저 돌보아야 한다는 것을 우리 선교사들이 가르쳤다고 그들은 알고 있고, 지금 그들은 우리를 도와 나환자들을 보살피도록 하고 있습니다.

(크로니클, 1927년 5월 2일, 9)

1926년의 부산진 의료선교 보고서가 1927년 발표되고 있다. 맥켄지는 이 해 한 해 동안 450명의 남녀 나환자가 요양원에 머물렀다고 쓰고 있다. 이 해도 요양원 입원을 원하는 나환자 500명 정도를 돌려보낼 수밖에 없었다고 한다.

> '우리의 집' 앞에는 항상 환자들이 줄을 서서 "도와주세요." "살려주세요." "구해주세요"라고 외치고 있는 상황이었다. 맥켄지는 대문 밖에 심은 잔디가 길게 자랄 수 없었는데, 그 위에 누워 입주를 기다리고 있는 환자들의 몸으로 잔디는 항상 눌려져 매끈하게 되어 있었다고 할 정도였다. 이 해 25명의 환자가 사망하였고, 44명의 환자가 치료되거나 다른 이유로 퇴소하였다.
>
> 3주 전에 나는 49명의 나환자에게 세례를 주었다.··· 두 주 전에는 180명이 성찬식에 참여하여 죽기까지 사랑하신 주님을 기억하였다.
>
> (앞의 책, 14)

그리고 맥켄지는 다음과 같이 보고서를 맺고 있다. "내가 나환자를 위하여 한 것보다 그들이 나를 위하여 한 것이 더 많다." 맥켄지는 그들을 위하여 뭔가 더 해주지 못하는 것에 대하여 매우 안타까워하고 있는 모습이다.

동시에 맥켄지는 나환자들을 위한 오래된 그러나 깨끗한 침대보를 모아 시급히 보내 달라고 호주에 요청하고 있다. 무릎이나 팔에 상처가 있고 고름이 나는 나환자들은 한국식으로 배춧잎으로 싸매지만, 침대보가 있으면 그것을 붕대로 만들겠다는 의도였다. 호주에서 침대보를 상자에 담아 보낼 때 '나환자들을 위한 침대보. 상품가치가 없음'이라고 표기하면 세금이 부여되지 않을 것이라는 안내까지 하고 있다.

1926년 당시 경남성경학원을 졸업한 한 전도사가 나환자 요양원에 부임하였다. 그는 요양원의 신도들 지원을 받아 순회전도자로 경남 동부지방을 순회하며 약한 교회를 돌보았다. 그는 다름 아닌 후에 '사랑의 원자탄'이란 별명을 얻는 손양원이었다.

일본제국과의 관계

1929년 맥켄지는 나환자들을 위한 20년 동안의 봉사로 일본 천황으로부터 블루리본 훈장을 받는다. 그는 일본 정부가 나병에 대한 관심을 가지고 특별 정책을 수립하여 20~30년 내에 나병을 박멸한다는 계획에 기대를 하고 있다. 일본 정부는 맥켄지의 요양원에 많은 부분 재정지원을 해 오고 있었다. 맥켄지는 그 훈장의 공을 그동안 자신을 후원한 청소년선교동아리에 돌리고 있다.

그러나 후에 맥켄지는 이것으로 인하여 비판을 받기도 한다. 그는 일본제국과 우호 관계 속에 일하였으며, 호주선교회가 한국교회와 함께 적극적으로 신사참배를 거부하고 저항하였지만 맥켄지는 그 일에 대해서는 적극적이지 않았기 때문이다.

그런데 몇 년 후, 호주 브리즈번에서 출간되는 한 신문에 흥미로운 기사가 났다. 이 사건이 후에 어떻게 처리되었는지에 대한 정보는 없지만, 맥켄지가 마치 스파이 활동을 하다가 발각된 것 같은 내용을 암시하고 있다.

> 호주장로교 선교사 맥켄지 박사(70)는 지역의 군사시설을 촬영하여 런던으로 보냈다는 이유로 고발당하였다. 당국은 그 사건을 조사 중이다. 맥켄지 박사는 크게 자랑스러운 인물로, 나병원과 관계되어 저명한 인사이다. (데일리 스탠다드, 1935년 1월 18일, 4)

1930년 초에 와서 맥켄지는 그동안 돌보던 많은 교회를 젊은 선교사들에게 넘기고 오직 나환자교회와 요양원만 돌보고 있다.

나는 여러분들처럼 더 이상 젊지 않습니다. 내가 돌보던 시골의 교회들은 이제 젊은 선교사들이 맡았습니다. 나의 사역 하에 있는 교회는 이제 2개인데, 하나는 요양원에 있는 교회로 540명이 있고, 또 하나는 2마일 떨어진 나환자 마을에 있는 교회로 200명의 환자가 살고 있습니다. 이들 대부분은 우리 요양원에서 많이 치료되어 나온 사람들로 스스로 살수 있는 사람들입니다.
(크로니클, 1930년 5월 1일, 4)

이 해는 맥켄지의 한국선교 20주년을 맞이하는 해였다. 감만동의 요양원의 나환자들은 대부분 자신이 부담하여 나병원 교회 앞에 화강암으로 제작된 기념비를 세웠다.

'나환자 선교회'에 대한 감사 기념비가 화강암으로 만들어져 그 제막식이 있었다. 이 제막식보다 약 한 달 전에 내가 한국에 온 지 20년을 기념해서 화강암으로 기념비를 만들어 '우리의 집' 아래의 길가에 세웠다. 기념비 제막식에는 정부 관리의 대표자를 위시하여 일본과 중국의 친구들, 비기독교 단체들 및 부산에서 종종 만나는 '한국 장로교회'의 관계자들 많은 손님이 참석하였다.
(지응업, 144-145)

또한 부산 좌천동에는 '매견시 기념비'가 세워졌는데, 그 모습이 공동묘지에서 흔히 볼 수 있는 비석과 모양이 유사하였다. 맥켄지는 그 기념비가 마치 자신의 묘비를 보는 느낌을 받아 기분이 묘했다고 후에 적고 있다.

5년 후인 한국선교 25주년에 나환자들은 '맥켄지 기념대문'을 만들어 선물하였다. 그들은 몇 달 동안 직접 설계하고 제작하여 대문을 완성하였는데, 맥켄지는 그들의 정성에 놀라고 있다. 맥켄지의 부인 메리는 당시의 상황을 '캠프 없이'라는 잡지에 다음과 같이 설명하고 있다.

우리가 나환자의 집에 도착하였을 때, 노약자를 제외한 모든 입주자 약 580명이 교회로 가는 길 양쪽에 줄을 서 있었다. 남자와 소년은 한쪽에, 여자와 소녀는 다른 한쪽에 줄을 지어 나환자로 만들어진 인간 통로를 걸어간다는 것은 절대로 잊히지 않는 경험이었다. 그들 중 많은 사람은 손이 떨어져 나가고 없기 때문에 물건을 잡을 수가 없었으나 그들 모두가 들고 있는 종이 깃발은 자연스럽게 물결치고 있었고, 많은 사람이 목이 쉬도록 찬송가를 불렀고, 보지도 못하는 눈에서 눈물이 쉴 새 없이 흐르고 있었다.

이 광경이 너무나 감격적이어서 예수님의 예루살렘 입성과 비교한다는 것은 불경한 일일지 모르지만 내 마음에는 예수님의 '예루살렘 입성'을 생각하였다. 그러나 나는 예수님이 예루살렘에 입성하실 때 겉옷을 예수님이 가시는 길에 깔도록 마음을 이끌고 아이들이 호산나를 부르도록 만드신 그 마음과 같은 것이라 생각되었다.

(제임스 맥켄지, 146)

한편 맥켄지의 아내 메리도 1931년 1월 15일 부산진교회 40주년을 기념하여 그동안의 공로를 인정받아 한글과 영문으로 된 표창장을 받는다.

호주교회의 부흥

1931년 맥켄지 가족은 또 한 번의 휴가를 호주에서 보냈다. 모든 호주 선교사는 현지에서 6년 사역을 한 후, 본국에서 1년 머물며 휴식도 취하고 보고 활동도 하고 있었다. 맥켄지의 가족은 멜버른 써리힐에 머물면서 지친 몸과 마음을 회복하였다. 또한, 그는 그곳에서 열리는 여름 대회에도 참석하며 영적인 재충전의 시간을 가졌다.

1932년 맥켄지는 해외선교대회에서 한국선교에 관한 특별 강연을 하였다. 당시 호주는 경제대공황을 겪고 있었고, 해외선교에 대한 재정적 어려움에 빠져 있었다. 휴가차 호주로 돌아온 선교사들은 다시 파송을 못 받을 수 있다는 두려움까지 교회 안에 퍼져있던 상황이었다. 그러나 맥켄지는 강연에서 다음과 같이 희망차게 말하고 있다.

> 이번에 한국을 떠나기 전 호주의 경제공황에 대하여 많이 들었다. 나는 나이가 제일 많은 선교사로 어쩌면 호주에 그냥 남으라는 제안을 받을 수도 있다고 생각하였다. 그러나 호주에 도착하여 선교동아리들의 열정을 보면서 그런 염려는 사라졌다. 이들은 지난 22년 동안 나와 나의 가족을 놀랍도록 후원해왔다. 나의 두려움은 없어졌고, 다시 한국으로 돌아갈 것이다. 그리고 총회도 지난 금요일 선교사들이 선교지로 확신을 갖고 다시 돌아가라는 안건을 통과시켰다.
>
> (크로니클, 1932년 6월 1일, 19)

청소년선교동아리회는 이 해 7월 30일 총회회관에서 맥켄지 부부 환송 예배를 열었다. 이 모임에는 슬픔과 승리의 두 가지 감정이 교차하고 있었다.

그들의 얼굴을 또 못 본다는 것과 큰 아이 둘이 호주에 남으므로 가족이 나뉜다는 슬픔이다. 그러나 승리의 감정은 경제공황에도 불구하고 청소년들이 다시 자신들의 선교사를 한국으로 파송한다는 것과… 넬리와 캐시가 미래의 한국선교를 위하여 훈련차 호주에 남는다는 것이다. 그중 한 명은 한국을 '세상에서 제일 좋은 나라'라고 말하였다.
(크로니클, 1932년 9월 1일, 5)

맥켄지도 환송에 대한 작별 연설을 하였다. 지난 일 년 동안 한국선교 홍보 차 빅토리아주 전역을 다녔는데 총 거리가 5,500마일이었고, 235번 강연을 했다고 하였다. 그는 국내교회의 부흥과 해외선교는 서로 연결되어 있음을 믿었고, 국내교회가 어려울수록 해외선교를 멈추면 안 된다고 말했다. 당시 그는 특별히 감사하며 선교동아리회에 다음과 같이 말하였다.

우리 부부는 이번에 경험을 통하여 둘 다 확신하기를, 호주교회가 지금처럼 영적으로 충만한 적이 없다. 하나님의 영은 우리가 전진운동을 시작하기도 전에 이미 우리 교회의 지도자들을 움직이게 하셨고, 그러므로 반드시 성공할 것이다.
(크로니클, 1932년 8월 1일, 13)

선교병원의 필요성

부산으로 다시 돌아온 맥켄지 부부와 나머지 두 딸 루시와 쉴라는 다시 한국생활에 적응하며 사역을 이어갔다. 맥켄지 부인은 장티푸스로 인하여 한동안 고생하였고, 어린 두 딸은 자신의 언니들과 떨어져 살아야 하는 안타까움이 있었다. 맥켄지는 이제 호주 선교사 중에 나이가 가장 많았다. 그럼에도 그는 여전히 나환자와 그의 아이들을 위하여 동분서주하며, 요양원과 교회에서 사역을 이어 나갔다.

맥켄지는 1933년 6월 보고서에 다음과 같이 쓰고 있다.

두 주 전에 나는 나환자교회에서 18명의 성인에게 세례를 주었다. 성찬식을 받은 교인은 200명이었다. 정규예배와 성경공부 외에 주일학교에 여러 연령층의 교인 420명이 참석을 하였다. 많은 성인이 문맹자이지만 주일학교에서 한글을 배우며 성경을 읽고 있다. 병으로 인하여 눈이 먼 한 남성은 요한복음, 요한계시록 그리고 빌립보서 전체를 암송한다. 그의 빛나는 얼굴과 보지는 못하지만 번뜩이는 눈은 교인들에게 영감이 된다. (크로니클, 1933년 10월 2일, 9)

1935년 부산선교부의 연례보고서가 발표되었다. 보고서의 많은 내용 중에 진주의 배돈병원 같은 선교병원이 부산에도 필요하다는 내용이 유독 눈에 띈다.

우리가 계속 보고 듣는 많은 환자가 우리에게 동정심을 강하게 요청하고 있다.… 비용을 지불할 수 있는 사람은 정부 병원에 갈 수 있지만… 어떤 경우에 우리는 환자를 진주의 배돈병원으로 보내기도 한다. 맥켄지는 레인 부인의 도움을 받아 특히 부산진의 가난한 아이들을 치료해주고 있다. 우리 선교부에 의사의 필요성은 점점 긴박해지고 있다. 특히 부산에 빈민구가 늘어나고 있는 것을 볼 때, 우리의 아동진료보건소와 관련하여 그렇다. 우리의 형제들은 부산에 선교병원이 필요하다고 계속 강조하고 있다. (크로니클, 1935년 9월 2일, 19)

맥켄지 부부는 본인들의 임기 동안 부산에서의 일반병원 설립을 보지 못한다. 그러나 자신의 딸이 의과대학에서 공부하고 있었고, 한국에 선교사로 나올 계획을 하고 있었다. 맥켄지는 후에 사망하기 전 자신의 두 딸이 부산에 병원을 설립하였다는 소식을 듣는다.

다음 해의 맥켄지 보고서를 보면 나환자 요양원 사역은 다음과 같이 진행되고 있었다.

> 요양원에서 치료를 받고 있는 환자는 현재 600명이 조금 넘는다. 그리고 시골의 5개 나병 마을의 환자들은 우리 병원 간호사의 도움을 계속받고 있다. 89,664명이 대풍자유 주사를 맞았고, 정부가 제공하는 같은 성분의 알약도 복용하고 있다.…
>
> 우리의 교회도 잘 운영되고 있다. 수년 동안 나환자들은 자신들의 노동의 대가로 받은 돈의 일부를 시골의 이방인들에게 전도하는 일꾼 봉급을 위하여 자발적으로 기부를 하고 있다. 이런 방법으로 그들은 시골에 교회 3개를 개척하도록 도왔다.
>
> (크로니클, 1936년 8월 1일, 14)

1937년 부산 나병원에 중요한 전환이 있었다. 그동안 병원을 정부가 인정하는 사설병원으로 승격시키고자 노력해 왔는바, 이 해 인허를 받았던 것이다. 그리고 병원 이름을 부산 상애원으로 개명하였다.

이 해 맥켄지는 26년 동안의 나환자 사역에 대하여 다음과 같이 보고하고 있다.

26년 동안의 나환자 사역 경험을 말하자면 이것보다 더 나은 기독교

사역이 없다는 것이다. 이 사역이 우울하고 힘든 일로 여겨질지 모르지만, 우리는 그렇게 경험하지 못하였다. 이 사역의 필요성이 크고, 도움을 받은 사람들이 여러 방법으로 감사를 표할 때 그 보상은 크다.

(크로니클, 1937년 12월 1일, 21)

그러나 당시 나환자 선교에 대한 일본 정부의 간섭은 점점 심화되고 있었으며, 상애원 장소를 옮겨야 하는 압박에 처해있었다.

우리 선교회는 일본군인 정부의 추방령으로 부산을 떠날 때 우리의 '나환자의 집'에 있던 기독교회는 400명 이상의 세례교인이 있었다.

(지응업, 133)

그리고 1937년 상애원에서의 마지막 성탄예배가 열렸다. 천정에는 만국기가 걸려있고, 한복과 두루마리를 곱게 차려입은 남녀노소 교인들이 '야소 생일'을 축하하며 찬송을 소리 높게 불렀다. 당시 촬영한 사진이 지금까지 전해지고 있다.

승리하며 행복하고 영광스럽게

1938년 초에 들어와 맥켄지는 건강이 좋지 않았다. 그리고 3월, 부부는 마침내 한국 사역을 모두 마치고 호주로 귀국하게 된다. 맥켄지의 나이 73세였다.

맥켄지가 한국을 떠날 때 한국인과 일본인, 정치인과 교인, 건강한 자와 나환자 등 할 것 없이 모두 나와 그를 환송하였다. 트럼펫 나팔수가 '우리 다시 만날 때까지 하나님이 함께 계셔'를 연주하였고,

교인들도 따라 불렀다.

경남에 흩어져 있던 요양원 출신들은 돈을 모아 조선 정서가 가득 찬 조선 궤 한 개를 선물하며 한국을 잊지 말라고 당부하였고, 상애원의 환자들도 푼푼이 돈을 모아 여행을 위한 트렁크 3개를 선물하였다. 그런가 하면 부산의 일본 제일국립은행은 그에게 도자기를 선물하였는데, 500년 된 자기라고 하였다.

당시 동료였던 진주의 맥라렌과 부산의 트루딩거는 맥켄지가 선교지를 떠나게 되는 것에 대한 감상을 글로 남기었다. 그 일부를 차례로 소개한다.

거룩한 왕의 대사, 처음에는 식인종들의 뉴 헤브리데스에서 그리고 후에는 한국에서 40년 동안의 열정적인 헌신 후에, 승리하며 행복하고 영광스럽게 떠나는 한 남자가 있다면, 그가 바로 제임스 노블 맥켄지이다.… 그는 자신의 이름 그대로 자신이 노블(고귀)하다는 것을 스스로 입증하였다.
(크로니클, 1938년 9월 1일, 18)

지난 25년여 동안 맥켄지는 한국에서 가장 경멸당하는 나환자들을 위하여 일해 왔다. 또한, 그들 중에서도 가장 가난하고, 희망이 없고, 중증인 자들을 택하여 치료해주고 낫게 해주어 건강하고, 행복하고 그리고 스스로를 존경할 수 있도록 도왔다. 더 중요한 것은 그들이 하나님을 만나게 되어 영혼을 회복하고, 이번 생에서는 물론 다가오는 생에서도 새 희망을 가지게 되었다는 것이다.
(앞의 책, 19)

이 해 10월 22일 토요일, 호주 멜버른 시내 리틀 콜린스 가에 있는 센트럴 홀에서 맥켄지 부부를 환영하는 성대한 모임이 있었다. 청소년선교동아리회 주관의 이 모임은 그들의 지난 27년 동안의 한국선교를 치하하며 위로하는 자리였다. 당시 호주장로교회 총회장 존 맥켄지가 예배를 인도하였다.

그다음 해 맥켄지는 선교사직에서 완전히 은퇴하였다. 그러나 교회는 그의 경험과 지혜를 더 사용하길 원했다. 빅토리아장로교회 총회장으로 그가 피선되었다는 소식이 1940년 1월 크로니클 선교지에 전하여졌다. 그리고 5월 6일 그는 총회장으로 취임하였다.

> (총회장으로) 재직 당시에는 시골교회를 방문하여 모임에서 연설을 하며, 교회연합운동과 인종차별 반대를 위하여 일하였다. 그는 총회장 퇴임 후에도 1946년까지 금주위원회와 세계교회협의회의 지역위원회, 나환자선교회 호주위원회에서 일하였다.
>
> (정춘숙, 65)

맥켄지는 또한 자신의 선교사역 경험을 자선전으로 집필하여 『제임스 노블 맥켄지 자서전』을 1949년 런던에서 출판하였다. 1953년 6월, 그동안의 공을 인정받아 영국 여왕으로부터 대관식 훈장을 받았다.

맥켄지는 말년에 여러 지병으로 병원과 요양 생활을 하던 중 92세 되던 해인 1956년 7월 2일 생을 마감하였다. 그리고 이틀 후, 딥딘장로교회에서 장례예배가 열렸다. 당시 해외선교부 총무 조지 앤더슨이 설교를 하였는바, 그는 맥켄지를 검소한 기독교인, 나환자들의 친구, 교회 행정가로 요약하며 그의 일생을 뒤돌아보았다. 또한, 어떤 사람들은 그를 위한 기념비를 세우자고 하는데 앤더슨은 그의 기념비가 이미 한국에 있다고 하면서 다음과 같이 말하고 있다.

> 부산진의 높은 곳에 아름다운 교회가 우뚝 서 있는데, 약 천 명이 정기적
> 으로 예배하고 있다. 돌로 건축된 위대한 교회당이다. 누가 세웠는가?
> 그곳에서 가까운 곳에 최근 개원한 일신병원이 있다. 훌륭히 세워진 병
> 원이다. 다시 묻거니와 누가 세웠는가?… 실제로 훌륭한 기술과 섬세함
> 으로 건축한 사람은 한때 나환자의 건강한 자녀의 집에 살던 한 소년이
> 다. 그는 맥켄지 부부에 의하여 키워졌다. 이것이 '기념비'가 아닌가?
> (크로니클, 1956년 8월, 14)

에필로그

1930년 나환자 요양원에 세워진 맥켄지 기념비는 높이 113㎝,
하단 폭 12㎝, 상단 폭 9㎝ 크기로 오벨리스크 모양을 한 화강암
비석이다. 이는 우리나라 최초로 건립된 부산 나병원을 기념하기
위해 부산 남구 감만동에서 세워진 것이다.

비석에는 부산 나병원 건립비를 지원한 국제 나병 구호조직인
'대영나환자구료회'라는 글씨와 병원 설립자인 어빈 등 북미 선교사
3명의 한자 이름(심익순, 어을빈, 사목사)과 맥켄지의 한자 이름(매견시)
그리고 비석 제작일, 병원 설립일 등이 각인되어 있다. 그러나 이
기념비는 한동안 사라져 보이지 않았다.

1941년 4월 트루딩거 부부가 한국을 떠날 때, 그들은 이 기관을 라이트
부부에게 맡겼으나, 해안가에 있던 요양원이 해양 방어 군사시설로 넘
어가는 때였다. 정부는 나환자의 수를 600명에서 180명으로 줄였고,

나머지 420명은 정부가 지정한 한 섬으로 보냈다.

(톰슨-그레이, 261)

감만동의 나병원 건물은 일제가 군사시설로 사용하면서 폐원되었고, 역사 속으로 사라졌다. 환자들은 뿔뿔이 흩어졌고 상당수는 소록도 갱생원으로 강제 이주당하였다.

해방 후에는 흩어졌던 나환자들이 나병원 자리 인근인 용호동으로 모여 상애원 혹은 용호 농장으로 불리던 나환자촌을 다시 만들어 정착하였고, 상애교회에서 함께 예배를 드렸다. 그리고 맥켄지의 두 딸이 세운 부산 일신기독병원은 그동안 사라졌던 맥켄지 기념비를 찾았다고 밝히었다. 그리고 2020년 국가등록문화제 제781호로 지정되었음을 공개하였다. 당시 주한 호주대사 제임스 최는 일신기독병원을 방문하여 한국과 호주를 잇는 첫 국가문화재 지정에 대하여 다음과 같이 말하였다.

호주와 한국 간 굳건한 인적교류를 기념하는 이 비석의 문화재 등록을 계기로 양국 관계와 문화교류 연구가 더욱 활발히 이루어지기를 바란다.

마가렛 데이비스

Margaret Davies(1887–1963)

호주 빅토리아장로교 총회 대표단은 한일합방 직후인 1910년 말 한국을 방문하였다. 그런데 당시 프랑크 페이튼 해외선교부 총무 등과 함께 배를 타고 한국으로 간 20대 초반의 젊은 여성이 있었다. 바로 마가렛 데이비스(한국명: 대마가례)이다. 그들은 한국에 도착하여 부산진교회에서 첫 예배를 드리고 그곳 교인들에게 환영을 받는데, 마가렛은 특히 여성들에 둘러싸여 큰 환영을 받는다.

　　그리고 여성들은 데이비스 '부인'을 만났다. 그녀가 집을 떠나 자신들과
　　함께하기 위하여 멀리서 온 것에 감사하며, 그들만의 아름다운 방법으
　　로 소통하고 있었다. 그들의 환영에는 따뜻함이 있었고, 그들의 눈은
　　사랑으로 밝아져 있었다.
　　(페이튼과 캠벨, 40)

　마가렛과 한국 여성들과의 만남은 이렇게 시작되었고, 그녀는 장차 30년 동안 경상도의 한국 여성들을 위하여 인생의 가장 빛나는 시기를 헌신하게 된다.

마가렛의 가문

마가렛의 성 '데이비스'가 말해주듯이 그녀는 한국의 첫 호주 선교사 헨리 데이비스와 같은 가문의 사람이었다. 헨리 데이비스의 동생인 존 데이비스 목사의 딸이었던 것이다. 즉 헨리 데이비스의 조카딸이다. 또한, 그녀의 모친인 애니 데이비스는 빅토리아여선교연합회 창립회원 중 한 명이었다. 뿐만 아니라 마가렛은 몇 년 후인 1918년 한국으로 파송되는 배돈병원의 의사 진 데이비스의 친언니였다. 호주교회의 한국 선교역사에 있어서 잊을 수 없는 '데이비스' 가문의 사람이었던 것이다.

1909년 6월 15일 정기회의에서 빅토리아여선교연합회는 마가렛의 한국 선교자원 신청서를 읽었다. 신청서는 동의와 제청을 거쳐 통과되었으며, 그동안 연합회가 한국에 파송할 교육 일꾼을 기도하며 찾은 하나님의 응답이라고 언급하며 감사하였다. 공식 파송은 이듬해인 1910년 시행하는 것으로 결정을 하였다(크로니클, 1909년 7월 1일, 9).

마가렛은 멜본대학교에서 문학 석사 학위를 우등으로 졸업하였고, 교육학도 수료하였다. 또한, 그녀는 선교훈련원에서 2년 동안의 교육과 동시에, 디커니스 훈련원에서도 교육을 받았다. 여선교연합회는 마가렛의 가정을 잘 알기에 그녀를 어릴 때부터 보아왔던 것이다. 그들은 마가렛을 '타고난 교사'로 불렀고, 사실 그녀는 가르치는 것을 제일 사랑하고 잘하였다. 연합회의 많은 지부도 이미 그녀를 만나 그녀의 선교 사명 이야기를 들었고, 첫 순교자 헨리 데이비스 삼촌의 뒤를 이어 떠나는 그녀를 축복해 주었다(크로니클, 1910년 10월 1일, 3).

마가렛은 '버스데이 미셔너리'(생일 선교사)로 파송되었는바, 이것은 여선교연합회의 여러 후원 방법의 하나로, 생일을 맞아 드린 감사헌금 기금에서 재정지원을 받는 것이었다.

마가렛은 앞에서 언급한 대로 1910년 11월, 해외선교부의 한국 방문단과 함께 한국으로 떠날 때, 자신의 모친도 동행하였다. 빅토리아장로교회는 해외의 선교지에 이러한 대표단을 파송하는 것은 처음이었고, 그 대열에 마가렛은 파송선교사로 동행하였던 것이다. 이들이 부산항에 도착하여 찍은 사진 중 복병산의 언덕에 있던 헨리 데이비스 무덤에서 마가렛과 모친이 함께 촬영한 사진은 지금까지 남아 당시에 입던 의상 등 여러 분위기를 전해주고 있다.

그리고 그해 11월 3일, 마가렛은 첫 보고서를 호주로 보내고 있다. 부산에 있던 엥겔 부부, 맥켄지 그리고 아담슨을 만나는 내용, 부산진의 심취명 장로 등 한국인 일꾼들과 여성들을 만나는 내용 그리고 무어의 안내에 따라 일신학교의 장금이, 서매물 그리고 한국어 교사인 김도선을 만나는 이야기 등이 담겨져 있다.

> 우리는 어제 아침 가장 인상적인 예배를 드렸다. 페이튼이 설교하였고, 엥겔이 통역하였다. 우리는 비록 한국어를 못 알아들었지만, 예배에 큰 힘이 있다는 것을 느낄 수 있었다. 나는 오르간을 연주하는 것으로 나의 일을 시작하였다.
>
> (크로니클, 1911년 1월 2일, 5)

마가렛의 언어교사는 부산진교회의 회계 김승원이었다. 그는 무어와 클라크를 가르치기도 한 나이 많은 어른이었다.

첫째 주에는 나의 이름에 대하여 많은 대화가 있었다. 결국에는 '대신하는' 할 때의 '대'로 성을 짓는 것으로 결정되었다. 엥겔도 그 성이 적절하다고 하였는데, 내가 순교한 삼촌을 대신하여 왔다고 여겨졌기 때문이었다. '좋소'라고 김승원이 말하였고 '그리고 예수 그리스도를 대신하기도 합니다'라고 덧붙였다. 많은 한국인이 선교사를 이렇게 생각하고 있었고, 이것은 우리를 부끄럽게 한다.

(크로니클, 1911년 3월 1일, 3)

마가렛은 한국어를 배우며, 교회 생활에 적응하며, 1895년 멘지스가 창립한 일신여학교에 매일 나가 학생들과 교사들을 만났다. 당시 여학교에는 소학과와 2년 전에 설립된 고등과가 있었다. 그리고 한국에서의 첫 성탄절을 어린이들과 함께 보내고 있다. 서매물은 특히 전 해에 만난 마가렛의 모친에게 편지를 쓰면서 자신은 마가렛에게 오르간 연주와 영작문을 배우고 있으며, 마가렛은 자신에게 한국어 쓰기를 배우고 있다고 말하고 있다.

진주에서

1911년 말 진주의 스콜스가 휴가를 떠나자 마가렛은 그곳의 여학교를 책임 맡아 진주로 이전하였다. 그녀는 그곳에서 한국으로 돌아와 방문한 멘지스를 만나는 즐거움을 가졌고, 1912년 봄에는 학생들과 남강으로 소풍을 가는 등 한국생활에 점점 익숙해지고 있었다.

당시 진주선교부는 호주 선교사들이 오가는 중요한 거점이었고, 배돈병원을 포함하여 여러 가지 사역이 발전되고 있었다. 그 중 시원 여학교는 선교부의 또 다른 중요한 사업이었고, 스콜스가 없는 동안 마가렛이 운영을 하였다. 교사로는 순복이, 봉술이 그리고 중국인 한 명이 있었는데, 교사가 부족하여 어려운 상태였다. 마가렛은 산수와 지리를 가르쳤는데, 언어의 어려움을 여전히 겪고 있었다. 다행히 동료 순회전도자 캠벨은 그녀에게 큰 힘이 되었다.

1912년 2월 20일의 편지에서 마가렛은 배돈병원의 화재 소식을 자세히 전하고 있으며, 동시에 남녀성경학교의 소식도 전하고 있다. 여성성경학교는 1학년 25명과 2학년 14명이 참석했는데, 커를과 라이얼 부인이 성경 과목을, 클러크가 보건 과목을 그리고 마가렛은 성서 지리를 강의하였다.

> 우리가 생각하는 위생이 이곳 한국인들에게는 생소한 것처럼 보였다. 클러크가 강의할 때 학생들은 생전 처음 듣는 것처럼 눈을 크게 떴는데, 예를 들면 맑은 공기와 끓인 물 등의 가치였다. 한 학생은 집에서 물을 끓여 먹은 후부터 잔병이 없어졌다고 하였는데, 또 다른 학생은 물을 끓여 먹으면 물맛이 없어 그냥 먹는다고 하였다.
>
> (크로니클, 1912년 5월 1일, 5)

마가렛은 또한 클러크와 함께 순회전도를 다니기도 하였다. 진주에서 거창까지 시골 지역의 교회를 방문하며 심방 하였다. 당시 거창에는 아직 선교부가 없었던 시절이었다. 이 지역은 외국인 여선교사들의 발길이 닿지 않았던 곳이라 가는 곳마다 사람들의 관심과 환영, 때로는 냉대를 받았다.

> 물론 가는 곳마다 우리를 구경하는 사람들이 따라다녔다. 한 곳에 우리가 도착할 때 벌써 여성들과 어린이들이 우리를 빠르게 따랐고, 교

회 앞마당까지 들어찼다. 우리가 방에 들어가면 어떤 이들은 창호지에 구멍을 내어 이상한 외국 여성의 모습을 보려고 하였다.

(크로니클, 1912년 7월 1일, 3)

마가렛은 교회에서 세례 문답을 위한 여성들을 가르쳤고, 클러크는 일반 교인들을 가르치며 순회를 계속하였다.

마가렛의 단짝이 된 클러크는 마가렛의 생일 파티에 관해서 이야기하고 있다. 이들은 아직 한국 음식에 적응하지 못하고 있는데, 여학교 학생들이 마가렛의 생일을 맞이하여 호주식 음식을 하였다. 맥라렌 부인에게 조리법을 얻어 그녀의 집에서 케이크와 스콘을 만든 것이다. 결과는 성공적이었고, 6명의 학생과 3명의 교사가 함께 축하하며 케이크를 먹었다.

마가렛은 또한 스콜스와도 순회전도를 다니기도 하였다. 1913년 봄에 그녀는 스콜스와 하동 지역을 순회하였는데, 특히 하동 읍내의 교회까지 가는 길에 그곳 여성들이 마중을 나와 함께 걸었다. 그들은 서로 이야기하며 진달래 등 봄꽃들을 감상하면서 걸었던 아름다운 추억을 편지로 전하고 있다.

이 해 말에는 진주의 여선교사들을 위한 새 사택이 건립되었다. 마가렛은 호주교회의 지원에 감사하며 다음과 같이 쓰고 있다.

클러크와 캠벨 그리고 나는 이 새집에 입주한 지 이제 2주가 되었다. 레잉도 이곳에 도착하기를 우리는 고대하고 있는데, 그녀도 우리와 함께 이곳에서 행복한 시간을 갖기를 희망한다. 스콜스도 어서 출장에서 돌아와 이 집을 보고 좋아하기를 바란다.

(크로니클, 1913년 11월 1일, 5)

마가렛은 남경주라는 16살의 여학생도 소개하고 있다. 그녀의 공부 속도는 더디었지만 마가렛을 포함한 교사들의 기대를 받고 있던 학생이었다. 당시 또한 여학교의 기숙사도 완공되어가고 있었는데, 경주는 그 기숙사에 들어갈 첫 학생이었다. 그런데 배돈병원에서 맥라렌의 진찰을 받은 그녀는 나병으로 진찰 되었다. 그녀와 모친은 그래도 의연하게 반응을 하였지만, 나병이 있으면 더 이상 여학교와 기숙사에 들어갈 수 없다는 소식에 오히려 더 크게 실망하였다. 마가렛은 그 학생을 집으로 돌려보내야 하는 어쩔 수 없는 상황에 상심하고 있는 모습이다.

당시 마가렛은 호주 선교사 공의회가 고려하고 있는 중등학교 건립은 진주보다는 부산진이 적절하다고 제안하였고, 그 일을 위하여 이미 연고가 있는 자신이 부산진으로 다시 가기를 희망하였다.

한 작은 땅의 위대한 빛

1914년 마가렛은 다시 부산진일신여학교로 돌아왔다. 이번에는 교장으로 부임한 것이다. 그리고 이 해 말 부산진에서 편지를 쓰고 있다. 마가렛이 진주로 떠나 있는 동안 부산진에도 변화가 있었는데, 엥겔 가족이 떠났고, 라이트는 시골 지역을 순회하고 있었고, 니븐과 알렉산더는 김해에서 여성들을 위한 성경학교를 운영하고 있었다.

11월 18일은 추수감사주일이었다. 세계 대전의 끔찍한 소식과 호주 고향의 가뭄 등으로 슬픈 시기이었지만, 마가렛은 부산진교회 교인들과 그들의 한 해 추수를 기뻐하며 감사예배를 드렸다.

이날 해외선교 특별헌금이 있었다. 제주도와 중국에 파송된 한국인 선교사를 후원하기 위함이었다. 주일예배에서는 12엔이 헌금되었고, 주일학교에서는 6엔을 헌금하여 총 18엔이었는데, 36실링가량이었다. 많지 않은 숫자의 교인과 그들의 가난함을 보면 이것은 보통 주일 헌금보다 많은 액수이고, 그들의 관대함을 보여주는 것이다.
(크로니클, 1915년 2월 1일, 4)

마가렛은 이 당시 주일마다 동래읍내교회(현 수안교회)에 나가 주일학교 여성들을 가르치기도 하였다. 일신여학교 고등과의 김기모와 남학교 박 선생의 아내 순애와 동행했다. 그곳에서 주일에 오일장이 서게 되면 교인들이 많이 예배에 참석을 못하였는데, 오일장에서 물건을 팔지 못하면 다음 오일장까지 생활이 더 어렵기 때문이라고 마가렛은 설명하고 있다. 그러면서 그녀는 동래읍내교회를 위하여 기도하여 달라고 호주교회에 요청하고 있다(앞의 책, 4).

이 당시 호주선교회가 지원하는 부산진의 전도부인은 박의윤, 오금안, 양주암, 강부은, 박계실, 정혁신, 이보은 등이었고, 일신학교 교사로는 장금이, 문순금, 박덕수 그리고 일본인 가와쿠보가 있었다.

마가렛은 1915년 4월 편지에서 동래교회 옥 장로의 사망 소식을 전하고 있다. 옥 장로는 동래교회의 기둥으로 사탕을 만드는 공장을 운영하며 담임 목사 지원과 남학교에 많은 헌금을 했다고 한다. 장례예배 시 어떤 찬송을 부를지 옥 장로의 아내에게 물으니 평소에 '예수 사랑하심을'을 즐겨 불렀다고 하여, 모인 회중은 함께 그 찬송을 불렀다.

이 해 8월에는 일신여학교의 학칙이 변경되어 소학과는 수업 연한을 3년으로, 고등과는 4년으로 각각 개정되었다.

부산진에서도 여성경학원이 계속되었다. 이 해에는 90명이 등록을 했는데, 이들은 부산지역의 여러 교회에서 참석하였다. 이번에 부산항의 한 작은 섬에서는 참석하지 못했는데, 남성들이 모두 낚시를 나가 뭍으로 나올 수 없었다고 하였다. 맥켄지 부인, 멘지스, 두 명의 전도부인 그리고 마가렛이 강의를 하였다.

마가렛은 클러크와 이 해 하순 호주로 휴가를 떠났으며, 휴가를 갖는 동안 빅토리아주에서 여러 노회와 교회를 다니며 보고회나 강의를 하였다. 또한, 이 둘은 빅토리아교회를 위하여 한국을 알리기 위한 작은 교재를 준비하기도 했다. 교재의 제목은 '한 작은 땅의 위대한 빛'이었다. 시니어여선교연합회와 빅토리아여선교연합회는 이 책자를 모든 지부에 보급하여 공부하도록 독려하였다. 책은 당시 한 권에 9다임이었다.

이 교재는 몇 개의 주제에 따라 장이 나누어져 있고, 각 장 말미에 토론 제목이 있어서 참가자들의 토론을 유도하고 있다. 선교동아리회에서는 각 장을 낱개로도 인쇄하여 판매했는데, 한 개에 4다임이었다.

1916년 8월 16일 빅토리아장로교 총회 회관에서 마가렛과 클러크를 환송하는 특별예배가 열렸다. 이 예배는 또한 알렉산더, 캠벨, 맥피 그리고 라이얼 부부를 환영하는 자리이기도 했다. 총회장을 비롯하여 커를, 레게트, 페이튼 등 주요 한국통들이 대거 참석하여 그 의미를 더하였다.

다시 부산진으로

마가렛은 1916년 9월 한국 부산진으로 다시 돌아왔고 그녀는 두 주 후에 부산진에서 다시 편지를 쓰고 있다.

일 년 동안의 휴가 후에 새 열의와 열정을 가지고 클러크와 나는 다시 집으로 왔다. 솔직히 처음에는 다시 적응하고 안정을 찾기 어려웠다. 극동의 이 세계는 우리의 사회와는 너무나 다르다. 보이는 것들과 냄새는 우리 서양인에게 큰 거부감이 든다. 대부분의 집들이 너무 가난하고, 열악하다. 이번에 두 번째 왔는데, 이곳의 많은 삶 속에 어두움과 고통의 징표를 곳곳에서 볼 수 있다.

(크로니클, 1916년 12월 1일, 13)

이 당시 부산에 거주하는 호주 선교사는 엥겔 부부, 맥켄지 부부, 라이트 부부, 멘지스, 알렉산더, 호킹 그리고 마가렛이었다. 마가렛의 친동생 진 데이비스는 멜본 어린이병원에서의 일을 마치고 한국으로 들어올 준비를 하고 있었다.

마가렛은 가을 끝 무렵 멘지스와 함께 양산과 언양의 여성경공부반을 인도하기 위하여 가는 도상에 있었다. '구관 할머니' 멘지스는 이 길을 20년 전부터 다녔지만 마가렛에게는 익숙지 않은 길이었고, 그녀는 특히 가을의 아름다운 풍경에 푹 빠져 있었다. 언양에서의 성경공부는 밤낮으로 6일 동안 계속되었다.

1917년 2월에는 일신여학교에 특별 방문자가 있었다. 경상남도 도지사였다. 그와 함께 온 공무원들은 학교가 정부의 방침대로 운영되는지 참관하러 나온 것이었다. 그들은 교실과 학생들이 만든 수예품과 그림 등을 둘러보았고, 모여 있는 학생들에게 짧은 연설도 하였다. 특히 성경을 윤리 과목의 교재로 언급하였고, 학생들과 함께 일본국가도 제창하였다. 일본 정부의 통제하에 일신여학교도 점점 압박을 받고 있는 상황이었다. 삼일운동이 일어나기 2년 전의 일이었다. 1917년 4월에 열린 여성경학원에는 20명의 여성이 참석하였다.

교사로는 멘지스, 심 목사, 라이트 부인, 레잉, 정 목사 그리고 강 전도부인과 양 전도부인이었다. 마가렛은 학생들의 방은 낮에는 교실로 밤에는 침실로 사용된다고 언급하며, 한국의 접고 펴는 이불을 소개하기도 했다. 또한, 주일이 되면 학생들은 인근의 교회로 퍼져 자기가 배운 것을 주일학교에서 가르치는 기회를 가지기도 하였다 (크로니클, 1917년 9월 1일, 3).

이 해 말에 미우라학원을 책임지고 있던 멘지스가 호주로 휴가를 떠나자, 마가렛이 그 일까지 대신하여 맡고 있다. 그러므로 그녀는 미우라학원에 관한 분기별 보고서도 쓰고 있다.

> 미우라학원의 숙소에는 현재 순복이를 포함하여 10명의 소녀들이 있다.⋯ 그중 1명은 지난 보고서 후에 통영에서 왔고, 1명은 울산에서 왔다. 또 다른 1명의 부모는 부산에서 이사 나갔는데, 딸의 교육을 위하여 우리 숙소에 남겨두었다. 우리는 8시 30분에 정확하게 기도를 시작하고, 각 소녀들은 성경의 구절을 암송한다. 그리고 장금이는 급히 학교로 뛰어가 종을 울린다.
> (크로니클, 1918년 7월 1일, 4-5)

1918년 초 마가렛은 자신의 친동생 진 박사가 한국으로 파송되어 와 만날 수 있는 기쁨도 있었다. 동생 진은 진주의 배돈병원에서, 언니 마가렛은 부산의 학교에서, 각각 두 자매는 삼촌이 순교한 경상남도에서 눈부신 활동을 하게 된 것이다.

이 해 말 부산에서는 독감이 창궐하여 많은 사람이 고생하였다. 독감은 자칫 폐렴으로 발전할 수 있고, 또 다른 합병증으로 유발되면 위험한 병이었다. 부산진의 일신여학교와 미우라학원의 학생들 그리고 호주 선교사들도 독감에 걸려 힘든 시기를 보내고 있었다. 동래 교회의 박 장로와 이전 전도부인의 15살 딸도 사망하였다. 하루에 부산에서만 35명씩 사망하고 있다고 마가렛은 보고하고 있다.

부르시오! 만세를 부르시오

1919년 2월 11일, 마가렛은 여선교사들을 대신하여 빅토리아여선교연합회에 편지를 썼다. 다름 아닌 호주선교회의 한국인 직원들의 봉급 인상 등을 연합회가 동의한 것에 감사하는 내용이었다. 이 당시 호주선교회의 봉급을 받고 일하는 한국인 직원은 전도부인 등을 포함하여 교사, 전도인, 매서인 등 십 수 명이 있었고, 역할에 따라 봉급에 차이가 있었다.

이 해에는 서울에서 일어난 삼일운동을 기점으로 전국적으로 일제의 통치를 항거하는 물결이 일어났다. 부산에서도 며칠 후 만세시위가 일어났는바, 그 이야기를 마가렛은 3월 18일 편지에 비교적 상세히 적고 있다.

당시 일신여학교 교장이었던 마가렛은 '만세'하는 함성소리를 갑자기 들었다고 한다. 그녀는 작은 골목에서 일신여학교 학생들을 찾다가 큰 거리로 달려나갔고, 그곳에 사람들이 만세를 부르며 행진하고 있는 모습을 보았다. 그녀는 먼저 남학생들을 보았고, 곧 일신여학교의 여학생들도 그 행렬에서 만세를 부르고 있는 것을 발견하였다. 마가렛은 그들에게 해가 갈까 봐 집으로 데려오려고 했지만, 그들은 더 멀리 달려나갔다.

그런데 문제는 마가렛과 호킹이 곧 경찰서로 잡혀가게 된다. 그들이 큰길가에 나와 있던 것을 일본 순사들이 보고 쫓아왔던 것이다.

처음에는 몇 마디 질문만 할 줄 알았지만, 결국 그들을 차에 태워 경찰서로 갔으며 그곳에서 2시간 방치되다 마침내 유치장에 수감되었다. 밤새도록 일본 형사가 들락거리며 그들을 감시하였다. 소식을 들은 멘지스는 여학교 사감과 요리사를 통하여 담요와 깔개를 유치장에 들여주었는데 그때가 새벽 3시였다.

다음 날 아침, 검은 제복의 경찰은 일신여학교와 기숙사에 태극기가 있는지 취조를 시작하였다. 마가렛과 호킹은 모른다고 대답하였다. 그날 그들은 하루 종일 유치장에 있었고, 결국 유치장에서 필요한 화장실용품과 음식 목록을 적어 멘지스에게 보내었다. 라이트 목사가 음식 등이 담긴 광주리를 가지고 왔고, 그때서야 그들은 식사를 제대로 할 수 있었다. 라이트는 이들의 구류 사실을 즉시 영국대사관에 보고하고 구명 운동을 시작하였다.

다음날 그들은 같은 경찰을 대면하였다. 그 경찰은 질문을 하는 대신 일신여학교에 태극기가 있었고, 그것들을 멘지스가 태웠다고 말하였다. 나중에 안 일이지만 여학생들이 학교에 태극기를 숨기고 있었던 것이다. 마가렛과 호킹이 잡혀가자 매카그와 장금이가 책장을 뒤져 태극기를 발견하였고, 멘지스는 학교에 어려움이 닥칠 것을 예견하고 즉시 태운 것이었다. 이때부터 일신여학교는 일본 형사들에 의하여 점거되다시피 하였다.

다음날인 13일에서야 비로소 마가렛과 호킹은 오전 11시 30분에 풀려났다. 경찰서장은 그들에게 잘못이 없어 풀려나는 것이 아니라 폭력을 쓰지 않았고, 한국인이 아니기 때문이라 하였다. 그리고 서장은 경고도 잊지 않았다. 여선교사들은 기독교 순교자의 진실에 대하여 말하였지만, 서장은 귓등으로 들었다.

일신여학교의 11명의 학생(기숙사 거주학생 5명 포함)과 교사 2명이 감옥에 갇힌 것을 마가렛은 풀려나서야 들었다. 그 학생들을 면회하는 것은 가족 포함하여 누구에게도 허락되지 않았기에, 그녀는 감옥 근처의 여관에서 음식을 준비하여 넣어 주는 것 외에 다른 방법을 쓸 수 없었다고 한다.

그리고 그것이 끝이 아니었다. 마가렛, 호킹, 매카그 그리고 멘지스까지 법원에 소환되어 교차 심문을 받게 된다. 그리고 경찰서에도 여러 번 가서 많은 질문에 대답을 하여야 했다. 당시의 일본 경찰 질문은 다음과 같았다.

"당신은 이곳에 오기 전 당신의 나라에서 범죄한 사실이 있습니까?"
"당신의 해로운 가르침으로 학생들이 감옥에 있는데 수치스럽지 않습니까?"
물론 그들은 전혀 수치스럽지 않다고 대답하였다.
(크로니클, 1919년 6월 2일, 3-4)

한 기록에 따르면 당시 일본 경찰은 당시의 상황을 다르게 기록하고 있다. 마가렛과 호킹은 만세운동 당일 '부르시오! 만세를 부르시오!'라고 소리를 외치면서 학생들을 지휘하였고, 학생들은 일제히 만세를 부르면서 행진한 사실을 목격한 사람이 있었다고 적고 있다 (김정명, 조선독립운동1, 원서점, 1967.163).

이 해 말에 가서 마가렛은 학교와 기숙사가 정상으로 운영되고 있다고 보고하고 있다. 학교에서는 특별 새벽기도회가 일주일 동안 진행되었는데, 기숙사의 상급생 학생들이 매일 참석을 하였다. 이들은 만세운동 때에 감옥에 갇혀 고생하였던 학생들이었고, 아직 감옥에 남아있는 사람들을 위하여 열심히 기도하였다. 겉으로는 부산이

평온하였지만, 일본 정부에 대한 저항감을 강하게 느낄 수 있다고 마가렛은 언급하고 있다(크로니클, 1920년 2월 2일, 4).

일신여학교

1920년 4월 1일 부산진일신여학교는 방학을 마치고 다시 개교하였다. 새로운 커리큘럼으로 교육이 시작된 것이다. 작년에 165명의 학생이 등록하였는데, 이 해에는 200명에 가까울 것이라고 마가렛은 예상하였다. 문제는 기숙사가 충분치 않았고, 교사도 많이 부족하였다. 마가렛은 여성경학원에서의 시간을 줄이고 학교 업무에 집중하고 있었다.

당시 부산진과 동래교회에는 한국인 담임목사가 없었고, 선교사들의 시간은 분산되고 있었다. 그러나 마가렛은 부산진교회에 한 가지 좋은 소식이 있다고 하였는바, 평양신학교 학생들이 3월에 전도대회를 진행한 결과 수십 명의 젊은 남성들이 예배에 참석하고 있다는 것이다. 그동안 교회에 젊은 남성 교인이 없어 어려움이 많았는데, 이 청년들이 신앙 안에서 잘 양육되기를 마가렛은 희망하고 있다.

라이트는 자신의 집에서 찬양반을 시작하기도 하였는데, 23명의 남자 청년들이 참석하였다. 호킹이 찬양을 지도하였고, 청년들은 많은 찬송을 배울 수 있었다. 어느 주일 저녁에는 청년헌신예배가 열렸는데, 이들은 '천성길을 버리고 죄에 빠진 자들아'를 사중창으로 부르기도 하였다.

부산진교회의 청년성가대는 이렇게 탄생하였다. 마가렛은 이 성가대가 매달 발전하고 있는 모습을 적고 있다. 청년성가대는 야간

여학생반을 위한 모금 음악회도 개최하였고, 브라스밴드를 구성하여 규모 있게 성장시키려 하였으나 악기를 구하기 어려워 순탄치 않았다고 한다.

1921년 중반 부산에 개최된 여성경학원은 2달간 진행되었다. 32명이 등록을 하였고, 그중 27명은 두 달 동안 기숙을 하며 마지막 시험까지 치렀다. 이번 과정은 스키너가 책임을 맡아 5개의 반으로 나누었고, 교사로는 마가렛을 비롯하여 멘지스, 알렉산더, 레잉 등이었다.

이 해 말, 마가렛은 또 한 번의 휴가로 호주를 방문하게 된다. 마가렛이 떠나 있는 동안 위더스가 일신여학교를 책임 맡게 되었다. 마가렛은 빅토리아 전역에 있는 여선교연합회 지부들을 방문하며 보고회를 갖게 된다. 특히 그녀는 '생일 감사 선교사'이므로 가는 곳마다 생일 감사로 해외선교사를 후원해 줄 것을 호소하였다.

빅토리아여선교연합회는 마가렛의 일정을 관리하며, 각 지부에서 초청하는 날짜를 조정하고 있었다. 또한, 생일 감사 후원자가 최소 365명이 나와 매일 그녀를 위하여 기도하기 원한다고 홍보하였다. 마가렛은 1922년 8월 1일 멜본 총회 회관에서 열린 환송예배에 참석하고, 세 번째 임기로 한국으로 오게 되었다.

여학생들의 수업 거부

마가렛이 한국으로 돌아오자 어려움이 기다리고 있었다. 일신여학교 안에 교사와 학생들 간의 긴장이 있었는데, 교사가 부족한 이유로 학생들의 불만이 있었던 것이다. 여선교연합회는 이 소식을 다음과 같이 전하고 있다.

데이비스 양은 한국에 돌아가 지금까지 어려움을 겪고 있다. 고등과 학생들이 불만을 제기하였는바, 한 명의 교사로는 불충분하다는 이유였다. 그들은 수업 거부를 하였고, 학교는 어쩔 수 없이 주동격인 학생을 징계할 수밖에 없었다. 이것은 굉장히 어려운 과정이었으나, 데이비스 양은 이제 안정을 찾고 있다고 하였고, 교사들은 기도로 학교의 영성을 되찾기 위하여 매일 기도회를 가졌다.

(크로니클, 1923년 2월 1일, 2)

데이비스 양은 물론 교장인 마가렛이다. 마가렛도 이 사건에 대하여 후에 다음과 같이 언급하고 있다.

학교 방학이 시작되는데 이번에는 졸업생이 없다. 고등과의 학생들이 10월에 파업을 하였기 때문이다. 주동자들은 한 달, 두 달, 세 달 정학이 되었다. 이것으로 그들은 한 학기 정도를 이수하지 못하였다. 그런 이유로 졸업생도 없고, 개근상도 없고, 장려상도 없다. 파업이 얼마나 심각한 것인지 이 기회에 학생들이 깨달았으면 좋겠다. 학교의 유익을 발전시키는 방법이 아닌 것이다.

(크로니클, 1923년 3월 29일, 3)

마가렛에게는 입양한 한 소녀가 있었다. 명세라는 소녀가 결혼하게 되었는데, 남편은 거창의 은행원이었다. 마가렛은 그녀가 스키너의 양녀처럼 말 못하고 듣지 못하는 장애인이 아니기 때문에 재봉틀이나 암소를 지참금으로 가지고 가지 않아도 된다고 말하고 있다. 결혼사진이 잘 나오면 '크로니클' 선교지에 보내겠다고 약속하기도 하였다.

1924년 초에는 마가렛의 부모가 또다시 한국을 방문하였다. 여동생 진이 호주로 휴가 갔다가 다른 대표들과 함께 입국할 때 동행한 것이다. 부산항에서 마가렛은 가족과의 즐거운 재회를 하고 있다.

마가렛은 이즈음 매주 부산의 수영 지역을 방문하고 있었다. 이곳의 작은 교회에서 그녀는 어린이들을 위한 주일학교를 시작하려 준비하고 있었고, 한국인 조력자와 함께 이 지역의 집도 심방을 하고 있었다.

> 이곳을 방문할 때 머리가 흰 한 노인이 마루에 앉아 짚신을 만들고 있었다. '예 교회 종이 울리는 소리를 들었어요'라고 노인은 말하면서 말을 이었다. '그러나 가보지 못해 슬펐습니다. 나를 데리고 갈 사람이 없어요. 그러나 나는 아침마다 기도하고, 식사 때마다 기도하는 것은 잊지 않고 있습니다.' 우리의 전도부인이 이곳에서 운영한 야간학교에 이 노인의 손녀가 다녔고, 그 손녀가 이 노인에게 기도를 가르쳤던 것이다. 나는 이 손녀와 다른 기독교인들을 찾아보기 원한다. 이 일을 위하여 기도해 주기를 요청한다.⋯ 예전에 바로 이곳 수영에서 천주교도들이 순교를 당하였다.
> (크로니클, 1924년 12월 1일, 3)

그리고 그다음 해인 1925년 쓴 마가렛의 편지에는 수영에서의 주일학교가 발전하고 있는 모습을 담고 있다. 어린이 50명이 등록을 하였고, 35명 정도가 정기적으로 참석하고 있었던 것이다. 정 선생이 수영 주일학교를 대표하여 주일학교 교사대회에도 참석을 하였다. 부산진에는 200명의 어린이가, 다른 지부에도 100여 명의 어린이가 주일학교에 참석을 하는데, 수영에만 왜 숫자가 적은가를 정

선생은 묻고 있었다. 예배에 참석하는 어른들의 수도 적었던 것이다. 그러나 마가렛이 주일학교를 시작하면서 교회는 점차로 활기를 띠기 시작하였다(크로니클, 1925년 4월 1일, 11).

제인하퍼기념학교 건축

마가렛의 여학교 고등과에는 당시 세 명의 남성 교사와 한 명의 일본인 여성 교사가 있었다. 두 명의 한국인 여성 교사는 초등학교에서 와서 재봉질과 체육을 가르쳤는데, 대부분의 교재가 일본어로 되어 있었기에 이들은 가르칠 요건이 안 되었다. 이 고등과에는 60명 가량의 학생이 있었고, 소학과에는 200명 정도가 있었다. 고등과에 입학하려면 어려운 시험을 통과해야 하였기에, 많은 수의 학생은 아니었던 것이다.

고등과에서 마가렛은 성경, 영어, 음악을 가르쳤다. 이 선생은 산수, 대수학, 기하학을 가르쳤고, 윤 선생은 지리, 물리학, 화학을 가르쳤다. 지 선생은 성경과 역사, 후쿠야마는 일본어와 그림 그리고 위더스도 영어나 오르간 연주를 이따금 가르쳤다(크로니클, 1924년 8월 1일, 4).

이 해 말, 마가렛은 드디어 좋은 소식을 호주교회에 보내고 있다. 일신여학교의 고등과를 위한 부지를 확보하고, 학교 건물 건축을 위한 기초를 놓은 것이다. 그 위치는 동래였다. 설계는 멜본에서 하였고, 건축사는 서울에 있는 중국인이 운영하는 복음건축회사였는데, 기독교 회사와 계약을 맺게 되었다고 마가렛은 언급하고 있다.

호주에서는 제인하퍼기념학교로 한국에서는 동래일신여학교로 알려지는 이 학교는 빅토리아여선교연합회가 가장 돈을 많이 들인 교육 기관 중의 하나였고, 유일한 중등교육기관이었다. 제인 하퍼는 1890년 창립된 빅토리아여선교연합회 초대회장이었는데 그녀를 기념하기 위하여 이 이름을 붙인 것이다.

마가렛은 1925년 봄 건물이 완성되어 어서 고등과 학생들이 그곳으로 이사하기를 희망하고 있다. 빅토리아여선교연합회는 건축이 진행되고 있는 부지 위에 당시 머릿돌을 놓았는데 다음과 같은 글이 새겨져 있다.

호주여자전도부 주후 1924년 12월 21일

그리고 드디어 동래일신여학교가 완공되었다. 학교 본관과 기숙사 건축비용은 총 30,000엔이 들었다. 1925년 6월 15일 마가렛과 위더스를 포함한 교사진과 20여 명의 학생은 새 석조 건물의 기숙사로 이사를 하였고, 완공식은 6월 20일에 열렸다. 기숙사는 아래층에 5개, 위층에 6개의 방이 있었고, 최대 52명의 학생을 수용할 수 있었다고 한다. 새 학기가 되면 대부분의 방이 채워질 것을 마가렛은 기대하고 있다(크로니클, 1925년 8월 1일, 4).

완공식에는 지역의 많은 내빈, 한국인 목사 그리고 호주 선교사들이 참석하였다. 찬송가로 예식이 시작되었고, 커닝햄의 기도가 이어졌다. 그리고 일본국가를 불렀고, 학생 대표가 은으로 된 열쇠로 학교 정문을 열었다. 맥켄지는 준비된 카메라로 단체 사진을 찍었다.

그리고 모두 신발을 벗고 건물 안으로 들어갔다. 학교 대표 엥겔과 김만일 목사가 강단 위에 자리를 잡고 앉았다. 이 학교는 아직 일본 정부의 승인을 받지 못하였기에, 정부 관리들은 참석하지 않았다. 강당에서 계속하여 예식이 진행되었고, 엥겔이 65분 동안이나 연설을 하였지만 모두 진지하게 경청하였다. 박성애 목사가 축사하였는데, 그의 아내는 일신여학교를 졸업한 자랑스러운 순복이었다. 몇 사람의 축사가 더 있고 난 뒤, 마지막 찬송을 부르고 예식을 모두 마쳤다(크로니클, 1925년 9월 1일, 4-5).

동래학원의 '동래학원 100년사'에는 당시 설립 사항을 다음과 같이 개괄하고 있다.

명칭	동래일신여학교
위치	동래군 동래면 복천동 500번지
인가연월일	1925년 12월 23일
개교일자	1926년 1월 6일
설립자	매견시 목사
교장	대마가례
교직원수	6명
재학생수	60명
공사비	약 3만 3천 원(학교 건물 2만 원, 기숙사 건물 1만 원, 기타 3천 원)
인가자	조선총독부
고등과 교사	2층 석조 기와집 1채 연건명 238평(785.4평방미터)
기숙사	2층 붉은 기와집 1채 연건평 175평(577.5 평방미터)
운동장	2,000평(6,600 평방미터)
교지 총면적	9,000평(29,700 평방미터)
학칙 중 목적	본 교는 조선교육령에 의하여 여자고등보통학교 및 보통학교에 준하는 교육을 실시함을 그 목적으로 함(동래학원, 52)

호주와 한국의 여학생

　1925년 11월 23일 마가렛이 심각한 수술을 받았다는 소식이 그 다음 해 초나 호주에 전해지고 있다. 호주의 후원자들은 이 소식에 크게 염려하고 있지만, 수술은 잘 되었고 회복도 잘 되고 있다고 보고되고 있다. 그러나 어떤 수술이었는지는 언급되지 않았다. 빅토리아 여선교연합회는 마가렛에게 전보를 보내 이른 휴가를 가지도록 그녀에게 제안하고 있고, 마가렛은 1926년 4월 말에 호주로 입국하였다. 멜본에 도착한 그녀는 딥딘의 부모 집에서 당분간 휴양을 하게 된다.

　마가렛을 대신하여 위더스가 동래일신여학교에 관하여 이 해 4월 보고를 하고 있는바, 1학년에 64명의 신입생이 입학하였고, 2학년에 1명이 더 들어 왔다고 하였다. 일신여학교 소학과 22명의 졸업생 중에 19명이 동래일신여학교에 입학하였다는 소식을 기쁨으로 전하고 있다. 그리고 기숙사에도 42명의 여학생 들어와 포화상태라고 보고하였다(크로니클, 1926년 6월 1일, 7).

　마가렛은 1년간의 휴가 동안 건강을 회복하였고, 휴가를 좀 더 연장하여 보고회를 다녔다. 그리고 1927년 8월 5일 큐교회에서 열린 파송예배에 참석을 했는데, 감사의 작별 편지를 크로니클 선교지에 싣고 있다.

　캠프 양이 나에게 한국으로 떠나기 전 작별 편지를 써 달라고 요청을 하였다. 나는 기쁨으로 대답을 하였는데, 나의 휴가 동안 나에게 친절을 베푼 많은 분에게 감사의 말을 전하기 원하였기 때문이다. 나의 방문 기록은 스키너의 기록에는 조금 못 미치나, 나는 도시와 시골에 있는 수백 명의 여선교연합회 회원들을 만나 대화를 나누었다. 즐겁고 영감적인 많은 대회와 지부 모임, 단체 모임의 기억이 오래 남을 것이다. 하나님 나라를 위한 이러한 열정적인 회원들의 단체에 속한다는 것은 큰 자부심이다.

(크로니클, 1927년 8월 1일, 4)

뿐만 아니라 마가렛은 '오늘날의 여학교 학생들 – 한국과 호주'라는 제목의 글도 따로 기고하였다. 이 글에서 마가렛은 한국의 학교와 학생들 그리고 특히 동래일신여학교를 소개하면서, 호주의 풍요로운 학생들이 한국의 가난한 학생들을 도울 수 있다고 호소하였다.

빅토리아의 장로교 학교 여학생들은 자신들보다 불행한 한국의 소녀들을 도울 수 있다. 한국의 우리 여학생들은 대부분 가난한 집에서 왔으며, 그들의 부모는 자신들의 딸 학비를 낼 수 없는 형편이다. 여학생들이 돈을 벌어 학비를 충당할 수 있도록 우리는 일신여학교와 동래의 제인 하퍼 기념학교에 자조반을 만들었다. 학생들이 일하면서 배울 수 있도록 한 것이다. …
호주의 여학생들은 많은 것을 가지고 있지만, 한국의 여학생들은 가진 것이 거의 없다. 바다 건너 자매들에게 도움의 손길을 건네는 것은 특권이 아닐 수 없다.

(앞의 책, 17-18)

마가렛은 이해 9월 한국에 도착하였고, 부산항에는 그녀를 환영하는 친동생 진과 동료 선교사들 그리고 학생들이 모여 있었다. 동래의 일신여학교에서는 환영 잔치까지 열어 주었다.

빅토리아교회의 장학금

1928년 1월 마가렛은 동래일신여학교의 기숙사 여학생들이 김장하는 모습의 사진을 크로니클 선교지에 올리고 있다. 부산 부근에 집이 있는 기숙사의 학생들은 겨울방학이 되면 따뜻한 온돌이 있는 집으로 돌아가지만, 나머지는 호주식의 방에서 추운 겨울을 보냈다. 이 해에는 37명의 여학생이 기숙사에 남아있었다. 이들은 수예품을 만들어 호주로 보내어 판매하여 학비나 기숙사비를 내고 있었다.

1929년 초 마가렛은 일신유치원의 박봉래를 소개하고 있다. 약 10년 전 엥겔 부인이 주일학교를 연장하여 시작한 유치원에 꼽추 아이인 봉래가 있었는데, 교회에 열심히 참석하였다. 그리고 지난해 성탄절에 마가렛의 학교에서 봉래를 위하여 옷을 만들었다. 부산진 교회에서 열린 성탄절 예배에 참석한 봉래에게 옷을 선물하였고, 그 옷으로 갈아입은 봉래와 여학교 학생들은 만족하며 기뻐하였다.

뿐만 아니라 엥겔의 부인은 남호주 교회에 봉래를 지원해 줄 것을 호소하였고, 그 지원으로 봉래는 초등학교 과정을 모두 마칠 수 있었다. 그리고 봉래는 유치원의 보조교사가 되어 호주 선교사들과의 인연을 계속 이어가고 있었다(크로니클, 1929년 4월 1일, 7-8).

1929년 7월의 크로니클 선교지에는 뜻밖의 소식이 실리고 있다. 마가렛의 부모가 한국에 살기 위하여 온다는 것이다. 앞에서 소개한 것처럼 마가렛의 부친 존은 목사였고, 모친 애니는 여선교연합회의 부회장으로 호주교회에 큰 영향을 끼치는 지도자였다.

우리 빅토리아 여선교연합회는 데이비스 부인 없이 어떻게 지낼지 걱정이다. 그녀는 우리 힘의 기둥이었고, 영감의 샘물이었다.… 한국에 있는 두 명의 딸을 생각하면 우리는 기쁜데, 그들은 서로 헤어져 있는 염려와 근심을 덜 수 있기 때문이다. 우리는 모두 데이비스 부인이 '한국의 어머니'가 될 것으로 생각되며, 함께 기뻐한다. 데이비스라는 이름이 한국교회에는 큰 의미가 있기에, 그들은 이 부부를 마음 열어 환영할 것이다. 우리보다는 그들이 이들을 더 필요로 할 것이기에 우리도 그 여정에 함께한다.

(크로니클, 1929년 7월 1일, 3)

마침 호주에 휴가차 와 있던 막내딸 진과 함께 그들은 8월 5일 파송예배에 참석하고 한국으로 향하였다. 이들 부부는 정식 파송 선교사는 아니었지만, 그 이상의 환송과 기대 속에 한국으로 오게 된 것이다. 데이비스 부인은 자신들의 소식을 크로니클 선교지를 통하여 정기적으로 호주에 알리고 있다.

1930년 초 마가렛은 한국의 학교에서 소요사태가 일어나고 있는 것을 보고하고 있다. 이것은 광주에서 한국인과 일본인 학생들 간의 공산주의 논쟁에서 비롯되었는데 서울에까지 번지고 있었고, 전국으로 확산될 조짐을 보이고 있었다. 호주선교회의 학교들은 아직 그 사태에 휘말리고 있지 않았지만, 마가렛은 염려하고 있었다.

우리 학생들에게 주지되기를, 만약 이런 소요사태가 우리 학교 안에 일어나면 우리 학교가 정부로부터 지정받는 기회에 부정적인 영향을 미칠 것이다. 만약 지정이 안 되면 학생들에게 심각한 영향이 미칠 것이다. 우리는 현재 부산의 관공서에 지정신청을 해 놓은 상태이며, 사태가 가라앉으면 우리 신청서를 심사하겠다고 그들은 약속하였다.

(크로니클, 1930년 4월 1일, 7)

동래일신여학교를 정식 중고등학교로 승인받기 위하여 마가렛
과 호주선교회는 애쓰며, 일본 정부와의 불편한 관계를 이어가고
있었다.

동래의 동래일신여학교에는 호주에서 주는 3가지 장학금이 있었
다. 마가렛은 이 장학금을 받는 당시 3명의 학생을 소개하고 있는데,
박봉윤, 한경순 그리고 오정은이다. 이들은 빅토리아장로교여친교
회와 '목사관의 딸 장학금'을 받고 있었는바, 받은 장학금과 약간의
수공예 노동을 통하여 받는 수입으로 학교를 다니고 있었다. 이들에
게 투자하는 장학금이 결코 헛되지 않다고 마가렛은 호주의 후원자
들에게 확신을 주었다.

사실 호주선교회는 동래일신여학교 뿐만 아니라 라이얼기념학
교 등 선교부의 학교에서 십 수 개의 장학금을 운영하고 있었다. 호주
의 후원자들은 개인으로 혹은 교회 단체 등으로 장학금을 지원하고
있었고, 장학금을 신설 또는 유지하기 위하여 미션스쿨들은 선의로
경쟁하고 있었다.

한국선교 20주년 축하

마가렛은 1930년 말 한국선교 20주년을 맞이하였고, 43세의 베
터랑 독신 선교사가 되어 있었다. 1930년 10월 17일 동래일신여학
교에서는 교장의 한국선교 20주년을 맞이하여 축하의 자리를 준비
하였고, 저녁에는 여학생과 졸업생들이 음악회를 열었다. 또한, 마
침 이 해는 동래일신여학교의 전신인 일신여학교 25주년이 되는 해

였다. 많은 손님과 더불어 과거와 현재의 교사와 학생들이 축하 행사에 참석하여 흥겨운 잔치가 벌어졌다.

또한, 교실에는 학생들의 작품과 학교의 역사 자료를 전시하였는바, 특히 '목사관의 딸 장학금'을 받은 장래가 촉망되는 두 여학생이 눈에 띄었다. 한 명은 알렉산더의 양녀 복순이었고, 다른 한 명은 멘지스의 양녀 신복이었다. 마가렛은 이날 내외 손님들의 많은 선물을 받았으며, 40개 정도의 축하 전보를 받았다고 한다(크로니클, 1931년 1월 1일, 5).

1931년 동래일신여학교 졸업반에는 11명의 여학생이 있었다. 마가렛은 보고하기를 그중 3명이 상급 성경공부를 하기 원한다고 하였고, 그들이 그 과정을 마치면 전도부인이나 성경 교사가 될 것이라고 하였다. 그중에 한 명은 평양의 신학교에 진학하기를 희망하고 있었고, 또 한 명은 한 목사의 딸이라고 언급하고 있다.

마가렛은 또한 동래교회에 대하여도 보고를 하고 있다.

동래교회에는 주일 아침 예배에 보통 150명이 참석하고 있다. 중년 부인들은 가운뎃줄에 앉고, 그 좌우에 남성과 소년들은 한쪽 줄에 그리고 학교 여학생들이 다른 쪽 줄에 앉는다. 예배는 11시에서 12시 30분까지 진행되며, 예배 후에는 여전도회 등 여러 가지 모임이 열린다. 그러나 여학생들과 교사들은 그런 모임을 기다릴 수 없다. 점심 식사 후에 바로 근교의 주일학교를 위하여 흩어지는데, 주변 마을에 6개의 주일학교가 있었다.
(크로니클, 1931년 5월 1일, 9)

호주 선교사들을 위한 영어예배는 부산진의 한 사택에서 주일 오후 4시에 열렸다. 마가렛을 포함한 동래의 선교사들은 그 예배 참석을 위하여 매 주일 오후 3시에 출발하였고, 예배 후에는 동래로 다시 돌아와 저녁식사를 하였다.

당시 선교사들에게 염려되는 상황이 하나 있었다. 다름 아닌 호주 교회가 겪고 있는 재정의 압박이었다. 빅토리아여선교연합회나 총회 해외선교부도 예외는 아니었다. 특히 호주 선교사들과 한국인 직원들의 봉급 그리고 다양한 선교 프로그램 지원이나 유지를 할 수 없을 처지에까지 이른 것이다. 선교 지원을 줄여야 하지만 호주 선교사의 수를 줄이는 것에 대하여는 모두가 주저하였다. 결국, 여선교연합회는 선교사와 직원 봉급을 일정 기간 동안 삭감하는 것으로 결정하였다.

마가렛은 이런 상황에 학교에 대한 지원이 줄어들까 염려하고 있었다. 호주교회의 지원으로 동래일신여학교의 여학생들이 어떻게 기독교인으로 변화되고 있는지 그 열매에 관하여 계속 편지를 쓰고 있다. 특히 이 당시의 편지에는 학교에 피아노가 얼마나 필요하지를 언급하고 있다.

드디어 지정되다!

1932년 중반 마가렛은 또 한 번의 휴가를 호주에서 갖는다. 빅토리아여선교연합회 회장 매튜 여사는 그다음 해 2월 21일 생일감사 선교사 마가렛을 위하여 특별 모임을 조직하고 있다. 동멜본 장로교 여성친교회에 연합회 회원들을 초청하여 특별 손님 마가렛을 만나도록 한 것이다. 한국선교 21년을 맞은 그녀를 축하하고 존경을 표하는 자리였다. 뿐만 아니라 마가렛은 와라갈과 모웰의 대회에 참석하고, 남호주에서 열린 총회에도 참석하여 한국선교에 관한 소식을 보고하고 있다.

마가렛이 호주에 있는 동안 맥피가 교장 대리로 있는 동래일신여학교에서는 크게 기쁜 일이 발생하였다. 정부로부터 공식적으로 '지정학교'로 승인된 것이었다. 공립 고등 보통학교와 동등한 자격을 인정받는 학교가 된 것이다. 맥켄지, 한국인 수교사 그리고 맥피가 교육부에 가서 그 증명서를 받았다. 마가렛은 호주에서 동래일신여학교가 지정받은 의미를 교회에 설명하였고, 크로니클 선교지에도 그 내용이 실리고 있다.

당시 일본 정부는 한국인들의 교육을 자신들의 일본어로만 하려 했고, 그럼으로써 종교단체의 교육을 크게 위축시키고 있었다. 단, 공식 교육기관으로 지정하는 미션스쿨의 예외가 있었는바 그 수는 극소수였다. 교사들의 높은 자격, 학교의 충분한 설비 그리고 넉넉한 장학금이 그 조건이었기 때문이다.

마가렛은 동래일신여학교를 지정된 공식기관으로 승인받기 위하여 지난 수년 동안 기다려 왔는데, 마침내 한국에서 두 번째 여학교로 지정을 받은 것이었다. 13세에서 20세까지의 학생들이 4년 동안의 과정을 마치면 정부 학교와 마찬가지 자격을 갖게 된 것이다. 그러므로 앞으로 더 많은 학생이 입학할 것이고, 미래는 희망찼다(크로니클, 1933년 7월 1일, 5).

당시 경남노회에 보고된 학교의 현황은 다음과 같았다.

13명의 교원에 학생은 1학년 45명, 2학년 28명, 3학년 20명, 4학년 17명을 합하여 총 110명이었으며, 금년 졸업생이 15명으로 보고되었다. (경남노회 100년사, 155)

마가렛은 7월 26일 멜버른 스코트교회에서 열린 파송예배에 참석하고 다시 한국으로 귀국하여 큰 환영을 받는다. 그리고 그녀는 9월 18일 동래에서 편지를 쓰고 있다.

나는 배에서 손수건을 흔들었다. 그러자 위더스, 맥켄지 부인, 토페, 이환 등이 항구에서 손을 흔들었다. 맥스웰 양도 동래에 머물다가 알렉산더와 맥피와 함께 왔다. 동래의 교사들이 다 나와 있었고, 동래교회의 조 목사 그리고 두 명의 장로도 있었다. 부산진에서도 교사와 학생들이 많이 나와 있었다.… 저녁식사 후에는 뜻밖에 라이트 목사와 테잇도 방문하여 기쁨의 만남이 있었다.
(크로니클, 1933년 12월 1일, 3)

그리고 12월 16일과 17일에 거쳐 학교의 승인을 축하하는 의식이 있었다. 16일에는 학생성적전시회와 바자회가 운영되었는데 1,300명 정도가 참석하였고, 17일의 감사예배에는 경상남도 도지사가 축사하였다. 그 후에는 운동회가 열렸고, 부산진일신여학교, 동래교회 야간학교, 공립학교 등에서도 참석을 하였다. 당시 맥켄지는 이 장면들을 동영상에 담았다고 한다.

마가렛은 1934년 6월에 동래일신여학교 연례보고서를 쓰고 있다. 마가렛을 대신하여 일 년 동안 학교를 책임 맡았던 맥피에 대한 감사가 있었고, 한국인과 일본인 교사들의 변동 상황에 관하여 보고하고 있다. 또한, 학교가 지정된 후 졸업생들은 서울의 사범대학 입학시험을 볼 자격이 주어졌고, 16명의 졸업생 중에 3명이 신청하였다. 그중 한 명이 합격이 되었고, 나머지는 초등학교나 유치원교사 훈련을 받게 되었다.

이 한해에 64명의 여학생이 입학신청서를 내었고, 그중 41명이 입학시험에 합격하였다. 전체 학생 수는 122명이었고, 기숙사에 입주한 학생은 29명이었다.

한해 전인 1933년 말에는 학교의 4명의 상급 학생이 동래교회에서 세례를 받았고, 7명이 세례 문답반에 있었다. 기숙사에서 열리는 여학생들을 위한 주일학교에는 72명이 참석하고 있었다. 주일 오후에는 그중 25명의 학생이 동래 지역의 주일학교로 나가 성경을 가르치고 있었다.

동래일신여학교 운영이사회는 교실을 더 늘려 학생 수를 200명까지 늘리는 방법을 고심하고 있었다. 현재는 최대 140명까지만 입학을 할 수 있었는데, 더 큰 교실들이 필요하였던 것이다(크로니클, 1934년 9월 1일, 6-7).

1934년 6월 진해에서 열린 제33회 경남노회에서 마가렛은 여학교 상황을 보고하고 있다.

> 학교 현황은 교사가 남자 8명, 여자 5명으로 모두 13명이었고, 학생은 1학년 44명, 2학년 31명, 3학년 24명, 4학년 23명으로 모두 122명이었다.… 일신여학교의 졸업생 총수는 1934년 3월까지 178명이 졸업하였는데, 이는 경남의 기독교가 지역교육에 얼마나 큰 공헌을 하고 있는지를 보여주는 대목이라고 하겠다.
> (부산노회사 편찬위원회, 370)

일제의 압력

1935년에 와서도 동래일신여학교는 계속 발전하고 있었다. 마가렛은 보고하기를 이 해에 총 144명의 학생이 등록했고, 신입생은

103명이 신청하여 시험에 통과된 46명이 입학하였다. 기숙사에 거주하는 학생도 51명이나 되었고, 전라도에서 온 학생도 있었다. 또한, 운영이사회는 경남노회에 3월 첫 주일에 모든 교회가 학교를 위하여 헌금을 하도록 제안했으며, 노회는 승인하였다.

> 아마도 가장 많은 헌금은 동래교회와 학교 자체의 250엔일 것이다. 우리는 우리 집의 파 부인처럼 다른 사람들이 많은 헌금을 할 것으로 기대하지는 않는다. 그녀는 그녀의 월급 25엔에서 10엔이나 헌금하였다. 학교가 해 온 일들을 고마워하는 헌금이라고 하였다.
> (크로니클, 1935년 8월 1일, 7)

호주선교회에 속한 여학교나 유치원에 동래일신여학교를 졸업한 교사가 다 있을 정도로 학교는 지역사회뿐만 아니라 선교회 안에서도 중요한 역할을 하고 있었다.

이 해 말인 11월 30일 토요일, 마가렛의 선교 25주년을 기념하는 잔치가 동래교회에서 열렸다. 교회당 안은 특별히 꾸며졌는데 특히 한국과 호주 지도를 그린 그림이 눈에 띄었다. 그리고 두 나라는 예수님의 사랑이라는 글씨로 연결되어 있었다. 이날 마가렛은 많은 격려와 선물을 받았는데, 그중 산상수훈과 시편 23편이 한국어로 쓰인 8폭짜리 병풍도 있었다.

1936년에 와서 미션스쿨에 대한 일제의 통제는 점점 심화되고 있었다. 동래일신여학교에도 예외 없이 신사참배의 압력은 가하여져 왔고, 마가렛은 큰 염려 속에 학교를 운영하고 있었다.

> 신사에 참배하는 문제는 초가을에 우리에게 아픈 질문이 되었다. 그러

나 우리가 감사하는 것은 지역 정부가 우리의 입장을 반영하여 큰 배려
를 하였는데, 신사에 절하는 대신에 하나님께 침묵으로 기도하는 것을
허락하였다. 이것이 이 어려운 문제에 해답이 되기를 우리는 간절히 희
망한다.

(크로니클, 1937년 3월 7일, 7)

앞서 언급된 동래일신여학교의 교실을 늘리기 위한 모금은 부산,
진주, 마산 등의 교회에서 8,500엔을 약속하였다고 한다. 마가렛은
일제의 압박 속에서도 더 많은 학생이 입학할 수 있도록 건물 확장에
노력하고 있었고, 이제는 호주교회만이 아닌 한국교회도 헌금에 동
참하고 있었다.

1938년 초, 마가렛은 동래일신여학교의 특별한 한 여학생을 소
개하고 있다. 박봉윤이란 이름의 이 학생은 12년 전쯤 14살의 나이
로 가난한 아버지로부터 부잣집 남자의 첩으로 팔렸는데, 그곳에서
도망 나와 호주 선교사들의 도움으로 통영의 산업반에 입학하였다.
이 소식을 들은 멜본의 벨 여사는 봉윤을 자신의 딸로 입양을 하였고,
학비와 생활비를 지원하였다.

그 후 그녀는 진주여학교를 거쳐 지금은 동래에서 공부할 수 있었
다. 동래일신여학교에서 4년 동안의 교육을 받은 봉윤은 서울의 이
화여전에서 유치원 교육 전공을 한 후, 부산진의 호주선교회 유치원
으로 임명되었다. 그리고 봉윤은 진주에 있을 때 만난 남성과 결혼을
하게 되는데 그 결혼사진이 크로니클 선교지에 실리게 된다(크로니
클, 1938년 2월 1일, 5-7).

마가렛은 이 글 말미에 "한 가지 더한다면, 여러분들이 입양하여
돌볼 수 있는 '딸'들이 한국에 많이 있습니다"라고 덧붙이고 있다.

마지막 업무 그리고 사표

마가렛은 1938년 호주에서의 휴가를 마치고 다시 한국으로 복귀하였다. 그녀에게 한국은 더 이상 미지의 땅은 아니었지만, 불확실의 땅이었다. 멜본에서 있었던 환송예배에서 빅토리아여선교연합회 해외선교부 총무인 캠벨은 다음과 같이 말하고 있다.

> 데이비스 양은 낯선 업무로 복귀하는 것은 아니다. 그러나 오늘날의 상황은 불확실한 미래가 앞에 있다는 것이다.
> (크로니클, 1938년 9월 1일, 4)

일제의 통치 속에서 정치적이고 종교적인 복잡한 관계는 하퍼기념학교를 포함하여 모든 미션스쿨의 미래를 어둡게 하고 있었다. 일본의 군국주의로 인한 전쟁의 그림자는 모든 종교적 관용을 무너뜨리고 있었고, 과거 신앙의 자유를 더 이상 누릴 수 없었기 때문이었다. 여선교연합회와 마가렛은 동래일신여학교를 더 이상 운영할 수 없을지도 모른다는 것을 알고 있었다.

> 미래가 어떻게 펼쳐지던, 우리의 환송 메시지를 한국으로 함께 가져가기 바란다. 어려운 시기에 바울이 에베소교회에 준 말씀이다. 6장 10-13절.
> (앞의 책, 4)

그리고 1939년 1월 4일 진주에서 있었던 호주 선교사 공의회는 신사참배에 관한 입장을 다시 한번 확고히 하였다. 공의회는 이미 1936년 교회와 학교에서 신사불참배의 입장을 확실히 하였지만, 이번에 재확인한 것이다. "신사에 절하는 행위는 하나님의 진리 즉 그리스도를 증거해야 하는 기본적인 의무에 위반되는 것"임을 분명히 하였다.

호주선교회 소속 학교의 학교장들은 이것이 무엇을 의미하는지 알고 있었다. 마가렛은 동래일신여학교도 일제에 의하여 폐교될 것임을 예견하고 있었다.

그녀의 성경은 1907년의 킹 제임스 판인데, 캠브리지대학 출판사에서 출판한 성경으로 가격은 2실링이다. 이 책은 그녀의 책상 위에 열린 채로 놓여 있는데, 출애굽기 20장이었다.

4절: 너는 너를 위하여 어떤 새긴 형상도 만들지 말고 또 위로 하늘에 있는 것이나 아래로 땅에 있는 것이나 땅 아래 물속에 있는 것의 어떤 모습이든지 만들지 말며

5절: 그것들에게 절하지 말고 그것들을 섬기지 말라. 나 곧 주 네 하나님은 질투하는 하나님이니라. 나는 나를 미워하는 자들에게는 아버지들의 불법을 자손들에게 벌하여 삼사 대까지 이르게 하거니와…

1939년 6월이었다. 동래일신여학교 교장 마가렛은 이 계명을 읽고, '여학생들의 영혼'을 위하여 기도하였다.

(톰슨-그레이, 244)

그럼에도 마가렛은 일말의 기적을 기대하며 학교와 출석하는 182명의 학생을 위하여 계속 정진하였다. 그녀는 학교 건물 증축에 약속한 돈을 속히 보내달라고 호주교회에 연락하였다. 그리고 멜버른의 여선교연합회는 3월에 열린 정기모임에서 약속한 돈 900파운드를 보낼 것을 승인하고 있다.

1940년 1월 크로니클 선교지는 마가렛이 사표를 냈다는 소식을 담고 있다. 이 해 6월까지 임기를 마치고 호주로 귀국한다는 설명이었다. 빅토리아여선교연합회는 오히려 마가렛이 호주에 들어와 자신들의 곁에 있게 되었다며 애써 기뻐하는 모습이었다.

그러나 이것이 진실의 전부는 아니었다. 일제가 동래일신여학교 운영이사회를 압박하여 마가렛으로 하여금 은퇴하도록 한 것이고, 7월 말에 학교를 폐교하도록 한 것이다. 마가렛은 학교를 위하여 스스로 사퇴를 하였고, 운영이사회는 경남노회가 인수하여 기독교 기관으로 계속 운영해 주기를 강력히 희망하였다. 노회의 김석진 목사가 설립자대표로 취임하기도 하였지만, 이 방법도 여의치 않았다.

동래일신여학교 부지는 원래 동래의 한 지역공동체로부터 교육을 목적으로 헐값으로 매입한 것인데, 판매할 경우 그 가격 그대로 건물과 함께 다시 되돌린다는 조건이 계약서에 있었다. 결국, 동래일신여학교는 현찰 5만 엔에 다시 넘어가게 되었다. 그동안 호주교회의 정성 어린 모금으로 크게 발전된 학교 부지 위의 학교 건물, 기숙사 그리고 교장의 사택이 이렇게 학교의 학부모 단체 손으로 넘어가게 된 것이다(더 레코드, V.27, 4).

동래일신여학교는 그 직후 '일신'이란 단어가 빠진 동래고등여학교로 개명되었다.

1940년 3월 14일은 동래일신여학교의 마지막 졸업식이 있었던 날이다. 이날은 '일신'이라는 이름이 역사의 시간대 속으로 사라지는 날이었다.… 비록 학교의 이름이 바뀐다 하더라도 우리의 순수한 자주의지에 따라 학교가 새로운 모습으로 태어난다는 사실은 분명 발전이었다. 그렇지만 동래일신여학교는 1940년 3월 30일 '총독부의 방침에 의하여 동래일신여학교를 폐쇄한다'는 선교회의 결의에 의해 고등과 졸업 통산 27회로 마감을 하였다.

(동래학원, 72)

그 후 학교 교과과목에서 성경 과목은 사라졌고, 미션스쿨로서의 성격도 사라지게 되었다. 동래일신여학교는 오늘날 동래여자중학교와 동래여자고등학교로 부산지역 사회의 유명 교육기관으로 성장하였고, 2020년 개교 125주년을 맞이하였다.

1940년 6월 부산진에서 열린 연례 호주 선교사 공의회는 다음과 같은 기록을 남기고 있다.

우리는 마가렛의 친구로 동역자로 그리고 선교사로 그녀가 30년 동안의 헌신을 마치고 한국 땅을 떠나게 됨을 심히 유감으로 생각한다. 그녀의 충성심과 신실함은 그녀의 탁월한 자질이었다.… 그녀의 진짜 사역은 여학생들의 마음에 기독교인의 성정을 심는 것으로, 그녀가 가르친 여학생들의 삶 속에 지속되고 있고, 그리스도가 다시 오는 날까지 계속될 것이다.

(더 레코드, V.27, 32)

에필로그

호주로 귀국한 마가렛은 빅토리아의 여러 곳을 다니면서 강연도 하고 반가운 사람들과도 만났다. 그러나 또 하나의 큰 임무가 기다리고 있었다. '더 미셔너리 크로니클' 선교지의 편집인이 된 것이다. 크로니클은 빅토리아여선교연합회와 총회 해외선교부의 매우 중요한 월간지로 1906년에 창간되었다. 한국을 포함한 해외 선교활동을 호주교회 구석구석에 알려 자신들이 지원하는 선교사들의 소식과 선교의 중요성 그리고 모금의 필요성을 홍보하는 기관지였다.

마가렛은 크로니클 편집인으로 1941년 5월부터 1960년 2월까지 19년을 봉사하고 완전히 은퇴하였다. 마가렛은 건강이 안 좋았지만, 다행히 의사인 여동생 진이 옆에 있었다. 그로부터 3년 후, 마가렛은 1963년 6월 23일 사망하였다. 그녀는 자신이 다녔던 중고등학교인 프레스비테리안 레이디스 칼리지 건너편에 있는 버우드 공동묘지에 묻혔다. 자신의 어머니 애니 데이비스의 묘 옆자리였던 것이다.

뮤리엘 위더스

Muriel Withers(1889−1979)

뮤리엘 위더스(한국명: 위대서)의 사진은 1917년 12월 크로니클 선교지에 처음으로 등장한다. 그녀는 정교사 자격을 가지고 고등학교의 상급반을 가르치는 교사였다. 그녀는 멜버른의 알버트 파크교회 교인이었고, 호샴 지부 회원이었으며, 성경과 선교 공부반 운동을 통하여 빅토리아 주에 잘 알려진 인물이었다. 위더스는 또한 당시 총회 해외선교부의 프랭크 페이튼을 돕고 있었고, 시니어여성선교협의회와도 가깝게 협력하고 있었다.

위더스는 1917년 12월 17일 알버트 파크교회에서 한국 선교사와 디커니스로 임명을 받았다. 그 자리에서 빅토리아여선교연합회 하퍼 회장은 위더스를 위하여 계속 기도할 것을 약속하였고, 페이튼은 위더스의 성경과 선교 공부반과 학생 자원 운동 관련하여 수고한 것에 대하여 교회를 대신하여 감사하였다. 그녀는 메리버러우와 위메라 노회의 대표로 지원을 받아 한국으로 파송되는 것이었다.

거창에서

위더스의 이름은 1918년 1월 거창선교부의 선교사 명단에 처음으로 오르고 있다. 당시 거창선교부는 호주선교회의 5개 선교부 중 가장 작은 규모였는데 켈리 부부, 토마스 부부 그리고 에버리가 있었다. 에버리는 거창의 유일한 여성선교사로 위더스의 부임을 반기게 되지만, 에버리는 몸이 좋지 않았고, 이해 말 배돈병원이 있는 진주로 옮기게 되고, 결국은 호주로 귀국하게 된다.

위더스에게는 무엇보다 먼저 한국어를 배워야 하는 과제가 있었다. 그리고 일 년 후에 그녀는 한국어 1학년 과정을 통과하였다. 동시에 그녀는 토마스 부인의 여성 사역을 돕고 있었다. 거창 지역의 비기독교 가정의 어린이들을 위한 주일에 운영하는 학교들을 정기적으로 방문하며 지도하였다.

마산에서

1921년 초 위더스는 마산으로 이전하여 의신여학교를 책임 맡게 된다. 이 해 초 그녀는 김익두 목사를 강사로 한 일주일간의 부흥집회 모습을 보고하고 있다. 아침 6시부터 시작되는 기도회는 10시 반의 성경공부, 2시에 재림에 관한 특강 그리고 저녁 7시부터 10시까지의 부흥집회, 그리고 병자들을 위한 안수기도가 이어졌다. 새벽기도회에만 매일 500명이 참석하였다고 한다. 당시 마산교회에는 박정찬 목사가 있었다.

한국인들의 독립정신은 점점 강하여져 가고 있고, 그 정신은 선교사의 도움에서부터도 독립하겠다는 욕구로 이어지고 있다. 그러나 지난날의 모습은 매우 달랐다. 마산에서는 그들의 모든 일을 선교사들의 지도와 우정 안에서 이루어지기를 구하고 있고, 특히 여러 분야에 앞장서는 젊

은이들 중에는 이 관계를 더 소중히 생각하고 있다. 우리는 이들이 하나
님의 나라를 이루려는 여러 계획을 도울 수 있는 것을 기쁘게 여긴다.
(크로니클, 1921년 4월 1일, 5)

한편 위더스는 학교의 여학생 중 16세나 17세에 부모 손에 의하
여 결혼해야 하는 조혼에 대하여 염려를 표하고 있다. 그중 봉이라는
여학생의 사례를 예로 들며, 호주의 후원자들에게 기도를 요청하고
있다.

부산으로 부임

1921년 말 부산선교부의 일신여학교 마가렛 데이비스가 호주로
휴가를 따나자, 위더스가 부교장으로 부임하였다.

사립일신소학교의 교장으로, 사립일신여학교의 대마가례 교장의 안식
년 동안 제 7대(1921. 8. 12~1922. 11. 16) 교장을 겸임하였다.
(동래학원, 42)

부산진일신여학교는 1895년 멘지스에 의하여 시작되었고, 엥겔,
맥켄지, 알렉산더, 데이비스 등이 교장을 역임하였으며, 위더스가
부임할 당시에는 소학과와 고등과가 운영되고 있었다. 그리고 그
이듬해 8월 위더스는 휴가차 호주 멜버른으로 돌아가 진과 캠벨 선
교사 등과 더불어 환영예배에 참석하였다.

위더스는 휴가 동안 자신을 지원하는 메리버로우와 위메라노회
의 교회들을 순회하며 보고하였고, 또한 연합회 연례회의의 연사로

나서기도 하였다. 1923년 중순 총회회관에서 있었던 환송예배에서 위더스는 연합회의 후원자들에게 감사를 표하였고, 부산으로 복귀하였다.

1923년 5월 17일 부산진교회 안에 부설 일신유치원이 설립되었다. 원장으로 위더스가 부임하였다. "제1회 20명의 졸업생을 낸 이래 유치원에서 교육받고 장성한 졸업생들은 부산진교회에서 중추적인 역할을 감당하고 있을 뿐만 아니라, 한국사회 각계각층에서 활동하고 있다"(부산진교회 백년사, 165).

그러나 부산진에서의 유치원은 이미 1921년 시작되었다. 호주 선교사 공의회는 지난 몇 년 동안 부산선교부에도 유치원 설립을 원하였지만, 일꾼의 부족과 여러 어려움이 가로막고 있었다. 그러던 중, 1921년 중순의 선교사 공의회에서 유치원교사 훈련을 받은 알렉산더에게 유치원 시작의 과제를 맡기었다.

> 데이비스가 휴가를 떠났으므로, 6월 공의회에서 일을 서로 나누었고, 두 달 안의 유치원 설립 과제가 나에게 떨어졌다. 9월은 추수 시기인 11월보다 순회하기 좋은 달이므로, 개원식이 10월로 잡혔다.… 10월에 우리는 본격적으로 유치원을 시작하였고, 훈련받은 교사를 구하지 못하여서 경험이 좀 있는 수교사와 학교에서 막 졸업한 3명의 보조교사가 우리 직원 전부였다. 이달에는 세 명의 소녀를 다른 선교부에서 구하였고, 훈련을 받으며 일하였다.
> (크로니클, 1922년 1월 2일, 5)

이 당시 부산에는 부산선교부가 운영하는 세 개의 학교가 있었는 바, 유치원, 소학과, 고등과이다. 크로니클 선교지는 당시 위더스의 보고서를 거의 싣지 않고 있지만, 일신여학교 교장 마가렛 데이비스는 위더스가 하는 활동을 다음과 같이 소개하고 있다.

> 위더스는 강림절 기간을 여학교와 유치원의 학생들과 즐겁게 보냈다. 그녀는 곧 그녀의 다중 사역을 시작할 것인바, 소학과와 유치원 감독, 고등과의 두 개의 영어반 그리고 시골 사역이다. 이 일들 중 하나에 충분히 관심을 가지고 시간을 쏟기는 불가능하다. 돌보아야 할 것이 너무 많기 때문이다. 빠른 속도로 일은 증가하고 있는데, 불행히도 일꾼은 그렇게 보충될 수 없다. 많은 일이 버려지고 있다.
> (크로니클, 1924년 2월 1일, 5)

위더스와 마가렛은 팀을 이루어 일신여학교와 유치원을 책임 맡고 있었지만, 주일이 되면 마가렛은 당시 수영의 교회 주일학교를 돌보았고, 위더스는 부산진교회의 주일학교를 돌보았다.

최고의 선물

1925년 중순에는 일신여학교의 고등과가 독립이 되어 건물을 신축하여 동래로 이전하게 되어 마가렛이 하퍼기념학교 교장으로 부임하게 되었다. 위더스도 마가렛을 따라 이 학교의 기숙사로 이전하였고, 그곳에서 계속 영어를 가르쳤다.

뿐만 아니라 그녀는 부산진에 남은 일신여학교의 교장으로 계속 일하였는바, 자신의 시간을 둘로 나누어 부산진과 동래를 오고 갔다. 특히 마가렛이 병환으로 호주로 이른 휴가를 떠났을 때 하퍼기념학교 전체를 감독하기도 하였다.

당시 위더스는 일신여학교에 대하여 다음과 같이 보고하고 있다.

소학과의 몇 학생들이 지난해 세례를 받았으며, 다른 학생들은 세례문답 공부를 하였다. 많은 부모가 자신의 아이가 미션스쿨에 가는 것을 반대하지 않았지만, 정작 그들이 기독교인이 될 때에는 반대하였다. 부모는 아이가 세례받는 것을 반대하였고, 또 박해하기도 하였다.
한 학생은 계속 고난을 받다가 결국 자신의 언니와 부모가 돌부처의 머리와 서적을 버리는 기쁨을 가졌다. 그들은 자신의 17세 딸이 변화된 모습을 보고는 이제부터 예수교를 믿기로 하였다고 선언하였다.
(크로니클, 1926년 4월 1일, 4)

위더스는 계속하여 1926년 하퍼기념학교 신입생은 64명이며, 이 중 19명은 일신여학교 소학과 졸업생이었다고 보고하고 있다. 하퍼기념학교는 일신여학교 소학과 졸업생을 우선적으로 받았는데, 단 성적이 일정한 수준이어야 한다는 조건이 있었다.

개교식에 많은 부모가 참석하였다. 부모들에게 기본적인 사실에 관하여 말할 수 있는 기회가 있었다. 부모로서의 책임 등인데 이곳에서는 필요한 정보였다.… 우리는 수교사로 백 선생을 확보할 수 있었는바, 그는 진주에도 있었다. 그는 좋은 기독교인이면서 풍부한 경험의 소유자이다. 현재 42살로 일본에도 14년 있었는데, 동경의 YMCA 총무도 하였다.… 일신여학교에는 40명의 신입생이 입학하였고, 31명을 돌려보냈다.
(크로니클, 1926년 6월 1일, 7)

하퍼기념학교의 기숙사에는 43명의 여학생이 있었는데, 포화상태라고 하였다. 위더스는 그 기숙사에 함께 거주하고 있었다.

(한국인) 기숙사감의 영향이 뚜렷하게 보였다. 상부상조의 영성과 전반적인 화합 등은 그녀의 영향이었다. 아침 30분간의 조용한 묵상은 하루 동안의 공부와 일로 지속되었으며, 기독교에 대한 토론도 진지하게 이루어지고 있었다.
(크로니클, 1926년 11얼 1일, 8)

학교 안의 자조 모임도 위더스가 감독하고 있었는바, 학생들이 수공예 등 노동하여 판매한 돈으로 자신들의 기숙사비나 학비를 충당하도록 하였다. 학생들의 실력은 점점 늘어나 그들의 수예품은 멜버른의 산업 매대에서 판매되기도 하였다.

당시 주일에 위더스는 동래읍교회(현 수안교회)에서 남학생들을 위하여 영어 성경공부를 인도하고 있었다. 남학생들은 공립학교 학생들이었는데 영어에 관심이 많았고, 또 외국인 여성과의 만남도 즐거워하였다. 주일 아침 참석할 수 없는 학생들을 위하여 수요일 오후에도 반을 운영할 만큼 활발하게 진행되었다. 남학생들은 온갖 종류의 질문을 했으며, 영어로 진행되었지만, 종종 한국어로 정확한 뜻을 확인하곤 하였다.

1928년 8월에 위더스는 호주로 휴가를 떠났다. 의사는 위더스에게 휴식의 시간을 가질 것을 권고하였지만, 전반적인 건강에 큰 어려움은 없었다. 여선교사들은 휴가차 호주로 돌아올 때 반드시 의사의 진찰을 먼저 받아야 하였으며, 여선교연합회는 의사의 소견이 담긴 보고서를 먼저 받았다.

위더스는 곧 자신을 후원하고 파송한 메리버로우와 위메라 노회의 교회와 선교단체들을 다니며 보고회를 가졌다. 일 년이 지난 이듬해 8월, 총회 강당에서 열린 환송예배에 참석한 위더스는 다음과 같은 환송사를 하였다.

서양은 현재 동양에 많은 것을 주고 있다. 그런데 그것들이 정말 가치 있는 것인지 궁금하며, 때로는 악한 것도 포함되어 있다. 그러므로 한국의 청년들에게 가장 좋은 선물은 예수 그리스도임을 알리는 것이 제일 중요하다. 서양이 제공할 수 있는 가장 좋은 선물이다. (크로니클, 1929년 9월 2일, 2)

유치원 사역의 현실

한국으로 귀국한 위더스는 부산진교회의 여자 청년반을 지도하면서, 일신여학교 교장으로 계속하여 사역하였다. 당시 소학과가 운영되던 일신여학교 건물은 매우 낡았으며, 보건 당국으로부터 지적을 받기도 하였다. 그러나 새 건물을 세우려면 재정이 필요한데 그 돈이 어디에서 나올 수 있을까? 당시 빅토리아의 여선교연합회의 재정 상황이 점점 나빠지고 있었고, 선교사들의 수를 줄여야 한다는 말이 강해지고 있었던 때였다.

빅토리아장로교회의 회원 중에 살아생전에는 여선교연합회 회원으로 평생 봉사하다가, 때가 되면 자신의 재산을 특정한 사람이나 단체에 기부한다는 유서를 미리 남기었다. 여선교연합회는 그런 방법으로 회원들의 유산을 받을 경우, 그 돈은 특별히 지정된 곳에 사용하여 기부자의 뜻을 기억하기 원하였다.

그리고 뜻밖의 좋은 소식이 있었다. 랑뮤어라는 여성이 자신의 유산 중 2000파운드를 기증하였다는 사실이 뒤늦게 알려진 것이다. 여선교연합회는 연례모임에서 이 기금을 일신여학교 새 건물을 세우는 데 사용하기로 만장일치로 동의하였다. 그리고 후에 일신여학교를 랑뮤어학교로 명명하기로 결정하기도 하였다(크로니클, 1930년 7월 1일, 2).

이 해말 위더스는 부산진일신여학교에 248명의 학생이 등록되어 있음을 보고하고 있다.

> 대부분의 6학년 학생은 주일학교에서 열심으로 가르치고 있다. 5학년
> 과 6학년의 학생들은 거의 비기독교 가정에서 왔지만, 성경공부에 적극
> 참여하고 있다. 그들은 믿지 않는 부모들을 염려하고 있고, 자신의 부모
> 가 신앙을 갖도록 기도 모임도 진행하고 있다. 몇 주 전에는 한 학생이
> 자신의 모친이 부활주일에 교회에 나오겠다고 하여 반 전체 학생들이
> 기뻐하였다.
> (크로니클, 1930년 12월 1일, 21)

1933년 5월 부산진의 일신유치원 건물이 완공되었다. 유치원과 관계되는 많은 사람이 함께 수고하였는바, 어머니회도 87파운드를 모았고, 교사들도 관리인 일까지 하면서 돈을 모아 건물 비용에 보탰다. 교사와 학생이 모두 자랑스러워할 만한 건물이었다. 그리고 새 건물에 입주하는 기념사진은 그로부터 3~4개월 후 크로니클 선교지에 소개되고 있다. 뒤쪽 중앙에 위더스가 있고, 유치원과 일신여학교의 교사와 직원들이 함께 촬영한 모습이다(크로니클, 1933년 9월, 11).

한편 당시 한국의 한 신문도 일신유치원 건물 완공식의 상황을

소개하고 있는데, 아동수가 백 명에 달하였다고 쓰고 있다.

> 부산진에 있는 일신유치원은 대정 11년부터 호주선교회에서 경영하여
> 오는데 과거 십여 년간 교사와 경비에 막대한 곤란을 겪어 오다가 최근
> 3천원 예산으로 커다란 집을 그 전 기지에다 세웠는데, 건평이 육십여
> 평으로 수용 아동 수는 백 명에 달한다는 바, 지난 6일 오후 두 시에 낙성
> 식을 동 원장 위대서 양의 사회로 거행하였는데, 수백 명의 회합으로
> 성황을 이루었다 한다.
> (동아일보, 1933년 5월 9일)

유치원 운영은 호주선교회의 가장 중요한 사역 중 하나로 통영,
마산 등에서 모두 유치원을 개원하여 운영하고 있었다. 뿐만 아니라
호주선교회 소속 유치원교사들을 위한 교육이나 수련회도 정규적
으로 실시하고 있었다.
한 가지 아쉬운 점은 부산진유치원 운영에 관한 위더스의 보고나
편지가 크로니클 선교지에 거의 실리지 않고 있다는 것이다. 다만
유치원 사역을 전문으로 하였던 클레어 엘리스의 보고를 통하여 호
주선교부의 유치원 사역을 엿볼 수 있다.

> 한국인 유치원교사들에 대한 나의 첫인상은 대부분 친절하고 신실한 태
> 도를 가지고 있었지만, 무언가 근본적으로 잘못되어 있다는 것을 느꼈
> 다… 나는 그것이 무엇인지 조금씩 깨닫기 시작하였는바, 그들은 우리
> 외국인에게 노래나 게임이나 새롭고 매력적인 자료를 원하였다.
> 나는 믿기를 이들에게 진짜 필요한 것은 각 단계의 어린들을 위한 교육의
> 목적과 이상에 대한 진지한 성찰이었다. 그리고 그 이상을 실현하기 위한

방법을 얻기 위한 실험적인 태도였다.

(크로니클, 1933년 9월 1일, 10)

통영의 유치원을 책임 맡던 에이미 스키너도 "아이들은 보여주기 위함이나 박수받기 위한 존재 이상이라는 것"을 '그때와 지금의 그 유치원'이란 자신의 글에 쓰고 있다(스키너, 69).

위더스는 1934년 8월에 또 한 번의 휴가를 맞아 호주로 떠났다.

드디어 일신여학교 새 건물이 완성되다

1935년 5월에 와서야 일신여학교 부지가 확보되었음을 알리고 있다. 당시 여학교에는 258명의 초등과 학생이 있었다. "건축위원회는 건축을 위한 계약을 고려하고 있다. 교사와 학생들은 어서 새 학교가 건축되기를 기도하고 있다. 이들은 이제 오래 기다리지 않아도 될 것 같다. 계약이 곧 성사되고 건축되면 올해 가을 학기부터 새 건물에 입주할 수 있을 것이다"(크로니클, 1935년 8월 1일, 7).

위더스는 이 해 7월 24일 빅토리아장로교 총회 회관에서 열린 환송예배에 참석하였고, 선물로 일신여학교에 피아노를 기증한 로버트슨 여사에 특별히 감사하였다. 그녀는 8월에 한국으로 입국하였다.

그리고 일신여학교의 새 건물 건축은 해를 넘겼고, 1936년 5월 13일에 와서야 완공되어 입주식을 하였는데 거의 300명의 여학생이 참석하였다고 보고되고 있다. 공식 개교식은 10월 30일에 열렸다. 위더스는 당시의 상황을 다음과 같이 보고하고 있다.

아름다운 가을날은 우리 학교와 운동장을 더 빛나게 하였다. 개교식 후에는 학교 건물을 살펴보았고, 학생들의 예술품 전시도 둘러보았다. 그 후에는 운동회도 있었고, 37개의 작은 행사들도 있었다. 교사와 학생들에게 힘든 날이었지만 결과는 매우 만족스러웠다.…

귀빈 중에는 부산 시장, 교육국의 검사관, 타 학교 교장 그리고 정부의 관리들이 있었다. 물론 이웃 교회의 한국인 목사들도 참석하였다. 이들의 축사가 이어졌다.…

특히 교육국의 검사관은 이전에 우리 학교를 비난하던 사람이었는데, 이번에 우리는 아무 두려움 없이 그에게 건물을 공개하였다! 그는 우리 학교의 교육과 새 건물의 수준에 매우 좋은 인상을 받았는데, 특히 예술관, 응접실, 독서실, 졸업생 훈련방 등을 칭찬하였다.

(크로니클, 1937년 1월 1일, 6)

1937년 3월에는 빅토리아교회의 방문단이 한국을 찾았다. 당시 그들은 일신여학교도 방문하였는데 레드만 양은 학생들의 일상을 전하고 있다. 학생들은 아침에 등교하여 먼저 운동을 하고, 경건회를 가졌는데 기도, 성경봉독, 찬송 그리고 말씀의 순서가 있었으며 한국어로 진행되었다. 이들이 방문할 당시 300명 정도의 학생이 있었다고 한다.

각 반에서 학습은 진행되고 있었지만, 일본어로 진행되었다. 학교 건물은 컸고, 교실도 공간이 많았으며, 빛도 잘 들어왔다. 운동장은 수평이었으며, 사랑스러운 언덕들과 바다가 보였다. 요리반도 있었는데 호주에서의 요리반 수준이었고, 스토브를 사용하는 대신 아궁이 위에 프라이팬을 사용하였다.

대표단은 유치원도 방문하였는바, 유치원 원장은 박봉윤으로 빅토리아 고로케의 벨 여사가 입양한 아이였다. 그녀는 이들이 방문하였을 때 멋진 남성과 결혼하여 있었다(크로니클, 1937년 10월 1일, 8-9).

1938년부터 1940년까지 부산진교회의 유년주일학교 직원 명단에 위더스의 이름이 기록되어있다. 그녀는 특히 확장부 부장을 맡았는데, 주일학교의 성장과 확장을 위하여 교회 안에서도 사역하고 있었던 것이다(박효생, 361).

암울한 시대

당시 1939년 말, 앤더슨이 이끈 호주교회 대표단의 한국 방문 보고서를 보면 부산선교부 벽돌건물 앞에 일본 신사 제단이 서 있었고, 그들은 그 모습을 보고 크게 슬퍼했다고 한다(커와 앤더슨, 85).

위더스의 부산진일신여학교는 결국 1939년 7월 말, 문을 닫게 된다. 일본당국은 여학교가 신사참배를 거부하고 끝까지 버티자 폐교를 명하였던 것이다.

> 그동안 통산 27회(동래일신여학교는 총 15회)의 졸업생을 배출하였는데, 이들은 지역사회와 문화운동에 크게 기여하였다. 이 학교 출신으로는 사회사업가인 양한나, 여자 의용군을 주도하였던 독립운동가 박차정, 정치인 박순천 등이 있다.
> (이상규, 234)

당시 위더스를 포함하여 한국에서 일하는 선교사들의 힘든 상황을 크로니클 선교지는 호주 독자들에게 알리고 있다.

> 호주에서 우리는 배급이라는 것을 모르고 산다. 그러나 한국의 우리 선

교사들은 이러한 불편함을 겪고 있으며, 생필품의 부족에 당면하고 있다. 최근의 편지들을 보면 한 사람이 한 번에 2~3일 먹을 수 있는 쌀만 살 수 있으며, 쌀을 살 때 보리쌀도 함께 구매해야 한다는 조건이 있다. 병원 같은 기관에서도 겨울을 위한 석탄을 충분히 살 수 없는 형편이다. 일반 서민들은 어떨지 상상하여 보라. 현지에서 버터를 구하기는 거의 불가능하고, 성냥도 한 갑만 살 수 있다! 우리 선교사들이 굶는 것은 아니다. 그들이 불평하는 것도 아니다. 그러나 이러한 '작은'것들이 그곳 동방에서 일어나고 있는 전쟁 상황을 일깨워주며, 모두에게 영향을 미치고 있다.

(크로니클, 1940년 2월 1일, 3)

이때쯤 일본 정부의 압박이 최고조에 이르러 교육기관의 자리에 있던 다른 호주 선교사들도 줄줄이 사표를 내고 있었다. 위더스와 오랜 기간 함께 하건 마가렛 데이비스도 동래에 있건 하퍼기념학교 교장 자리에서 물러났다. 같은 지역에 있던 에디스 커의 농업실수학교도 학교에서 자선기관으로 그 용도를 변경하였다.

호주교회 대표단이 이 당시 한국을 방문하고 돌아가 멜버른의 총회 회관에서 보고회를 가졌다. 당시 여선교연합회 총무 캠벨과 총회 해외선교부 총무 앤더슨이 차례로 보고하였는데, 한국 상황은 여러모로 앞이 보이지 않았다. 여선교연합회 회원들은 자신들의 노력과 정성으로 성장하던 학교들이 모두 문을 닫는다는 사실에 크게 실망을 하였지만, 보고회 분위기는 영감적이었고 교육적이었다. 심지어 긍정적 분위기였다고 한다. 학교들이 폐쇄되었지만 분노하지 않았다. 다른 문이 열리라는 것을 믿었기 때문이다. 계속 전진을 원하였다. 그리고 위더스는 마가렛과 스키너와 함께 1940년 6월 한국을 떠나게 된다. 선교사직을 사표 내는 것은 아니므로 '휴가'를 가지는 형식으로 한국의 상황이 나아지기를 기다리는 것이었다. 그러나 곧 태평양전쟁이 발발하고 한국으로 복귀하는 시간은 영영 돌아올 것 같지 않았다.

해방과 새 사역

호주로 돌아가자마자 위더스는 잠시 쉴 틈도 없이 시골 지역교회와 선교단체를 다니며 한국선교와 상황을 알리고 있었다. 이 해 12월 4일에 빅토리아여성자원봉사회의 주 연사로 초청받아 연설을 하기도 하였다. 여선교연합회는 호주로 귀국한 여선교사들의 임시 사역지를 안배하였고, 봉급도 계속 지불하였다.

위더스는 와이얄라, 샌 킬다 등의 교회에 임명되어 일하였다. 크로니클 선교지에 기재된 한국의 선교사는 1942년 당시 5명으로 줄었고, 그중에 여선교연합회 여선교사는 한 명도 없었다.

마침내 위더스가 호주로 귀국한 지 5년이 되면서 한국의 해방이 가까워지고 있었다. 1945년 5월 1일 위더스는 뉴사우스웨일스 주의 선교동아리 모임에 초청을 받아 갔다. 그녀는 그곳에서 여선교연합회 연례 대회의 연사로 연설도 하고, 그들의 선교지부를 방문하며 지원하였다. 당시 위더스는 빅토리아 선교동아리 책임자였던 것이다.

그리고 대한민국의 해방 소식은 호주에 조용히 들려왔다. 해방이 되었지만 여전히 한국의 상황은 불안정하고 불확실하였다. 호주대표단은 또 한 번의 한국 방문을 계획하기 시작하였다. 그 대표자 명단에 위더스는 없었다.

그러나 호주교회 대표단이 한국을 방문한 후, 위더스는 딘과 레게

트와 함께 여선교연합회 선교사로는 처음으로 비자를 받아 한국으로
입국하게 되었다. 1947년 6월 12일 빅토리아 선교동아리 지도자들
은 위더스를 위하여 환송모임을 열었으며, 그들은 선물로 카메라와
필름을 주었다. 그리고 그다음 날 여선교연합회는 위더스, 던, 레게트
를 다시 한국으로 파송하는 파송예배를 주관하였는데, 한국선교가
다시 열리는 기쁜 날로 기록하고 있다(크로니클, 1947년 7월 1일, 11).

그리고 8월 12일 40여 명의 친구와 후원자들이 멜버른의 스펜서
스트리트 역에 모여 이들을 환송해 주었다.

> 강제로 휴가를 갖게 되었던 이들 3명의 여성은 그동안 선교의 동력으로
> 헌신과 능력으로 교회를 섬겼다. 그 중 위더스는 선교동아리 지도력에
> 탁월한 공헌을 하였다. 뮤어 여사가 책임자의 역할을 못하게 되었을 때,
> 위더스가 그 일을 감당하였다. 조직에 대한 지식과 지혜 그리고 열정은
> 빅토리아 선교동아리에 새 활력을 불어 넣었다.
> (크로니클, 1947년 9월 1일, 2)

그리고 크로니클 선교지 9월 호에 한국 선교사 명단이 다시 등장
하고 있다. 7년 만의 일이었다. 레인과 커닝햄 그리고 위더스, 던,
레게트였다. 위더스는 이해 1947년 9월 7일 주일 한국에 도착하였
다. 이들이 부산항에 도착하였을 때, 마중 나온 사람은 없었다. 레인
과 커닝햄은 서울에 가 있었던 것이다.

미국 친구들의 도움을 받아 위더스 일행은 부산진으로 갈 수 있었
고, 23개의 덩어리짐은 트럭으로 옮겼다. 그러나 99개의 짐은 아직
도착하지 않았다.

부산진의 선교사관 아래에 도착하였을 때, 위더스와 레게트는 자신의 예전 집으로 달려갔으며, 던이 타고 있던 지프차는 몇 분 안 되어 어린이와 어른으로 둘러싸였다. 한국인 친구들의 환영은 가히 감동적이었다. (크로니클, 1947년 11월 1일, 2)

위더스는 그 환영이 어떤 환영이었는지 두 주 후 즈음에 자세히 편지로 쓰고 있다. 한국인 친구들은 말로 하는 환영뿐만 아니라 온갖 선물을 주었는데, 생활에 필요한 가구들이었고 돈도 주었다. 또한, 계속 방문하는 한국인들로 인하여 잠시도 쉴 시간이 없다고 하며, 이들이 선교사의 귀환을 진정으로 반기고 있었다.

이곳에서의 사역 기회는 많다. 선교가 필요한 곳이 우리 주변에 둘러싸여 있다. 그리고 사람들은 벌써 선교활동을 기대하며 우리를 쳐다보고 있다. 물론 지금의 선교는 과거와는 다를 것이다. 달라져야만 한다. 이 도시에만 40만 명의 인구가 있고, 공장에서, 학교에서, 고아원에서 그리고 교회에서 우리를 요청하고 있다. (크로니클, 1947년 12월 1일, 4-5)

부산진에서뿐만 아니라 마산과 진주에서도 여선교사들이 자신들의 도시에서 일하기를 원하였다. 심문태 목사는 이들을 진주로 초청하였고, 마산교회의 대표들은 마산으로 오기를 청원하였고, 부산진교회의 목사는 이들이 부산진에 있으므로 당연히 부산진에 거주할 것으로 믿고 있었다.

위더스는 초중고학교의 필요성, 산업전도의 필요성 그리고 유치원 지도자 양성의 필요성을 언급하며, 이 좋은 기회가 헛되이 지나지 않도록 호주교회에 기도를 요청하였다.

그리고 그녀는 서울, 거창, 진주 그리고 마산을 방문하여 각 지역의 교인들을 만나며 장차 어떤 선교를 펼쳐 나갈지 살펴보고 있었다. 레게트와 던은 시골 지역 순회와 성경반을 위주로 사역을 시작하였고, 위더스는 유치원 사역과 유치원교사 교육을 염두에 두었다. 그리고 부산진유치원과 주일학교 교사 교육을 시작하였다.

1942년 전 좋은 시설에 잘 운영되었던 부산진유치원은 전쟁 동안에 큰 시련을 겪었다. 부산진교회가 책임 맡아 운영하고 있지만, 많은 어려움이 있었던 것이다. 위더스는 '탁아소 수준'의 유치원이 되어 있다고 언급하였다.

빅토리아의 선교동아리회는 위더스의 유치원을 위하여 연필, 크레용, 공책, 그림책, 장난감 등의 구입을 위한 돈이나 물건을 부산진으로 보내기도 하였다. 또한, 전쟁 전에 함께 일하였던 자격증 있는 최 선생을 다시 불렀고, 두 명의 유치원교사 훈련생도 두어 수준을 끌어올리려고 많은 노력을 했다. 당시 위더스는 불행히도 등창이 나서 5주간 매일 의사를 방문하기도 하였다.

> 유치원은 부산진교회가 운영하고 있었고, 열성적인 어머니회가 재정적인 지원을 하고 있다. 78명의 원아가 등록하였다. 매달 어머니들과 회의가 있었는데, 그들은 열심이고 관심이 많았다. 이런 모임은 부모 교육의 좋은 기회이고, 유치원과 집을 연결해 줄 뿐만 아니라, 기독교 복음을 어머니들에게 나눌 수 있는 중요한 기회이다.
> (크로니클, 1950년 2월, 7)

위더스는 부산진유치원을 책임 맡아 일하면서 경상남도와 전국에서 찾아오는 유치원교사들을 교육하였다. 그녀의 교육은 한국의 교육국에서도 인정할 정도였으며, 1949년 말 50명의 유치원 지도자들이 그녀의 반에 참여하였고, 그중 11명은 수녀들이었다.

1949년 5월 말, 부산진교회는 위더스의 환갑을 맞아 성대한 생일잔치를 열었다. 위더스의 일신여학교 제자들도 많이 참석하였다. 오전 11시에 감사예배로 시작하였고, 선물 증정과 축하 연설의 시간이 2시까지 이어졌다. 그 후 200여 명의 참석자는 학교로 자리를 옮겨 준비된 점심식사를 하였다. 잔치는 식사 후에도 이어져 절도 하고 축하음악회도 열렸다. 당시 위더스는 이 교회에서 주일학교 교사 준비반을 책임 맡고 있었다.

당시 위더스의 새 사역 중의 하나는 부산교도소를 방문하는 일이었다. 그곳에는 당시 2천 명의 남성과 26명의 여성이 있었다. 대부분 정치범이었다. 그곳에서 위더스는 한국인 원목과 함께 성경공부와 찬송을 가르쳤다. 그리고 이들이 출옥하면, 그들과도 관계를 계속 이어가고 있었다.

이 당시 호주선교회는 부산진에 새로운 집 3동 건축을 시작하고 있었다. 원래는 만 오천 파운드의 예산이었지만, 오천 파운드로 줄어들었다. 한국인 수준에 맞추어 자재비가 줄어들었기 때문이고, 대다수의 가구는 호주에서 들여올 것이었다. 빅토리아여선교연합회가 관대하게도 2천 파운드를 공헌하였다. 그러나 곧 한국에서 한국 민족 간의 전쟁이 일어나리라고는 아무도 예상하지 못했다.

또 한 번의 시련 6.25 전쟁

한국에서의 전쟁 발발은 호주선교부에 또 한 번의 큰 시련이었다.

이제 막 부산, 마산 그리고 진주에 다시 자리를 잡아가고 있던 선교사들은 모든 것을 버려두고, 이웃의 일본으로 피신하여야 하였다.

위더스와 여선교사들이 짐을 싸기 쉬웠던 것은 한두 주 후에 새 선교관으로 입주를 계획하고 있어, 얼마간의 짐이 지하에 준비되어 있었기 때문이다. 이들은 새집에 입주해보지도 못하고 미국 측이 준비한 배에 올라탔고, 후쿠오카까지 갈 수 있었다. 그곳에는 이미 총성이 울리는 서울에서부터 인천항을 통하여 탈출한 사람들도 도착하여 있었다. 위더스를 포함한 9명의 호주 선교사 일행은 당분간 이곳에 머물며 라디오에 귀를 기울이게 된 것이다(크로니클, 1950년 8월, 4-5).

호주 선교사들은 당시 일본에서 한국어를 계속 배우거나, 할 수 있는 일을 찾으며 전쟁이 끝나기를 기다리고 있었다. 미국군대, 호주 외교부 그리고 일본의 한인교회와 일본교회가 이들을 돕고 있었다.

위더스는 동경의 에다가와에 있는 한국인공동체를 호주교회에 소개하면서 이곳에도 일꾼들이 필요하다고 언급하고 있다. 75가구 중에 3가정만 기독교인이었고, 위더스는 그곳에서도 유치원과 주일학교를 돌보며 지원하였다. 그녀는 로코쿠와 카나가와 지역 그리고 요코하마 등도 방문하였지만, 교회가 없는 한국인 지역을 주로 방문하여 복음을 전하였다.

특히 케이오-타마가와 지역에는 한국인 가정 100가구 정도가 있었는데, 위더스는 이곳을 방문하며 전도하여 교회를 시작하기도 하였다. 동경에서는 동경교회와 협력하여 조후시에서 예배를 시작함으로써 전도소가 되었는데, 현재의 동경조후교회가 되었다. 일본에서도 할 일은 많이 있었지만, 그녀는 어서 한국으로 돌아갈 수 있기를 기다렸다.

그리고 1952년 8월 11일, 위더스는 마침내 교육자로 비자를 받았고, 왓킨스와 함께 다시 한국으로 입국하였다.

마지막 여정

부산으로 돌아온 위더스의 첫 작업은 부산진유치원을 다시 복원하는 것이었다. 그리고 이 상황은 몇 년 전 해방 후에 돌아와 이미 하였던 비슷한 일이었다. 유치원 건물은 전쟁 동안 한국 군대에 의하여 소유되었고, 군인들이 사용하였었다. 위더스가 돌아오자마자 어머니회의 사람들은 그녀를 방문하였고, 유치원 복원을 상의하였다.

유치원 건물은 심하게 파손되어 있었다. 피아노와 오르간은 남아 있었지만 다른 모든 가구들은 불쏘시개로 사용되어 없었다. 어린이 장난감도 하나도 남아있지 않았다. 그 모습을 본 위더스의 말은 한마디였다.

"다시 복구하겠습니다."

또한, 위더스는 유치원교사 훈련도 다시 시작하겠다는 의지를 보였고, 부산교도소도 다시 방문하기 시작했다. 위더스는 한국전쟁 전에서도 부산교도소를 방문하여 여죄수들에게 성경을 가르쳤고, 그들이 출소한 후에도 관계를 이어갔다. 그런데 문제는 그들 중 대부분이 출소하여 갈 곳이 없고, 사회에 적응할 기회도 없다는 것이었다.

빅토리아여선교연합회의 공식 사업은 아니었지만 위더스는 지역교회의 후원을 받았고, 또 부지는 시로부터 제공받아 '희망의 집'이라는 집을 짓게 되었다. 교도소에서 출소하여 갈 곳 없는 여성들을 이곳에 머무르게 하여 기술을 가르쳐주며 재활하도록 하는 사역이었다.

우리 선교부에서 3대의 재봉틀을 지원하여 주기로 하였다. 그것으로 방 하나는 재봉반으로 사용하려고 한다. 이것은 한국교회의 프로젝트이다. 이들이 잘 운영할 것으로 안다.
(크로니클, 1953년 11월, 2)

위더스의 기독교적인 사랑이 이 프로젝트를 시작하는데 적지 않은 공헌이 되었다고 동료 선교사 앤더슨도 후에 칭찬하고 있다. 이 사역은 유엔으로부터 지원을 받게 되고 지역의 교회 위원회에서 운영하였다.

1954년 1월 23일, '위대서 선생 위안 송별예배'가 부산진교회에서 열렸다. 위더스가 임기를 모두 마치고 호주로 귀국하는 것이었다. 이날 송별예배 사진은 현재 남아있는바, 한복을 입은 위더스가 병풍 앞 가운데 앉아 있고, 남녀 여성들과 어린이가 한복을 입고 서 있다.

그리고 3월 11일 위더스는 멜버른에 도착하였다. 그리고 그녀는 같은 달 16일 총회회관에서 있었던 여선교연합회 정기모임에 참석하여 따뜻한 환영을 받았다. 위더스는 회원들에게 다음과 같이 말하고 있다.

남한의 교회는 빅토리아장로교회가 처음으로 복음을 전하였다는 것을 잊지 않고 있습니다. 세계 2차 대전 후부터 한국교회는 성장하였고, 지금은 자전과 자급을 하고 있습니다. 요즘 그곳에 기쁜 일이 있는데 피난 교회에 관한 것입니다. 피난민들은 가는 곳마다 교회를 세우고 있습니다. 자신들의 판자촌 방을 짓기도 전에 교회부터 세웁니다. 부산시의 어느 곳을 가도 새벽 3시 반, 겨울에는 4시 반 새벽예배를 알리는 종소리를 들을 수 있고, 많은 사람이 참석합니다. 전쟁의 폐허와 악의 세력 속에서도 교회는 그리스도의 능력을 전하는 살아있는 증거자입니다.
(크로니클, 1954년 5월, 12)

한 가지 흥미로운 사실은 위더스가 한국을 떠날 때, 부산지역의 기관들과 선교회에서는 위더스의 임기를 연장해 줄 것을 청원하는 편지를 썼다. 그리고 그 편지를 호주장로교 해외선교부에 보냈는데, 임기가 연장되지는 않았다.

그 후 위더스는 빅토리아 주뿐만 아니라 뉴사우스웨일스와 퀸즐랜드까지 다니며 선교 보고회와 강연을 하고 다녔다. 그녀는 여전히 한국선교를 위하여 모금을 홍보하고 다녔다. 그러나 크로니클 선교지 한국 선교사 명단에서 위더스의 이름은 더 이상 찾아볼 수 없었다.

위더스는 1955년 4월 호주장로교 선교사로서의 직책에서 공식으로 은퇴하였다. 그리고 그해 11월에 열린 빅토리아여선교연합회 연례회의에서는 그녀의 사역에 대한 '감사의 기록'을 남기고 있다. 위더스는 현대 한국과 극동 역사의 가장 드라마틱한 시대의 한 중간에 있었는데, 1919년 삼일운동, 1931년 중일전쟁, 1941년 한국 추방, 1950년 6.25 전쟁 등이었다.

호주로 귀국한 그녀는 선교동아리에서 계속 헌신적으로 일하였으며, 여선교연합회를 대신하여 빅토리아에서뿐만 아니라 다른 주에서도 모금 활동을 지속하였다. 또한, 여러 학교에서 성경과목을 가르쳤다. 위더스는 1979년 7월 23일 사망하였다.

에필로그

위더스가 그토록 사랑하고 지원하였던 부산진유치원은 많은 위

기를 겪었다. 일제강점기시의 압박, 한국전쟁시의 폐원, 전쟁 후에
는 일신부인병원 건물로 사용, IMF 시에는 원아 감소 등등이다. 그러
나 그 위기를 모두 극복하고 유치원은 현재까지 운영되고 있다.

이곳에서 유치원 교육을 받고 장성한 졸업생들은 교회 안에서뿐
만 아니라 사회 각계각층에서 활동해 왔다. 또한, 부산진유치원에서
교사 훈련을 받아 전국의 여러 곳에 유치원이 설립되거나 운영되었
다. 한국현대사 초기, 호주선교회의 유치원 설립과 운영 그리고 유아
교육에 관한 정신과 그 방법이 좀 더 연구되어 기록되어야 할 필요성
이 여기에 있다.

에디스 커

Edith Kerr(1893–1975)

1921년 9월 1일, 젊은 에디스 커(한국명: 거이득)의 사진이 '더 미셔너리 크로니클'에 처음으로 등장한다. 그녀가 9월 3일 시드니 항을 떠나 한국으로 간다는 소식이었다.

　커는 제임스 커의 셋째 딸로 호주 빅토리아주 이든 호프에서 태어났다. 그녀는 이곳에서 초등학교까지 다니다가 멜버른으로 가서 고등학교를 다녔고, 모든 정부 시험을 통과하였다. 교사가 되는 것이 그녀의 꿈이었고, 그녀는 멜버른과 시골에서 가르칠 수 있게 되었다.

　커에게는 당시 약혼자가 있었는데, 1차 세계 대전에 참전한 그가 전사하자 그로 인한 충격으로 교사직을 그만두고 선교사의 길을 걷기 시작하였다.

　커는 어디를 가던 적극적이고 열정적인 교회 일꾼임을 증명하여 보였다. 그녀가 해외 선교지에 소명을 느꼈을 때, 디커니스와 선교사 훈련원에 입학하였고, 2년 동안 공부하였다. 그리고 1920년 그녀는 디커니스가 되었다.

(크로니클, 1921년 9월 1일, 9)

빅토리아여선교연합회는 커를 한국 선교사로 승인하였다. 그러나 그녀는 바로 출발하지 못하였고, 칼톤에 있는 어스킨선교회에서 디커니스로 먼저 봉사하였다.

> 그녀는 훌륭한 지성과 음악과 예술적 자질을 가지고 있었고, 이 재능을 현장에서 유감없이 발휘하였다. 또한 그녀는 넓은 신앙적인 상식과 강한 개성을 가지고 있었다.
> (앞의 책, 9)

커는 멜버른지역 지롱노회협의회 특별대표로 한국에 파송되게 되었다. 이 단체는 지원하는 선교사가 현장에 없음에도 낙심하지 않고 있다가, 다시 자신들이 지원하는 선교사를 현장으로 보낼 수 있었다. 진주로 먼저 부임하는 커의 선교 편지는 지롱 지역교회의 선교 열정을 더 불러일으킬 것이었다.

진주의 여선교연합회

1921년 10월 13일 커는 호킹, 스코트, 알란 등과 함께 부산에 도착하여 환영을 받은 후, 즉시 서울로 가 한국어 공부를 시작하였다. 그리고 5개월이 지난 그다음 해 3월에 가서야 그녀는 진주에서 첫 편지를 쓰고 있다.

커는 자신의 편지에 가을에 한국에 도착하여 겨울을 보내고 이제 봄을 맞이하고 있다고 하면서, 한국 풍경의 아름다움에 관하여 쓰고 있다. 또한, 서울에서의 한국어 공부, 종루가 있는 거리 '종로'의 풍경, 한국인에 관한 인상도 적고 있다.

이곳에서의 3개월 동안 나의 관심은 점차로 증대하였다. 나는 이곳 사람들의 가치와 이곳에 있다는 것이 얼마나 좋은가를 매일 깨닫고 있다. (크로니클, 1922년 6월 1일, 3)

그리고 커는 한국에서의 첫 '야소 생일' 즉 성탄절을 진주에서 보내고 있는데, 그곳에 있는 호주 동료들과 즐거운 만남을 가졌다. 당시 진주에는 캠벨, 레잉, 네피어, 진, 커닝햄 부부, 테일러 부부, 맥라렌 부부 등이 있었다.

커는 진주에도 빅토리아여선교연합회 지부(여전도회)가 있다는 사실을 알리며, 이 지부는 스콜스가 시작하였고, 지금은 캠벨이 지도하고 있었다. 진주 여선교연합회에는 회원이 많았고 그들은 매력적이며, 스스로의 노력으로 전도부인 한 명을 지원하고 있었다. 그러나 이 단체에는 빚이 있었다. 재정모금을 위하여 음악회를 준비하였는데, 진주교회 목사 부인이 회장이지만 불가피하게 참석을 못하여, 부회장인 정숙여학교 상급 교사가 행사를 진행하였다.

캠벨이 여선교연합회 역사에 관하여 설명을 하였고, 독창 중창 등이 이어졌다. 음악회 말미에 헌금시간이 있었는데 모두 98엔이 모금되어, 빚을 갚고도 남을 만큼의 성과가 있었다. 음악회 후에는 모두 저녁 식사를 했고, 커는 아직 한국 음식에 적응하는 중이었다.

당시 진주에는 호주선교회가 운영하는 정숙여학교가 있었다. 그리고 학교는 늘어나는 학생 수로 인하여 교실이 비좁았다. 스콜스, 데이비스, 캠벨 등이 이 학교에서 가르쳤으며, 이제는 새 학교 교실을 지어 학생들이 이사하고 있었다. 진주에서 가장 좋은 2층의 크고 넓은 학교로 소란스럽게 이사하는 학생들을 자랑스럽게 보며 커는 다음과 같이 쓰고 있다.

추수의 날이 다가왔다. 물질적인 추수이다. 효과적인 교육을 위한 이 새 건물과 설비로 인하여 우리의 마음이 기쁨으로 가득 차는 동시에, 영적인 추수도 우리는 희망하고 있다. 젊은 여성들이 이 학교를 떠날 때, 확실한 기독교적인 목적을 가지고 신성한 삶을 살기를 바란다. (크로니클, 1924년 1월 1일, 3)

한국의 호주 선교사 공의회는 1923년 커의 임무를 언어공부, 진주여학교 교장, 기숙사 사감 그리고 주일학교 사역의 임무를 부여하였다(더 레코드, Vol 10, 1923, 26). 커는 이 해 초대 교장이었던 스콜스를 기념하여 진주여학교(정숙여학교) 이름을 시원여학교로 했음을 알리면서, 한 교실에 그녀의 사진을 전시하고 기념 동판을 세운 것을 호주에 보고하고 있다.

마산에서

1924년 말, 커는 마산선교부로 이전하였다. 이곳에서 그녀는 언어공부와 순회전도를 시작하였고, 그다음 해에는 마산 의신여학교 교장과 기숙사 사감 그리고 마산선교부 서기를 맡고 있다.

1926년 중순 커는 호주로 휴가를 떠나 8월 16일 멜버른에 도착하였다. 그녀 친구들의 말에 의하면 커는 전보다 좀 말랐지만, 건강은 좋아 보였다고 한다. 그리고 실제로 그녀는 의사로부터 양호한 건강 보고서를 받았다. 멜버른에 도착하자마자 그녀는 빅토리아여선교연합회의 승인하에 멜버른대학교에서 문학 학사 과정의 두 과목 강의를 듣기 시작하였다. 커의 학구열은 남달랐는데, 그녀는 후에 신학 공부까지 하게 된다.

이 해 말 커는 엡워스 병원에서 수술을 받고 회복되고 있다고 기록되었는데, 충수염이었다. 담당 의사는 그녀의 완전 회복을 위하여 1927년 말까지 호주에서의 휴식을 제안하고 있다. 커는 이 기회에 자신의 대학 공부를 마칠 수 있도록 1928년 말까지 휴가를 연장해 달라고 요청하였다. 그러나 한국의 호주 선교사 공의회는 그렇게 오랫동안 자리를 비울 수 없다고 하였고, 결국 2학년 과정을 마칠 수 있도록 1927년 말까지만 휴가 연장을 승인하였다. 나머지 대학 과목은 다음번 휴가 시 마칠 수 있도록 한 것이다.

1927년 12월 12일 멜버른 총회 회관에서 여선교연합회 전체 기도회가 열렸다. 이 자리에서 커는 또다시 한국으로 떠나는 고별사를 하였다. 또한, 딥딘의 존 데이비스 목사 부인의 사택에서 환송파티가 있었다. 그리고 1928년 1월 중순에 한국으로 떠났고, 그다음 달 마산으로 복귀하였다. 그리고 커는 곧 진주선교부로 다시 이전하였는데, 시원여학교의 클러크가 휴가를 떠남으로써 다시 학교를 책임 맡게 되었고, 진주유치원까지 감독하게 되었다. 이 당시 커의 보고서가 크로니클 선교지에 거의 실리지 않고 있어 그녀의 구체적인 활동 상황을 알기가 어렵다.

버려진 소녀들과의 만남

1929년 6월 마산에서 열렸던 호주 선교사 공의회 연례회는 통영의 산업반을 운영하던 프란시스가 휴가를 떠나게 되자 그 책임을 커가 맡게 하였다. 공의회 안에는 산업위원회가 있어서 각 선교부 학교의 산업반 운영을 지도하고 있었는데, 위원으로는 매크레, 커, 클러크, 데이비스 등이었다. 이 위원회는 당시 산업위원회 보고서에 다음과 같은 3개의 안을 추천하고 있다.

1. 호주 빅토리아의 산업위원회는 매달 동래와 진주학교의 산업 물품을
   더 구입하여 지원하도록 한다.
2. 프란시스가 휴가 시 통영기숙사를 위한 모금을 할 수 있도록 승인한다.
3. 매년 학생들은 진주 배돈병원의 의사들에 의하여 건강검진을 받는다.
(더 레코드, Vol 16, 1929년 6월, 164)

커는 통영에서 산업반을 포함하여, 유치원, 야간학교 그리고 여선교연합회 회계를 담당하였다. 당시 통영에는 트루딩거 부부, 스키너, 레게트가 일하고 있었다.

커는 통영의 선교사관에서 운영되는 산업반을 언급하면서 건물이 너무 낡아 학생들에게 안전하지 못하다고 보고하고 있다. 또한, 그 건물을 수리하기보다 새로 짓는 것이 나을 것이라고 주장하였는데, 당시 이 학교와 건물은 빅토리아여선교연합회가 운영하고 있었고, 교사들의 봉급도 연합회가 주고 있었다. 여선교연합회는 새 건물 건축 견적이 나오는 대로 다시 토론하기로 결정하고 있다.

우리의 목적은 소녀들이 독립과 자긍심 있는 노동을 통하여 스스로를 돕게 하는 데 있다. 이것을 성취하기 위해서는 그들에게 기초적인 교육이 필요하다고 우리는 생각한다. 두 명의 교사 하에서 4개의 초등반이 운영되고 있고, 소녀들은 일기, 쓰기, 산수, 일본어, 체육, 노래 그리고 성경을 학습한다.

매일 아침 수업 전에 경건회가 있고, 소녀들과 교사들이 번갈아 가며 성경을 읽는다. 수업은 8시 30분부터 12시 15분까지 그리고 오후 바느

질 노동은 1시 30분부터 5시 30분까지 한다. 그 후 게임을 하거나 정원을 가꾸기도 한다. 저녁 식사 후에는 가족 예배와 숙제를 하고, 한두 시간 바느질을 더 한다.

기숙사에서 거하는 학생들 외에도 외부에서 오는 학생도 있는데 대부분 버려진 아내들이다.

(크로니클, 1931년 2월 2일, 8)

커는 학교에 있는 19명의 소녀 중 여러 소녀들의 이름을 언급하며 그들 한명 한명을 호주의 후원자들에게 소개하기도 하였다. 다리 하나가 절단된 경선이, 뱀에게 물려 방치되다 다리를 잃은 기우, 한때 거지였던 두복이, 두 다리가 휜 계순이 그리고 이미 호주에 알려진 수복이 등이다.

통영의 산업반은 1918년 왓슨 부인에 의하여 시작되었는데, 한 소녀에게 바느질감을 주면서 점점 규모가 커졌다고 커는 소개하고 있다. 그 후 왓슨 부부는 떠났고, 그들이 살던 집에서 소녀들의 교육이 시작되었는데 이제 그 집이 너무 낡아 학생들에게 위험하다는 것이다. 그래서 커는 호주의 여선교연합회 산업위원회에 새 건물 건축에 필요한 비용을 요청하고 있었던 것이다.

커는 소녀들을 위한 산업반이 자선기관이 아님을 강조하며, 최소한의 선교 비용으로 운영하는 자급할 수 있는 학교라고 자랑스럽게 말하고 있다. 또한, 소녀들의 자수로 만든 상품을 호주에서 판매하고, 호주의 후원자들은 수준 있는 자수품을 구입할 수 있다고 강조하였다.

통영의 산업학교는 이러한 종류의 학교로는 한국에 있는 유일한 기관이다. 우리 호주에도 이러한 종류의 학교가 필요한데 희망이 없을 정도로 부족하다.

(앞의 책, 9)

커는 버려진 소녀들이 어떤 공부를 하고, 일을 하여야 독립적이고 자급적인 삶을 살 수 있을지 깊이 고민하고 있었다. 한국에서는 자수품 판매의 길이 없었고, 그렇다고 일본인 공장에서 장시간 노동하며 저 임금을 받는 모습도 싫었다. 결국, 감을 말려 곶감을 만들어 팔거나 아니면 양계장을 운영하는 수단과 방법 등을 생각하게 되었다.

당시 일본당국은 모든 학교에 어떤 종류이든 산업 훈련반을 운영하도록 고무하고 있었고, 또한 교회 기관이 운영하는 학교도 모든 커리큘럼에 직업 훈련 과목을 중시하고 있었다. 노동이 성스러운 것임을 한국사회가 알아가는 도중에 있었던 것이다.

커는 닭 농장에 관한 계획을 지방 당국에 보고하였다. 그리고 그들은 그 안을 기쁘게 승인하였다. 뿐만 아니라 당국의 관계자는 농장 운영에 관한 정보와 닭을 구입할 때 3분의 1의 후원금까지 지원하기로 약속하였다. 또한, 농장에서 나오는 달걀을 당국이 구매하는 제도도 제안되었다. 그녀는 양계장 운영으로 큰 수입을 기대하지 않았지만, 열심히 일하면 어느 정도의 성공이 예측된다고 피력하고 있다.

커는 산업 활동이 곧 복음적인 활동이라고 믿고 있었다. 예수님도 30년 동안이나 목수의 집에서 노동하였고, 공생애 기간에도 육신적인 필요 속에 있던 대중들을 가르치고 고쳐주었다고 하면서 다음과 같이 말하고 있다.

'갈 것 없다 너희가 먹을 것을 주라'는 그 분의 말에 의지하여, 우리가 믿음 안에서 물고기 두 마리와 빵 다섯 덩이를 그분께 드리면, 많은 사람이 배불리 먹을 수 있을 것이다.

(앞의 책, 9)

커는 1932년 1월 또 한 번의 휴가로 호주로 떠나게 된다. 그리고 이번 휴가에는 커의 특별한 목적이 있었다. 이 해의 산업선교위원회 보고서를 보면 커가 당시 어떤 일을 하고 있었는지 잘 알 수 있는 내용이 나온다.

1월 커가 휴가를 떠나면서 선교회의 산업 사역에 적지 않은 변화가 있었다. 통영의 양계장은 친절하게도 트루딩거가 맡아주었고, 바느질 반은 스키너가 담당하였다. 동래와 진주의 여학교에서 자수품과 소포를 보내는 준비 작업을 돕던 커를 대신하여 각 학교의 교장들이 책임을 맡았다.

(더 레코드, Vol 19, 1932년 6월, 43)

그리스도와 노동의 능력으로

한국의 산업학교를 책임 맡고 있는 커는 지난 산업위원회 모임에서 따뜻한 환영을 받고 매우 흥미 있는 시간을 가졌다. 그녀는 말하기를 통영의 산업학교는 학비나 생활비를 전혀 받지 않고 소녀들을 훈련시키는 유일한 기관이라고 하였다. 퀸즐랜드 여성자원봉사회가 헌금한 18파운드를 감사하게 받았다.

멜버른 산업 상점의 밀러 양은 자신의 봉급을 낮추어 달라고 몇 번 요청하였고, 위원회는 주저하면서 그 요청을 받아들였다. 멜버른과 시골 지역의 친구와 후원자들의 도움으로, 이 어려운 시기에도 상점이 계속 운영될 것을 희망한다.

(크로니클, 1932년 4월 1일, 3)

빅토리아여선교연합회는 이 당시 경제대공황으로 인한 재정적인 큰 어려움을 겪고 있었고, 빚도 5,000파운드나 되었다. 여선교연합회는 선교사들의 봉급을 삭감하거나, '5천 명 회원 운동'을 시작하는 등 여러 가지 방안을 간구하고 있었다. 멜버른 콜린 가에서 운영하던 산업 상점도 예외가 아니었고, 많은 재고가 쌓이고 있던 때였다. 커는 심신이 약하여져 의사의 권고대로 당분간 휴식의 기간을 갖고 있었다.

1932년 5월 4일, 커는 멜버른 시내에 있는 콜린스가(街) 침례교회에서 열린 빅토리아여선교연합회 총회에서 '그리스도와 쟁기'라는 제목의 발제를 하고 있다. 중세시대 수도사들이 이방인들에게 나아갈 때 '그리스도와 노동의 능력으로'라는 모토를 가지고 간 것처럼, 복음 전도와 일용한 양식을 위한 노동은 함께 가는 것으로 역설하고 있는데, 커의 신앙적 사상이 잘 드러나고 있다.

> 우리 호주선교회 지역에 있는 한국교회와 현장의 선교부는 마산 소재 데이비드 라이얼 기념학교 터 위에 실제적인 농업학교 건립을 간절히 원하고 있다.… 지금까지 이러한 산업 훈련이나 학교에서 여성들은 제외되어 왔다. 여성의 자리는 가정이라는 관념 때문이다. 대부분 가난으로 인하여 부모들은 자신들의 딸을 팔기도 한다.…
>
> (크로니클, 1932년 8월 1일, 5)

커는 계속하여 말하기를 통영은 선교회의 '쓰레기더미'로 불렸다고 하였다. 아무도 원하지 않고, 돌보지 않고, 사랑하지 않고, 행복하지 않은 소녀와 여성들이 사방에서 모여들었고, 바로 그곳에 그들을 위한 산업학교를 세웠다고 하였다. 그러나 불행하게도 학교의 문은 모두에게 열려있지 못하였는데, 공간과 기금이 부족하므로 가장 필요한 소녀들에게만 제공되고 있다고 보고하였다.

> 닭 농장 실험은 12개월 전에 시작하였다. 책임을 맡은 6명의 소녀들은 열심을 가지고 이 일을 잘 해왔다. 이 프로젝트는 한국인들에게 꿈을 주었고, 일본 정부에게는 찬의를 받았다. 비용만 더 지원된다면 지금까지의 성공은 이 일을 더 확장할 수 있다는 근거를 제시하고 있다. 이 사업이 잘 정착만 되면 자급할 수 있는데, 초기에 땅, 건물 그리고 가축이 필요하다.
> (앞의 책, 7)

호주에서 휴가 중 커의 의사는 그녀가 1933년 8월까지는 호주에 더 머물며 건강을 회복하도록 권고하고 있다. 여선교연합회는 그녀가 1933년 초에 한국 선교지로 돌아가기를 기대하고 있었지만, 의사의 권고대로 8월로 보류하였다. 그리고 이때 커에게 기쁜 소식이 있었다. 멜버른대학교의 문학 학사 학위를 마침내 마친 것이다. 휴가 기간 동안에 틈틈이 공부하여 당시 학위를 받는다는 것은 특별한 일이었고, 여선교연합회 회원들은 진심으로 축하해 주고 있다.

커는 여기에서 그치지 않고 멜버른대학교 신학부에서 신학 과목도 수강하기 시작하였다. 사실 한국의 호주 선교사 공의회는 한국에 교육선교사로 오는 사람은 모두 신학 과목을 공부할 것을 이미 제안한 바 있었다. 빅토리아여선교연합회는 멜버른대학교 신학부에 편지를 보내어 휴가 기간 동안에 선교사들이 신학 과목을 연수할 수 있도록 한 것에 감사하고 있다.

'이놈이'에서 '신복이'로

커는 친구들과 교인들의 환송을 받으며 1933년 말에 한국으로 돌아왔다. 그녀의 산업 선교 후원자들이 커의 프로젝트를 위하여 320파운드를 지원했는데, 그중 존 맥파랜드의 100파운드, 매티슨 여사의 50파운드가 포함되어 있었다. 그녀의 농업실수학교 프로젝트가 본격적으로 시작되었다.

이 해 9월 크로니클 선교지에 커는 통영의 산업학교 교장 이름으로 긴 글을 게재하고 있는바, 그 제목이 '한국 여성들을 위한 농업학교'이다. 커는 남학생들을 위한 라이얼기념학교가 곧 복음농업학교로 전환되어 남학생들을 훈련시킬 것을 희망하면서, 동시에 여학생들을 위한 농업학교 설립을 희망하고 있었다.

그러면서 한 소녀를 소개하고 있는데 아버지의 손에 팔렸던 욕설에 가까운 이름을 가진 이놈이라는 여학생의 사정과 그녀가 마침내 통영의 산업반으로 와 '새로운 축복'이라는 뜻의 신복이로 이름이 바뀐 그 의의에 관하여 말하고 있다. "그녀에게는 우리가 새로운 축복이었고, 우리에게는 그녀가 축복이었다(크로니클, 1933년 9월 1일, 19).

커는 통영의 양계장이 한국인들에게 상상력을 불어 넣고 있다고 언급하며, 많은 사람들이 농장의 모습, 모이 주는 방법, 운영하는 제도를 배우기 위하여 방문하고 있다고 하였다. 특히 기후와 지역에 맞는 염소, 돼지 그리고 양봉에 대한 자신의 생각도 발전시키고 있었다. 1934년 1월 한국의 호주 선교사 공의회는 매카울리 총회장이 참석한 가운데 커의 농업학교 건립을 승인하였다. 당시 세브란스병원의 맥라렌은 농업학교 프로젝트에 관하여 다음과 같이 언급하고 있다.

> 우리가 토론한 가장 중요한 것 중에 하나가 농업학교 프로젝트였다. 그 전체 토론에 커는 전문가다운 탁월한 공헌을 하였다. 버려진 한국 여성들의 상황에 대한 그녀의 근본적인 분석은 우리에게 이 프로젝트에 대한 확신을 심어 주었다.… 나는 이 사업이 희생자들을 악에서 구하는 모델로 정부 기관에도 동기를 주리라 믿는다.
> (크로니클, 1934년 5월 1일, 5)

그리고 4월 크로니클 선교지에 드디어 농업학교를 위한 부지를 찾았다는 소식이 올라왔다. 장소는 통영이 아닌 부산의 동래였다. 통영의 언덕은 물 부족과 식품과 운송의 높은 비용으로 적당치 않았던 것이다. 동래의 부지 매입비용은 2천 엔이었다. 그리고 빅토리아 여선교연합회는 즉시 매입을 허락하였다.

여선교연합회는 일 년 전 커가 휴가를 마치고 한국으로 돌아갈 때, 농업학교 건립을 위한 특별위원회를 구성하였는데, 당시까지 600파운드 정도를 모금하고 있었다. 그들은 농업학교가 1935년 초부터 시작될 수 있기를 희망하였고, 자활하는 학교가 되기를 기대하고 있었다.

> 이 사역은 모든 여성들에게 지원을 특별히 호소하고 있다. 아무도 이곳의 소녀들이 수치스러운 생활로 팔리게 할 수 없다. 우리는 그러한 운명에서 그들을 구하여, 유익하고 선한 생활을 할 수 있도록 훈련하기 원한다. 우리는 그들이 세상에서 가장 슬픈 인신매매에 빠지지 않고, 기꺼이

그리스도의 종이 되어, 인생의 여정에서 행복한 순례자로 더 큰 곤경에 처한 사람들을 도우기 원한다.

(앞의 책, 6)

커는 농업학교 건립을 위하여 빅토리아의 여선교연합회 회원들에게 호소하고 있으며, 이것은 일반 회비나 디커니스 봉급 기금이나 오천 회원 리그 모금 운동과는 별개로 특별 모금임을 강조하고 있다. 그리고 이 해 8월에는 751파운드가 모금되었음을 알리고 있다. 당시 여선교연합회의 심한 재정난을 감안하면, 이 특별 모금은 쉽지 않은 상황이었음에는 분명하다.

커는 한편 정규적으로 통영의 산업학교 현황도 보고하고 있다. 1934년 말에는 25명의 소녀와 여성이 산업학교 기숙사에 살면서 공부를 하고 있었으며, 10명의 소녀는 학교 밖에 살며 산업학교에서 훈련을 받고 있었다. 지난 일 년 동안에 8명의 소녀가 이 학교를 졸업하여 나갔는바, 그중 4명은 학업을 계속하기 위하여 진주의 호주선교부 학교로 갔다.

커의 농업학교를 위한 그동안의 기부 상황이 1934년 말 크로니클 선교지에 추가 보고되고 있다. 빅토리아여선교연합회 회계 브레드쇼 여사는 익명의 기부금 300파운드를 포함하여 총 1,210파운드가 모금되었다고 말하고 있다. 초기 투자금 1,500파운드와 이사비용 100파운드, 총 1,600파운드의 예산에는 아직 못 미치고 있었지만, 곧 모금액이 달성될 것이라는 희망이 있었던 것이다(크로니클, 1934년 12월 1일, 3).

동시에 커는 동래의 부지를 매입하였음을 보고하고 있다. 매입비용은 6천 엔이었으며, 땅은 3.5에이커 크기였고, 부지 위에는 양계 3동과 한 개의 주택이 달려있었다. 농장의 위치도 좋았는데 동래에 새로 생기는 기차역에서 5분 거리이며, 전차 역까지는 10분 거리였다고 한다. 그리고 호주선교회의 하퍼기념학교도 멀지 않은 거리에 있었다.

한국의 호주 선교사 공의회는 커의 농업학교 영문 명칭을 '여학생들을 위한 실수농업캠벨기념학교'로 칭하였고, 건물 설계 작업과 동시에 학교 허가를 받기 위하여 정부에 신청서를 제출하였다. 정부의 관계된 직원은 통영 산업반과 동래의 부지를 돌아보고 이미 만족을 표시한 터였다.

동래여자실수학교

1935년 초, 동래의 부지 위에 학교와 기숙사를 포함한 2층 건물의 동래일신직업학교 혹은 더 널리 알려진 대로 동래여자실수학교가 완공되고 있었다. 그리고 통영의 산업반 등에서 온 9명의 소녀로 학교는 이미 시작되었고, 4월에는 10명 정도가 더 입학할 계획이었다. 통영에서 가지고 오거나 새로 구입한 농장의 닭, 염소, 친칠라 토끼 등도 잘 자라고 있었고, 이곳에서 나오는 병아리도 판매하기 시작하였다. 정부는 이 학교를 3년 과정의 초등직업학교로 인가하였다.

마산의 농업실수학교 교장인 보어랜드 목사는 동래의 농업실수학교에 대하여 다음과 같이 말하고 있다.

호주선교회의 나환자 선교와 기독교의 다른 위대한 선교들과 같이 이 학교는 모두에게 빛과 영감을 줄 수 있는 개척적인 선교이다.… 사회제도로 인하여 포로 된 자들에게 자유를 주는 복음의 실제적 구현이며,

이것은 하나님의 나라를 위하여 재생되고 부흥되어야 할 것이다.
(크로니클, 1935년 7월 1일, 5)

이 해 6월에 멜버른 총회 회관에서 빅토리아여선교연합회 정기회의가 있었다. 커의 학교는 정부의 공식 인정을 받았고, 17명의 소녀가 기숙하고 있음이 보고되고 있다. 연합회는 학교의 설비 구입을 위하여 65파운드 지출을 승인하였고, 25파운드는 소녀들 지원금으로 책정하였다. 그리고 연합회의 산업 기금에서 10명의 소녀를 후원하기로 하였다.

동래여자실수학교에는 30여 명이 기숙할 수 있는 시설이 되어있었는데, 주변에 알려지면서 버려지고 가난한 많은 소녀가 입학하기 원하였다. 그러나 그들을 지원할 재정이 충분치 못하여 다 받아주지는 못하고 있었다. 자활할 수 있는 토대가 마련될 때까지 빅토리아여선교연합회가 소녀들의 학비와 생활비를 지원하고 있었던 것이다.

그리고 1936년 2월 학교의 전경과 학생들의 사진이 크로니클 선교지에 실리므로 호주 후원자들에게 그 모습을 알리고 있다. 학교는 2층 건물로 1층 앞에는 기숙사와 거실, 뒤에는 식당, 부엌, 욕실, 빨래방 등이 있었고, 2층에는 사무실, 교실, 커의 숙소가 있었다.

동래여자실수학교에서의 일과는 다음과 같았다.

오전 5:00	묵상의 시간(타종 한번)
오전 5:30	전체 기상(타종 3번), 체조 및 아침 경건회, 가축들을 먹이고 축사 청소
오전 7:30	아침 식사
오전 8:30	수업 시작(성경, 보건, 한국어, 일본어, 산수 등), 정원과 텃밭 돌봄
정오	점심 식사

오후 1:00	바느질과 자수 작업(이 물품들은 호주 멜버른의 콜린 가 259번지로 보내져 산업매대에서 판매하게 됨)
오후 4:30	농장 작업
오후 6:00	저녁 식사 및 휴식
오후 8:00	저녁 기도회와 숙제
오후 9:00	취침

1936년 초, 커는 당시 학교 기숙사에 거주하는 27명 학생을 가족으로 부르고 있고, 모두 열악한 환경에서 온 소녀들이라고 소개하고 있다. 몇 주 전에는 몇 명의 학생들이 그리스도를 주로 믿는다고 공식적으로 고백하였고, 한 학생은 성만찬에 참석하였다. 커는 동시에 학생들을 먹이기 위하여 3에이커 정도의 논이 필요하다고 하면서, 장애가 있어 노동을 하지 못하는 학생들을 계속 후원해 달라고 호소하고 있다(크로니클, 1936년 2월 1일, 6).

호주 멜버른에서 판매되는 자수 중 제일 인기 있는 자수의 작가는 안수복이었다. "그녀는 10년 전 작은 거지 아이였는데, 오른팔이 쇠약하고 왼팔의 손목은 비틀어져 있었다. 지금은 자긍심 있고 인기 있는 여성이 되었는바, 성경학원에서 5년 동안의 학업도 마치었다. 현재는 매 주일 여성들을 대동하고 인근의 마을에서 주일학교를 인도하며 전도를 다니고 있다. 그리고 지금은 가난하지만 성실한 기독교 청년과의 결혼을 준비하고 있다. 결혼 선물로 그녀는 작은 집을 받을 것인데, 이것은 농업학교를 사랑으로 지원한 멜버른 지롱의 한 장애인이 선물한 것이다"(크로니클, 1937년 2월 1일, 6).

커는 안수복을 비롯하여 자신의 학교에 있는 여학생들을 호주 독자들에게 소개하고 있는데, 박복이, 조옥순, 이순이, 영숙이, 일순이, 복순이 등의 근황을 일일이 설명하고 있다. 여학생 중에는 장애가 있거나 건강이 안 좋은 학생들이 많았는데, 그들의 건강은 레인 부인이 돌보고 있었다. 여학생들의 건강이 오죽 안 좋았으면 건장한 남성 한 명의 노동이 전체 40명 여학생의 노동보다 낫다는 말을 할 정도였다.

> 기쁘게 보고할 내용은 우리 여학생 중에 6명이 오는 11월 15일 주일 세례를 받게 되었고, 10명이 세례 학습을 시작하였다는 것이다. 8명은 이미 교회의 정회원이 되었다.
> (앞의 책, 7)

또 한 가지 반가운 소식을 커는 전하였다. 그녀가 기도해 왔던 5에이커의 논을 206파운드에 구매하게 된 것이다. 개인적으로 기부한 호주의 한 후원자 덕분이었다. 그녀는 김해의 그 논을 당분간 경작자에게 빌려주었고, 추수가 끝나는 11월에 쌀 25가마니를 세로 받는 조건이었다. 이 쌀은 여학생 6명이나 7명의 일 년 양식이 될 수 있었기에, 1938년 생활비는 많이 줄 것으로 예상되었다. 또한, 학교도 점차적으로 자급이 되고 있는 상황이었다. 논을 매입하고 2주 후에 일본 정부는 외국인이 한국에서 땅을 사는 것을 금지하는 정책을 발표하였다!

한편 커는 학교 안에 보건소 설치를 위하여 빅토리아여선교연합회에 지원을 요청했고, 연합회는 그 목적으로 100파운드를 사용하도록 승인하였다. 그리고 그 보건소를 '거루드 네피어 메모리알'로 부르기로 추천하였다.

학교에서 복지 기관으로

동래여자실수학교가 이처럼 점차적으로 발전하고 있을 때, 한편으로 짙은 먹구름이 몰려오고 있었다. 커의 학교는 허가받은 비정규학교였으나 1936년 이후 일제에 의하여 신사참배를 강요당하고 있었다. 호주 선교사 공의회는 이미 신사참배를 거부하는 결정을 하였기에, 선교부가 운영하는 학교들은 모두 큰 긴장과 압박 속에 있었던 것이다.

그럼에도 불구하고 교장인 커와 교사들은 학교의 발전과 소녀들의 복지를 위하여 계속 정진하였다. 교사 중에 박필윤이라는 여성이 있었고 학교에서 4년 동안 헌신하며 커에게 큰 힘이 되고 있었다. 그런데 그녀가 갑자기 사망하자 빅토리아여선교연합회는 '큰 손실'이라며 애도를 표하기도 하였다. 후에 이삼남이 그 자리를 대신하게 된다.

커는 1938년 12월 12일부터 개최된 인도 미드라스에서 열린 세계선교사대회에 회원으로 참석하였고, 그곳에서 직접 호주로 들어가 예정된 휴가를 가지게 되었다. 커가 떠나 있는 동안 마가렛 알렉산더가 학교를 책임을 맡게 되었다.

커는 당시 신사참배의 압박 속에 여러 고심을 거듭하고 있었다. 신사참배를 계속 거부한다면 폐교를 피할 수 없을 것임을 알고 있었고, 폐교되면 학교의 소녀들은 뿔뿔이 흩어질 상황이었다. 결국, 그녀는 학교의 지위를 '학교'에서 '사회봉사 기관', 즉 복지단체로 바꿀 결심을 하였고, 호주 선교사 공의회는 그 안을 승인하였다. 그리고 1939년 복지단체 '자비원'으로 정부의 승인을 받았다.

1939년 3월 8일 수요일, 멜버른의 총회 회관에서는 특별한 모임이 열렸다. 커를 환영하며 예배하는 자리였는데, 그녀를 지지하는

300여 명의 교인이 모였다.

이 자리에 모인 사람들은 한국의 기독교 형제자매들의 고통을 깊게 애통
하는 마음이 있었다. 또한, 그곳에서의 우리 사역의 미래에 대하여 염려하
고 있었다. 커는 사탄의 본거지에서 싸움을 하여 왔는바, 오히려 그녀는
우리가 왜 계속 선교해야 하는지 그 이유를 조용히 제시하였다. "농업학
교의 역사는 응답된 기도의 역사입니다."
(크로니클, 1939년 4월 1일, 3)

이날 커의 보고는 감동적이고 도전적이었다. 하나님의 도구로 쓰
여 선교하는 사람이나, 그 사랑을 받는 선교지의 사람 모두에게 신앙
을 더 견고하게 하는 내용이었다고 기록되고 있다. 이 모임은 빅토리
아여선교연합회가 커를 얼마나 신임하고 있는지 잘 보여주는 한 예
이다. 커는 자신을 후원하는 지롱의 여성선교대회 주 강사로 나서는
등 바쁜 휴가를 보내었지만, 의사는 휴식을 권고하고 있었다.
한편 동래여자실수학교 임시 교장을 맡고 있는 알렉산더는 크로
니클 1939년 7월 호에 학교의 근황과 함께 학생들이 김장하는 사진
을 올리고 있다.

지난 3월, 8명의 학생이 2년 동안의 과정을 이수하였다. 지난 1년 동안
16명의 학생이 세례문답을 공부하였고, 15명이 세례를 받아 교회의 정
회원이 되었다. 상급반 학생들은 지역교회의 유치부와 주일학교 확장
을 돕고 있다. 우리는 이 봉사가 그들이 장차 시골에서 사역하는 데 도움
이 되기를 희망하고 있다.
(크로니클, 1939년 7월 1일, 6)

1940년 초, 커는 전쟁의 암운이 드리우고 있는 한국으로 다시 돌아갈 준비를 하고 있었다. 그녀는 한 대의 재봉틀과 두 개의 철제 침대 후원을 요청하였고, 후원자들은 즉시 지원하였다. 그리고 3월 28일 총회 회관에서 그녀와 왓킨스를 환송하는 예배가 있었다. 커는 이 모임에서 동래여자실수학교의 여러 사진을 환등기를 통하여 공개하였다.

당시의 한국의 상황에도 불구하고 호주 선교사들은 굳건히 버티면 좋은 날이 열릴 것으로 열망하고 있었다. 한국 교인들 또한 선교사들이 떠나지 않고 남아 달라고 강하게 요청하고 있었다. 당시 한국을 방문하고 돌아온 여선교연합회 해외선교부 총무 캠벨은 다음과 같이 연합회 임원회에 보고하고 있다.

> 캠벨 양은 한국의 우리 선교회 선교사 인원이 매우 적다고 느끼었다.
> 선교 인원에 비하여 선교부가 너무 많다고 하였다.··· 교회는 지금 새
> 선교사를 보내야 하고, 3년 내에 준비되면 2명의 순회선교사와 2명의
> 간호사가 더 필요하다.
> (여선교연합회 임원회 회의록, 1940년 2월 12일, 287)

그리고 실제로 여선교연합회는 캐서린과 헬렌 맥켄지를 한국으로 파송할 절차를 밟고 있었고, 다른 선교 지원자들의 신청서도 받고 있었다. 일제의 해외선교사 추방령이 떨어지는 마지막 순간까지 빅토리아여선교연합회는 한국선교에 최선을 다하고 있었다.

마지막 위기의 날들

한국으로 돌아온 커는 동래여자실수학교 교장으로 복귀하였다. 그러나 일제의 간섭은 더욱 심해졌고, 학교 운영은 크게 어려워지고 있었다. 신사참배를 거부하는 해외선교회 소속 미션스쿨들이 속속 폐교되고 있는 상황이었다. 호주의 총회는 이제 선교사들의 귀환을 독려하기 시작하였다.

1941년이 되자 동래에는 호주 선교사로 이제 커만 남게 되었다. 이웃의 하퍼기념학교 교장 마가렛 데이비스도 이미 사표를 내고 철수하였다. 커는 몇 여학생들을 결혼시켜 내보내면서, 한국인이 학교를 운영하도록 넘겨줄 준비를 하고 있었다. 연말까지 운영할 수 있는 재정은 충분하였다. 그리고 농장 자체와 논에서의 수입으로 좀 더 낳은 시기가 돌아오기까지 모두 생존하여 남아있기를 기도하였다.

그리고 이 해 4월 빅토리아여선교연합회는 모든 선교사 후보자들에게 당분간 한국으로 파송될 수 없다고 전하고 있다. 또한, 한국의 모든 여선교사의 귀국을 요청하고 있다. 호킹과 진 데이비스는 귀국한다는 전보를 보냈지만, 알렉산더, 테잇 그리고 커에게는 또 다른 일이 벌어지고 있었다.

세계 여성 기도의 날이 매년 국가를 돌아가며 열리고 있었는데, 1941은 중국 상해에서 주관하게 되었다. 그리고 이 해의 주제는 8개 나라의 대표들이 '나라가 임하옵시며'로 정하였다. 일본 제국주의가 한국 기독교인들에게 하나님 나라와 그리스도 대신 신사참배를 하도록 강요하고 있었기에, 이 주제는 위험한 것이었다! 그러나 팸플릿이 준비되었고, 배부되기 시작하였다.

호주 선교사 중 팸플릿을 배부할 사람은 통영에서는 알렉산더,

마산에서는 테잇과 리체, 동래에서는 커, 거창에서는 아우만, 부산에서는 호킹, 레게트, 트루딩거 부인 그리고 진주에서는 에드거였다. 이들 모두 위험한 처지에 놓일 수밖에 없었다. 결국, 알렉산더와 테잇은 경찰서에 잡혀가 구류되었고, 커는 심문만 받고 풀려난 것으로 보인다. 6월 17일 멜버른의 여선교연합회 모임에서 진 데이비스와 호킹과 함께 커가 호주로 돌아온 것으로 보고하고 있다.

한편 크로니클 5월 호에는 이삼남 교사가 쓴 동래여자실수학교 보고서가 실리고 있다. 그녀는 빅토리아여선교연합회가 보내 준 미션 박스에서 다양한 옷과 생필품을 학생들이 나누어 가지며 기뻐하는 모습, 염소 등 동물을 키우는 내용, 매일 찬송하며 기도하는 신앙생활 등을 이야기하고 있다. 글 말미에는 교장인 커에 감사하는 내용이 있는데, 새벽부터 가축과 학생들을 돌보는 모습에서 예수의 제자도가 무엇인지 배우고 있다고 하였다(크로니클, 1941년 5월 1일, 8).

YWCA로 학교가 양도되다

그 후 커는 어떻게 되었을까. 커는 감리교 레이디스 칼리지에서 성경 교사로 일하면서, 멜버른대학교 오몬드 칼리지에서 신학을 공부하게 된다. "1946년 그녀는 호주장로교회 신학 학사 첫 여성 졸업생이 되었다. 그러나 여성의 목사 안수 신청은 논쟁을 불러일으켰는데, 결국 총회에서 그녀의 신청을 부결하였다.

그 후 2년 동안 커는 뉴질랜드 더니든의 디커니스 훈련소의 교장을 하면서, 여성 목사 안수를 지지하는 책자를 1948년 출판하였다. 1949년 그녀는 이화여자대학교의 교수로 초청을 받았지만, 건강검진을 통과하지 못하였다.

커는 호주로 돌아와 에센돈의 펜레이 장로교 여학교에서 가르쳤고, 1950년에는 발라렛의 클라렌돈 장로교 여 칼리지의 교장이 되었다. 그 후 1955년 그녀는 6년간의 임기로 로랜드 하우스 디커니스 훈련원에서 신학을 교수하였다(톰슨-그레이, 260).

그리고 동래여자실수학교는 어떻게 되었을까. 후에 커는 다음과 같이 쓰고 있다.

한국전쟁이 끝났을 때 한국교회는 '점거'되어 있는 농업학교를 다시 세워줄 것을 우리에게 요청하였다. 1948년 학교 건물은 5년의 시험기간 동안 기독교여성청년회에 이관되었고, 선교연합위원회와 기독교 여성청년회 대표에게 책임지도록 하였다. 만약 이 프로젝트가 만족스럽게 발전하면 선교부는 이 건물의 소유증서를 기독교여성청년회에 넘겨주려는 생각을 가지고 있었는데, 6에이커의 땅과 학교 건물, 기숙사관, 몇 채의 부속 건물들과 별채가 포함되어 있었다.

그러나 5년이 지나기 전에 한국전쟁이 일어났고, 학교 본관은 군대에 의하여 막사로 점령되었다. 1955년 말에 가서 그들은 물러났고, 그때야 기독교여성청년회는 그 건물을 목적대로 발전시킬 수 있었다. 1957년 리체 양과 스터키 목사는 선교위원회를 대신하여 기증된 유산에서 온 기금과 함께 농업학교를 한국기독교여성청년회에 정식으로 양도하였다. 한 가지 조건으로는 그 건물을 원래의 목적대로 사용하는 것이었는데, 그것은 버려지고 가정이 없는 소녀와 여성들을 구제하고 재활하는 일이었다.

(커와 앤더슨, 111)

커와 호주교회가 많은 재정과 기도 그리고 땀으로 일군 동래여자실수학교는 그렇게 YWCA에 무상으로 양도되었던 것이다.

에필로그

오래전에 필자는 1970년에 출판된 *"The Australian Presbyterian Mission in Korea 1889~1941"*이란 제목의 영어책을 우연히 접하고 읽기를 시도하였다. 그러나 쉽지 않은 영문으로 인하여 중간 어디쯤에서 읽기를 포기하였던 기억이 있다. 그리고 몇 년 전, 다시 이 책을 보았을 때, 책의 저자가 에디스 커와 조지 앤더슨임을 재인식하고 이 책을 번역하기로 마음을 먹었다.

번역 역시 쉽지 않은 작업이었지만, 2017년 드디어 완성되어『호주장로교 한국 선교역사 1889~1941』이란 제목으로 출판하였다. 무언가 커에게 느끼고 있던 사랑의 빚을 조금이나마 갚았다는 생각이 들었다. 그녀가 건강이 회복되어 그때 이화여자대학교로 부임하였으면 어떠했을까 하는 아쉬움도 느꼈었다. 동시에 그녀가 쓴 책이 번역되어 호주 선교사들의 공헌이 한국사회와 교회 안에 널리 알려질 수 있게 되었다는 사실에 필자는 안도하였다.

커의 이름은 1975년 5월, 크로니클 선교지에 다시 등장한다. 부고란이었다.

"에디스 커 양, 캔터베리(전 한국 선교사), 멜버른."

82살의 커는 여전히 독신이었고, 여전히 여선교연합회 회원이었다. 그리고 이름도 빛도 없이 살아온 삶 그대로 그녀에 관한 추모사 한 줄 실려 있지 않았다.

조지 앤더슨

George Anderson(1886–1976)

조지 앤더슨(한국명: 안다손)은 한국 선교사를 거쳐, 호주장로교 해외선교부 총무를 역임하였고, 또다시 한국 선교사로 파송되었다가 마지막에는 총회 총회장까지 지낸 탁월한 인물이다. 그의 이름이 더 크로니클 선교지에 등장한 것은 1922년 7월호이다. 앤더슨과 그의 부인이 남호주를 대표하여 한국으로 파송될 때, 멜버른을 지나게 되자 이들 부부를 만나게 되기를 빅토리아여선교연합회는 희망하고 있었다.

　그다음 달인 8월 1일, 앤더슨은 멜버른 총회 강당에서 열린 선교사 파송예배에 참석하였고, 빅토리아주에서 해 오던 '위대한 한국선교'에 동참하게 된 것을 감사하고 있다.

　앤더슨은 멜버른대학에서 먼저 석사학위를 취득하였다. 그리고 1914년부터 3년간 오몬드 칼리지에서 신학을 공부하여 목사 안수를 받고, 즉시 남호주의 포트 어거스타 교구로 부임하였다. 그는 그곳에 목회하면서 큰 신뢰를 얻었고, 남호주 주에서 한국 선교사로 임명되어, 남호주 장로교회의 후원을 받게 된다. 빅토리아교회뿐만 아니라 남호주교회도 한국선교에 동참하여 확장되고 있었다.

어떤 계기로 남호주에 있던 앤더슨이 한국에 관심을 가지게 되었을까. 그는 후에 고백하였다. 휴 커를 선교사가 한국선교에 관한 강연을 하는 것을 듣고 충격을 받았고, 그로 인하여 한국 선교사로 나갈 꿈을 꾸게 되었다고 하였다. 앤더슨은 당시 36살로 다른 호주 선교사들보다는 좀 더 성숙한 나이였으며, 아내 바이올렛, 딸 진과 함께 1922년 9월 16일 한국에 도착하였다.

부산

한국의 호주 선교사 공의회는 1922년 6월 회의에서 앤더슨을 부산으로 발령냈다. 그러므로 앤더슨 가족은 부산에 정착하게 되는데, 당시 부산에는 멘지스, 데이비스, 알렉산더, 위더스, 맥켄지 가족, 라이트 부부 등이 있었다.

당시 부산진에 앤더슨 가족이 입주한 사택은 빅토리아여선교연합회 재산이었다. 공의회는 앤더슨이 그 집에서 사는 대신에 남호주교회가 750파운드를 내도록 하였다. 단 미래에 앤더슨이 다른 선교부로 이전을 할 경우, 그곳 여선교연합회의 사택을 앤더슨이 쓰도록 하고, 사택 관리 비용은 남호주교회가 지불한다는 조건도 달았다. 당시 앤더슨이 살던 부산진 사택의 가치는 건물 500파운드에 대지 1,000파운드였다고 한다(더 레코드, 1923, 48).

또한, 앤더슨은 남호주교회의 파송을 받은지라 그와 그의 아내는 남호주교회로 보고서를 보냈고, 그곳의 '더 프레스비터리안 배너'라는 잡지에 그들의 소식이 실리게 된다. 이 이유로 인하여 크로니클 선교지에서는 그의 소식을 많이 접할 수 없게 되었다.

앤더슨의 아내 바이올렛은 한국에 도착하여 다음과 같이 쓰고 있다. "우리 다섯 명은 함께 바다를 건너왔다. 우리는 모두 새 선교사로 남호주에서 파송 받았다. 이곳에는 많은 새 일꾼들을 기다리고 있었다. 거의 도착하기도 전에 해야 할 일이 얼마나 많은지 깨닫게 된다. 교사, 목회자, 간호사 모두를 필요로 한다"(크로니클, 1923년 3월 1일, 2).

앤더슨 부부는 먼저 서울에서 한국어를 배우기 시작하였고, 두 달 후에는 기본 시험을 통과하였다. 아무리 많은 일이 기다리고 있어도, 선교사들에게 한국어 공부는 가장 시급하고 우선적인 일이었다. 앤더슨은 한문도 공부하며 쓰기와 말하기를 배워, 어서 순회전도를 다닐 수 있는 날이 오기를 희망하고 있었다.

부산에서 앤더슨 가족은 부산선교부 사택 중의 하나인 30년 된 집에 살았다. 이들이 마루에서 아침 식사를 할 때면 사람들이 여기저기서 구경을 하곤 하였다. 앤더슨은 부산에 73,000명이 살고 있으며, 그중 30,000명이 일본인이라 소개하고 있다. 부산진에는 기차역이 있었으며, 하루에 네 번 서울로 가는 기차가 있으며, 그곳에서 만주의 목단까지 다다를 수 있다고 하였다. 또 그곳에서는 북경으로 혹은 시베리아 기차로 갈아타고 프랑스까지 갈 수 있는 날이 곧 올 것이라고 언급하고 있다(크로니클, 1923년 11월 1일, 3).

앤더슨은 부산에 상주하며 또한 나환자요양원 혹은 다른 이름으로 나병원을 돌보기도 하였다. 이곳은 노블 맥켄지가 원장으로 사역하고 있었는데, 그가 휴가를 떠나자 대신하여 12개월 동안 책임을 대신 맡았다. 나병은 한국 남쪽 지역에선 적지 않은 흔한 병이어서 그들의 모습을 길거리에서 보는 것이 어렵지 않았다고 앤더슨은 전한다. 그러나 그들을 직접 만나 그들의 호소를 듣는 것은 다른 차원이라고 하였다. 나환자들은 부산선교부를 찾아와 나환자요양원에 받아달라며 비는데, 자리가 없어 한 해 동안 500명을 돌려보내야 하였고, 오직 75명만 더 받을 수 있었다.

나환자요양원은 16년 전에 당시 10명을 수용하여 500엔의 재정이 소요되었는데, 현재는 400명이 수용되어 함께 살고 있었다. 연예산이 4만 엔이나 되었다. 그들이 머무를 공간의 확보와 재정이 더 확보되면 1,000여 가족까지 수용할 수 있다고 앤더슨은 지적하고 있다(크로니클, 1926년 3월 1일, 4).

나환자들이 요양원에 입소할 때 그들 대부분 글을 모르는 상태였지만, 6개월이 지나면 글을 읽을 수 있는 사람들이 생기고, 또 신약성서에 대한 이해도 어느 정도 가지게 되었다. 이곳에 오기 전까지 대부분 나환자들은 걸인이거나 떠돌이였는데, 이곳 요양원에 들어와서는 거의 문제를 일으키지 않고 안정적인 생활을 하였다. 사망률도 낮아 한 해 동안 사망한 환자는 25명 정도였다고 앤더슨은 보고하고 있다.

나환자들이 복음을 들으면서 이전에는 알지 못하였던 자긍심을 갖게 되고, 삶에 대한 새로운 의미를 찾게 되었다. 앤더슨이 돌보던 한 해 동안 59명이 세례문답을 공부하였고, 41명이 세례를 받았다. 당시 그곳에 세례교인은 총 120명이었다(앞의 책, 5).

앤더슨의 순회전도

앤더슨은 처음에는 부산에서 동래지역을 담당하다가, 1927년부터는 김해, 밀양, 양산, 언양 그리고 울산까지 책임을 넓혔다. 그는 이 지역의 전도자를 포함하여 매서전도인도 감독하고 있었다. 앤더슨은 산골에 있는 작은 교회들을 순회하면서 바라볼 때 가는 곳마다 한국인들은 가난하게 살고 있었고, 조용한 모습이라고 하였다. 어떤 마을에는 작은 교회당이 있어 몇 신도들이 신앙을 지키고 있을 뿐만 아니라, 열정적인 기도와 눈물겨운 봉사로 교회가 성장하고 있다고도 쓰고 있다.

> 한 작은 마을에 교회당을 세우기로 하였다. 이 교회 지도자는 매우 가난한 남자였다. 그럼에도 그는 50엔을 헌금하였고, 전보다 더 많은 빚을 지게 되었다. 이제는 좁쌀도 살 형편이 못되었다. 그의 수척하고 영양결핍의 얼굴을 보노라면 감동적인 생각이 든다. 물론 그는 빚까지 지며 그러지 말아야 한다. 그러나 그에게는 교회가 우선이었다.
> (크로니클, 1928년 5월 1일, 18)

앤더슨은 당시 한국인 목사들이 한 교회 이상 담당하기 시작하므로, 자신은 50에서 60개의 교회만 돌보고 있다고 하였다. 그리고 한국인 목사가 책임을 더 맡으면 맡을수록 외국인에게 의지하지 않는 진정한 한국교회가 될 것이라고 하고 있다. 그러기 위해서는 한국인 목회자를 더 양성해야 하는데 그래서 부산에 있는 남성경학원이 중요하였다. 이 학원의 목적을 앤더슨은 다음과 같이 말하고 있다.

> 첫째로 그리고 가장 우선적인 목표는 남성들에게 집중적인 훈련을 제공하는 것이다. 그래서 그들이 자신들의 교회에서 일을 잘 하도록 하는 것이다. 둘째는 학생들이 신학교에 들어갈 수 있도록 돕는 것이 목표이다. 그런데 불행하게도 성경학원의 적절한 건물이 없어 이 사역이 방해를 받고 있다.
> (앞의 책, 18)

앤더슨은 당시 경남주일학교 위원회에 선교사 대표로 참석하면서 다음과 같은 보고서를 쓰고 있다.

요즈음에 비기독교 마을에 전도자가 들어가는 것이 더 어려워지고 있다. 그런데 그러한 곳은 작은 주일학교를 시작하므로 길이 열리고 있으므로 감사한다. 우리와 한국교회가 열려있는 이 기회를 선용하여 하나님의 어린 자녀나 어른 자녀들이 많이 모여들기를 희망한다.
(더 레코드, 1926년, 35)

앤더슨은 1928년 중순 호주로 휴가를 떠났다. 앤더슨 부부는 남호주의 교회들을 방문하며 한국선교에 관하여 설교나 강연을 하였다. 그들은 한국으로 다시 돌아가기 전까지 그곳의 모든 교회를 방문하기를 희망하고 있었다.

1929년 9월 가족과 함께 한국에 다시 돌아온 앤더슨은 남호주교회로부터 선물을 받았다. 남호주 청년회가 자동차를 마련해 준 것이다. 자동차로 그는 좀 더 자주 그리고 멀리 순회전도를 다닐 수 있었다. 또한, 그는 다른 선교사들도 한두 번 겪는 풍토병에 걸리는데, 장티푸스에 전염이 되어 한동안 고생을 하기도 하였다.

1932년 말 마산선교부의 알렌 선교사가 사망하자 앤더슨은 마산지역을 담당하게 된다. 마산선교부에는 이제 매크레 선교사만이 목사였고, 남성 순회 목사가 필요하였던 것이다. 앤더슨은 마산을 포함하여 함안, 창녕, 창원, 밀양까지 순회하며 교회를 돌보았다.

앤더슨은 그다음 해 진주로 이전하였고 그곳 지역과 거창지역의 순회전도자와 매서인들을 감독하였다. 앤더슨은 순회전도의 내용에 대하여 먼 훗날 은퇴하고 다음과 같이 말하고 있다.

교회가 성장하고 한국인 목회자 숫자가 충분하지 못하자, 선교사들이 종종 '교회를 돌보는' 무거운 짐을 지게 되었다... 그곳에서 그들은 교회 직원을 만나 교회에서 일어나는 여러 가지 문제들을 상의하고 해결하였다. 교회 운영의 여러 가지 방법과 수단, 새 직분자 선출, 훈련 등의 문제를 상의하였고, 이것은 어려움에 빠지거나 격려가 필요한 교인들 심방으로 이어졌다. 그중에 교인이 되기를 원하는 남녀가 있었고, 또 세례를 받기 원하는 신자도 있었고, 결혼식도 있었고, 종종 어린이들에게 세례를 베풀기도 하였다.

(커와 앤더슨, 254)

성경학원 원장

1930년 호주장로교 선교회는 경남노회와 성경학원 운영에 관한 규정을 만들었다. 진주의 성경학원은 그동안 여러 명의 평신도지도자와 목회자를 배출하는 통로가 되는 중요한 기관이었다. 운영이사회에 관한 규정은 모두 10개로 이루어져 있다.

1) 호주선교회에서 이사 3인, 경남노회에서 이사 3인, 합 6인을 택하여 이사회를 조직함.
2) 각 이사로 3년간 시무하게 하되, 3년간 시무한 자를 피택, 새로 3년간 시무하게 할 수 있음.
3) 이사회 정기회는 1년에 1차례씩으로 노회 시에 개최하기로 하고, 특별한 사고 시에는 회장이 임시로 소집할 수 있게 함.
4) 이사회 의장은 선교회의 청원에 의하여 이사회가 선택하기로 함.
5) 강사를 주선하고 강사에게 과목을 위임하는 책임은 원장에게 있다.

6) 임시 이사회로 모이는 경우 각 이사의 여비는 그 이사를 선정한 단체에서 지불하도록 한다.

7) 원장이 매년 이사회 보고를 준비한 후, 이사회를 경유하여 노회와 선교회 앞에서 낭독케 한 후 접수하도록 한다.

8) 학생의 입학과 처리와 교무와 기숙사를 감독하는 책임은 원장이 당시의 강사들과 의논하여 처리하게 한다.

9) 과목과 입학 규칙을 변경할 경우 이사회의 동의를 얻어야 한다. 단 임시로 형편에 따라 1년 정도 변경하는 것은 본 조항에 포함하지 않는다.

10) 성경학원의 재정은 원장이 맡아 처리하되, 예산편성대로 시행하며 노회와 선교회 앞에서 경과보고 하는 동시에 재정 결산 보고를 하여야 한다.

(부산노회사 편찬위원회, 343-344)

앤더슨은 성경학원에 애정을 가지고 적극적으로 참여하며 강의하였다. 당시 그를 포함하여 라이트, 커닝햄, 최상림, 심문태, 이약신 등이 강사로 활동하였다. 그리고 앤더슨은 1933년 하순 진주로 자리를 옮겨 이 성경학원의 원장 책임을 맡았다.

후에 앤더슨은 자신의 책에 성경학원에 대하여 다음과 같이 평가하고 있다.

우리 선교부가 사반세기 동안 진행한 이 사역의 궁극적인 평가는 한국 기독교인의 생활과 증거에 관한 전체 이야기가 말하여질 때 가능하며 그리고 오직 하나님만 아실 것이다. 아마도 가장 좋은 것은 이 사역을 위하여 봉사한 많은 신실한 남성과 여성들로 인하여 하나님께 감사하며, 이 학교들에 큰 빚을 지었다는 것을 아는 것이다. 그리고 한국의 교회가 이 사역을 매우 가치 있게 보았고, 스스로 책임을 맡아주었다는 것을 기억하고 감사하여야 한다.

(커와 앤더슨, 270)

어려워진 한국 복귀

앤더슨은 1934년 10월 가정사의 이유로 선교사 공의회의 허락을 받아 호주로 휴가를 떠나게 된다. 그리고 그다음 해 6월 부산진에서 열린 선교사 공의회에서 앤더슨의 병세를 염려하는 보고가 있었다. 호주에 있는 그가 하루빨리 회복하여 한국으로 돌아오기를 희망하는 편지를 공의회가 발송하였다.

그리고 1935년 하순, 앤더슨이 다시 한국으로 오던 중 염려하던 상황이 벌어졌다. 멜버른을 떠나 시드니에 도착하기도 전에 병이 위중하여졌고, 다시 멜버른으로 회귀하였을 때는 심각한 상황이었다. 그는 수술을 받고 회복 중이었지만, 다시 한국으로 돌아오기에는 무리였다. 한국행을 포기할 수밖에 없었다. 앤더슨은 남호주 애들레이드로 돌아갔고, 그곳에서 안정을 취하며 점차로 임시 목회를 시작할 수 있게 되었다.

앤더슨의 한국 복귀가 어렵게 되자 마산에서 열렸던 호주 선교사 공의회에서는 아쉬워하며 다음과 같은 기록을 남기고 있다.

처음부터 앤더슨은 현명한 조언자였다. 그는 한국에서 사역할 때 공의회 회장으로 역할을 하였고, 더 부담이 따르는 위치인 총무를 5년 동안이나 하였다. 그의 주요 사역은 시골 지역의 많은 교회를 돌보는 일이었고, 또 맥켄지가 휴가로 떠나 있을 때 부산 나환자병원의 특출하고 능력 있는 행정가임을 스스로 증명하였다. … 그가 가장 즐겁게 한 일 중의 또 하나는 성경학원에서 가르치는 일이었다. 그는 훌륭한 학자이고, 깨어 있고, 조화로운 마음을 가졌다.

(더 레코드, 1938, 220-221)

새 해외선교부 총무로 임명되다

1939년 빅토리아총회는 앤더슨을 해외선교부 총무로 임명하였다. 이 해 7월 4일 멜버른 말번교회에서 취임예배가 열렸다. 한국선교의 경험이 있는 앤더슨이 총무로 취임하고 일을 시작할 때인 1940년은 그러나 한국에서 호주 선교사들이 철수해야 한다는 권고가 등장하던 불행한 시기였다. 일제도 호주를 포함한 미국, 캐나다 등의 해외선교사들이 모두 귀국하도록 압박을 가하고 있었다. 이 해 2월의 크로니클 선교지에는 서울, 부산진, 동래, 마산, 통영, 거창 그리고 진주에 호주 선교사들이 18명 있었으며, 7명이 호주 등에서 휴가 중이었다.

앤더슨은 먼저 한국의 상황을 정확히 파악하기 위하여 대표단을 구성해 한국을 방문하게 된다. 당시 빅토리아여선교연합회 회장 대처 여사도 성명을 내고 다음과 같이 말하고 있다.

한국의 상황은 여전히 심각하다. 그러나 반가운 것은 우리 교회의 대표단이 현재의 상황을 좀 더 분명히 이해하기 위하여 한국을 곧 방문한다는 것이다. 특별히 감사한 것은 우리 여선교연합회 대표 두 명도 대표단에 포함되었다는 사실이다.

(크로니클, 1939년 8월 1일, 3)

앤더슨이 이끈 호주교회 대표단은 1939년 11월 한국을 방문하였다. 이들은 "선교부 본부 뒤편 부산진의 뛰어난 위치에 세워진 아름다운 벽돌 건물 앞에 일본 신사 제단이 서 있는 모습을 보고 그들은 크게 슬퍼하였다. 그 벽돌 건물은 하나님의 영광과 기독교 교육을 위하여 최근에 지어진 것이기 때문이다(커와 앤더슨, 85).

대표단은 호주로 돌아와 1940년 2월 14일 총회회관에서 보고회를 가졌다. 한국에 관심 있는 많은 회원이 참석하여 대표단의 보고를 집중하여 들었다. 대부분의 호주선교회 학교가 폐교되는 상황에서 앤더슨은 다음과 같이 보고하고 있다.

우리가 한국에서 한 일에 관하여 한국인들은 매우 감사하고 있다. 많은 사람이 우리에게 학교를 포기하지 말라고 청원하였다. 심지어 경상남도 부지사는 50마일을 달려와 우리와 하루를 보내면서 우리에게 마음을 바꾸어 달라고 요청하였다. 정부의 명령에 순응하면 학교를 계속 운영할 수 있다는 것이다.

그러나 우리의 신사불참배 정책으로 인한 학교 폐쇄의 입장이 지지를 얻든 비난을 받든 우리는 우리가 만난 모든 한국인과 계속하여 친교와 평화를 이룰 것이다. 그들은 우리가 양심에 따라 우리의 입장을 정하였다는 것을 알고 있다.

(크로니클, 1940년 3월 1일, 8)

앤더슨은 그 후 크로니클 선교지의 한 부분인 빅토리아장로교 해외선교위원회 페이지에 정기적으로 신앙과 선교에 관한 글을 썼다. 그는 1940년의 한국선교는, 특히 교육 선교는 일제의 새 교육법으로 인하여 호주선교회의 통제에서 벗어나고 있다고 다음과 같이 언급하고 있다.

그동안 우리가 한국에 쏟아부은 시간, 생각 그리고 돈이 생각날 수도 있고, 어떤 이는 한국선교가 끝났을 뿐 아니라 실패가 아니냐고 질문할 수도 있다. 그러나 둘 다 아니다. 모든 선교는 하나님의 뜻이라고 믿는 믿음 속에서 이루어졌다. 실패가 될 수 없다. 지난 50년 동안의 선교는 처음에는 선교사를 통하여 그리고 성장하는 교인들을 통하여, 또한 교회를 통하여 하나님이 하셨다는 증거는 명백하다. 그곳의 기독교 가정을 보라. 수백 수천 개의 믿는 가정이 있다.

(크로니클, 1940년 4월 1일, 16)

또한, 선교회의 학교들을 일본 정부에 빼앗긴다 하여도 선교가 끝나는 것은 아니며, 또 다른 기회를 간구한다고 앤더슨은 말하였다. 동방은 이미 그리스도를 보았고, 그의 복음이 온전한 축복으로 누려질 수 있을 때까지 선교는 계속된다고 주장하였다.

이미 그리스도를 만난 동방

그해 말, 빅토리아장로교 해외선교부와 여선교연합회는 파송한 선교사를 호주로 불러들일지에 대해 심각한 회의를 연속으로 하였다. 앤더슨은 해외선교부 이름으로 선교사들에게 다음과 같은 전보를 보냈다. "위원회는 임원회의 결정을 신뢰한다. 항상 기도한다. 우리는 한국에서 철수할지 말지 호주 선교사 공의회의 판단을 믿는다"라는 내용이었다.

그러나 몇 달이 지나지 않아 해외선교부와 여선교연합회의 합동 모임에서 다음과 같은 결정을 내리고 한국의 공의회에 전보를 보냈다.

두 단체의 임원회는 모든 상황을 온전히 숙고한 끝에 다음과 같은 의견을 모았다. 여선교연합회의 여선교사들은 안내에 따라 한국을 떠나야 한다. 다른 선교사들은 총회의 결정에 대비하여 떠날 준비를 해야 한다. (크로니클, 1941년 5월 1일, 1)

앤더슨은 해외선교부 총무로 한국에 선교사를 더 파송하기도 전에, 오히려 일하고 있는 선교사들의 퇴각을 지휘해야 하는 슬픈 입장에 놓인 것이다. 뿐만 아니라 해외선교부에 속한 다섯 명의 선교사가 전쟁이 났음에도 불구하고 한국을 떠나지 못하고 있는 상황이었다. 앤더슨은 장로교 소속 모든 목사들에게 그들을 위한 기도를 당부하는 서한을 보냈다.

태평양에 전쟁이 일어났다. 우리는 지난 많은 달을 희망과 두려움의 감정을 반복하여 왔다.… 우리 다섯 명의 선교사가 아직도 지금은 적국의 땅이 된 한국에 남아있다. 라이트 목사 부부, 레인 목사 부부 그리고 찰스 맥라렌이다. 그들의 운명이 어떻게 될지 우리는 지금 말할 수 없다. 그곳을 떠날 수 없을지도 모르고, 감옥에 갇힐 수도 있다. 자신들의 집에 연금될 수도 있다. (크로니클, 1942년 1월 1일, 1)

그 후 앤더슨이 그들에게 보내는 편지들은 '수취인 불명'으로 되돌아왔고, 다섯 명 선교사들의 근황은 한동안 전해지지 않았다. 그리고 얼마 안 되어 맥라렌 선교사가 감옥에 갇혔다는 소식이 전해졌다. 호주교회 전체에 크게 암울한 소식이었다.

1942년 11월, 우여곡절을 통하여 다섯 명 모두 포로교환 형식으로

한국에서 추방되어 호주에 도착하였다. 그 이후 해외선교부나 여선
교연합회 안에서 한국선교에 관한 긴 기도의 침묵이 이어지게 된다.

해방 후의 첫 방문자

한국에 관한 희망적인 보고는 그 후 3~4년이 지나 한국이 해방되
고도 몇 개월이 지난 1946년 8월 앤더슨의 보고서에 마침내 드러나
고 있다.

> 한국은 해방되었다. 마침내 일본의 압제에서 자유를 되찾은 것이다. 아
> 직 연합군들에 의하여 통치되고 있지만, 사람들은 독립을 꿈꾸고 있다.
> 우리 선교사들은 전쟁 동안에 그곳에서 억지로 철수되었다. 이들은 아
> 직 자신들의 선교지로 돌아가지 못하고 있다. 어떤 선교사들은 다시 돌
> 아가기를 손꼽아 기다리고 있다.
> 우리 위원회는 두 명을 먼저 한국에 보내기로 하였다. 이들은 미국과
> 캐나다 선교사들과 합류하여 한국교회를 먼저 만날 것이다. 총회는 다
> 른 선교사들에게도 곧 떠날 수 있도록 승인하였다.
> 한국의 교회는 고난을 당하였다. 박해와 억압은 이제 지나갔지만, 아직
> 그들의 문제가 남아있다. 그럼에도 많은 사람이 모여 함께 예배를 드리
> 며 활동을 하고 있다. 최근에 받은 편지는 선교사들을 어서 보내달라는
> 내용이다.
> 전쟁의 기간 동안에도 우리는 이 중요한 선교지에서의 사역의 목표를
> 계속 지속하여 왔다. 이제 이 희망이 이루어지려는 순간이다. 한국에서
> 또 하나의 부흥이 일어나기를 바란다.
> (크로니클, 1946년 8월 1일, 1-2)

앤더슨은 해외선교부를 대표하여 레인과 함께 처음으로 비자를 받아 1946년 10월 한국 땅을 밟게 된다. 그의 방문 목표는 호주선교회의 건물과 재산을 점검하고, 한국의 정치적인 상황과 교회의 현실을 파악하고, 장차 선교활동의 방향을 제시하는 데 있었다.

그리고 그는 부산에서 첫 편지를 쓰고 있다.

호주선교부 재산! 우리는 이것이 골칫거리가 될 줄 알았고, 그렇게 되었다. 우리는 우리를 도울 공식적인 관리인을 만났다. 예를 들어 부산진 사택에 있던 금고 그리고 그 안에 있던 선교부의 재산증서는 없어졌다. 그러나 관리인은 그 재산을 다시 목록화하고 새 권리를 부여하는 것은 어렵지 않을 것이라 하였다.

하퍼기념학교는 더 이상 우리의 재산이 아니다. 그러나 이 학교가 증축되었다는 사실에 흥미를 가질 사람들이 있을 것이다. 농업실수학교는 학교, 교사의 집 그리고 심지어 닭장까지도 최소한 11가정이 차지하고 있었는데, 대부분 일본에서 돌아온 집이 없는 사람들이다. 모든 땅이 재배되고 있다는 것은 말할 필요도 없다. 빠른 스캔처럼 설명을 하였지만, 전체적으로 건물들은 구조적으로 양호하고, 수리될 수 있다. 대부분 창문들도 그대로 있다.

이곳 노회는 몇 개월 전에 호주 선교사들이 다시 돌아오기를 청원하는 결정을 하였다. 선교사들이 없는 가운데 이 안이 통과되었다는 것은 좋은 일이다. 노회 서기는 나에게 말하기를 이 결정을 영어로 번역하여 우리 위원회에 편지를 보냈다고 한다.

(페이튼과 캠벨, 126-129)

앤더슨은 거의 7개월 동안의 한국 방문을 마치고 1947년 2월 13일 멜버른으로 돌아왔다. 그리고 그는 빅토리아의 노회와 노회 연합회를 일 년에 거쳐 방문하며 앞으로의 해외선교와 특히 한국선교 방향에 관하여 폭넓은 토론을 하게 된다.

그리고 같은 해 9월 위더스, 던 그리고 레게트가 호주를 떠나 한국에 도착하였다. 한국선교의 문이 본격적으로 다시 열리기 시작한 것이다. 레인과 커닝햄은 이미 한국에 와 있었으므로 총 다섯 명의 선교사가 선교의 재건을 시작하게 되었다. 앤더슨의 해외선교부와 여선교연합회는 기쁨과 새 희망 속에 앞날을 기대하게 되었고, 크로니클 선교지에는 다시 한국선교에 관한 소식이 본격적으로 다시 전해지게 되었다.

왜 선교사인가?

앤더슨은 1948년 말의 크로니클 선교지에 '왜 선교사인가?'라는 제목의 글을 1면과 2면에 거쳐 싣고 있다. 해외선교부 총무로서 그는 해외의 대부분 선교지에 이제는 교회가 세워졌고 전도의 주체가 바뀌고 있는 시대에, 선교사의 시대는 지나갔는지 교회에 질문을 던지고 있다. 더 이상 교회가 선교사를 모집하지 않고 선교 지원을 하지 않아도 되는 것인지 앤더슨은 스스로 물으며, 그것에 대한 대답을 제시하고 있다.

먼저 선교의 부름은 여전히 소외되고 억눌린 사회 자체에서부터 오고 있다는 것이다. 그리스도의 사랑으로 그들과 함께 하는 것은 그러므로 교회의 중요한 책무이다. 또한, 선교지의 많은 사람이 복음의 축복을 알고 있지만, 그들은 더 깊이 알기 원하고 지도자로서 훈련받기 원한다고 하였다. 인도, 뉴 헤브리데스 그리고 일본이 그 예였다.

앤더슨은 선교지에 교회가 서고 교회조직이 있는 곳에도 선교사를 보내야 하는지도 묻는다. 그것은 그곳의 교회가 선교사를 필요로 하기 때문에 선교사를 초청하고 있다는 것인데, 중국과 한국이 그 예였다. 이화여대나 장로회신학대, 혹은 세브란스병원에서 선교사를 요청하고 있었다. 앤더슨은 다음과 같이 자신의 글을 마치고 있다.

> 전쟁 후에 재정지원을 요청하는 곳은 그리 많지 않다. 결국에는 그런 요청이 오겠지만, 먼저는 항상 개인 간의 만남을 원하고 있다. 이런 종류의 초청이 다양한 선교지에서 계속하여 올 것임은 확실하다. 우리는 그것을 무시해야 하는가?
> (크로니클, 1948년 11월, 1-2)

앤더슨은 한국전쟁 바로 전 해인 1949년 중순에 또 한 번 한국을 방문한다. 그는 일본교회를 방문하고, 한국에 입국하여 호주 선교사들을 만났다. 또한, 중국도 방문하여 호주 선교사들을 만났고, 특히 당시 운난성에 사역하던 맥켄지 자매도 만나 그들의 한국행도 상의하게 된다. 이번 한국 방문에 관한 앤더슨의 글은 9월에나 가서야 크로니클 선교지에 실렸다.

> 내가 방문하는 지역마다 크고 충성스런 교회공동체가 있었다. 모든 교회당은 잘 관리되고 있었고, 한두 건물은 최근 확장되었다. 몇 교회당은 새 종을 달았고, 우리가 방문한 한 새 교회당에는 교회 종이 새로이 걸려 있는 모습을 보았다. 각 교회에서 나는 설교할 수 있는 특권을 받았다.

그리고 매번 교인들은 우리 선교사들과 위원회 그리고 호주교회를 위하
여 열정적인 축복의 통성기도를 하였다.

(크로니클, 1949년 9월, 14)

앤더슨은 호주로 돌아오자마자 몇 명의 선교사들을 더 한국에
파송하는 절차를 진행하였고, 또한 몇 명의 지도자를 한국교회에서
초청하여 호주에서의 연수와 훈련 프로그램도 준비하기 시작하였
다. 이 모든 것이 1950년 초에 시행될 계획이었고, 또 일부분 시행되
었지만, 그해 6월 한국전쟁이 일어날 줄은 꿈에도 생각하지 못했던
것이다.

호주교회는 또 한 번 전체 교회가 9명의 호주 선교사와 한국교회
를 위하여 기도하는바, 이번에는 한국전쟁으로 인함이었다. 앤더슨
과 해외선교위원회의 한국선교 계획은 또다시 멈추어 섰으며, 불확
실한 미래가 드리워졌다. 그리고 앤더슨은 1951년 3월에 가서야 전
쟁 후의 한국 상황에 관하여 말하고 있다.

한국의 교회는 잔인한 피해 속에 고통을 받았다. 아직도 고통 받고 있는
중이다. 수백 개의 교회당을 잃어버렸다. 매우 많은 기독교인이 사망하
였다. 대부분이 빈곤에 처하게 되었다. 호주교회는 한국교회의 재건을
위하여 도움을 요청받고 있다. 우리의 대답이 관대하기를 바란다. 우리
의 선교사들이 아직 한국 땅으로 돌아가지 못하고 있지만, 한국교회에
아직 도움을 보낼 수 있다.

(크로니클, 1951년 3월, 2)

한국을 향한 호주교회의 사랑은 끝이 없었고, 그들의 한국선교

이야기는 연애소설을 읽는 것만큼이나 마음이 따뜻해진다. 그리고 앤더슨의 한국사랑 이야기도 계속되었다. 그는 해외선교부의 총무 자리에서 사임하였는바, 그 이유는 전쟁으로 인하여 피폐된 한국의 현장으로 다시 선교사로 나가기 위함이었다.

1952년 4월 16일 해외선교위원회에서는 그간 앤더슨의 사역에 감사하며 다음의 기록을 남기고 있다.

> 앤더슨이 해외선교부 총무로 있을 시 총회에는 두 번이나 조직 개편이 있었고, 그동안 그는 여러 번의 한국 방문을 포함한 광범위한 해외 방문을 통하여 그 자신과 교회를 풍부하게 하였다.… (빅토리아 해외선교부에서) 호주장로교 선교부로 바뀌는 과정을 그는 성공적으로 수행하였고, 빅토리아 해외선교부 임원회는 이제 호주장로교 선교부 아래서 원활하게 활동하고 있다.… 우리는 그의 풍부하고 이타적인 헌신으로 인하여 하나님께 감사한다.
>
> (크로니클, 1952년 8월, 11)

한국전쟁 후, 다시 현장으로

앤더슨은 1952년 1월 호주를 떠나 일본을 경유하여 3월에 한국에 도착하였다. 이번에는 가족과 동행하지 않은 단신이었다. 당시 한국에는 앤더슨을 비롯하여 레인, 헬렌과 캐시 맥켄지, 던이 있었고, 위더스, 맥납 그리고 왓킨스는 일본에서 비자를 기다리고 있었다.

앤더슨은 8월에 가서야 전쟁 후 한국선교의 상황에 관한 상세한 보고서를 쓰고 있는데, 그 내용은 선교사들의 동향, 부산, 구호, 의료, 전도, 교회 그리고 재정 등이다.

앤더슨에 따르면 전쟁 후 부산 주변의 산에는 나무가 거의 남아있지 않았으며, 산기슭까지 판잣집들이 가득 들어차 있었고, 전차나 버스를 탈 때는 소매치기가 들끓었다고 하였다.

헬렌이 부산에서 병원을 시작하기 위한 건물 확보를 할 때 앤더슨이 돕고 있었고, 또한 군대가 차지하고 있던 부산진유치원 건물도 다시 찾으려고 뛰어다니고 있었다.

만약에 우리가 유치원을 다시 확보하면, 우리의 의사와 간호사가 일할 수 있는 근거가 될 것이고, 믿기로는 우리 한국인 친구들이 우리를 지원할 것이다. 동시에 헬렌과 캐시는 진료를 시행하면서 서울의 세브란스 병원 사역도 시작하고 있고, 부산의 이화여대 의과대학도 돕고 있다. 한국의 장로교회에는 너무 많은 분열이 있다. 분열의 책임자들은 '원칙'을 지키기 위하여 어쩔 수 없다고 대답을 한다. 종종 이들의 태도는 하나님의 참된 말씀에 대한 불충분한 이해로부터 온다. 그들이 강조하는 신조 중에는 근본적이 아닌 원칙들이 있다. (분열은) 개인적인 질투에서 비롯되기도 한다.

(크로니클, 1952년 10월, 11-13)

이 당시 호주선교회는 부산과 마산에만 선교부를 두고 있었고, 통영에는 거점만 가지고 있었다. 진주와 거창에는 더 이상 호주선교부가 존재하지 않았던 것이다. 앤더슨은 부산선교부에 거주하면서 당시의 한 상황을 다음과 같이 전하고 있다.

교회 종은 우리 선교관에서 몇 야드 밖에 있는데, 소리가 거칠었다. 매일 새벽마다 교인들을 부르는 타종 소리는 오랫동안 울린다. (최고의 기록은 359번 울렸다.) 우리는 종종 새벽 4시 30분에 기도회를 할 마음의 준비가 되어있지 않았다. 던과 왓킨스가 마산의 새집으로 가면, 소음과 먼지가 거의 없는 그곳에서 항구의 정경을 즐길 수 있을 것이다. (크로니클, 1953년 12월, 11)

앤더슨은 언급하기를 부산시에 4개의 큰 교회가 있은 지 그리 오래지 않은데도, 현재는 156개의 교회가 있다고 하였다. 북쪽에서 피난 온 기독교인들이 세운 교회가 많아졌고, 그들이 서울로 다시 돌아가도 교회는 계속 유지된다고 하였다. 또한, 전에는 교단이란 개념이 별로 없었지만, 이제는 침례교나 감리교 등 다른 교단들도 부산에 자리를 잡았다고 언급하고 있다.

총회장으로 선출되다

앤더슨은 다음 해인 1954년 중순에 호주로 귀국할 것을 암시하고 있었다. 그러나 그는 자신에게 어떤 영광이 다가올지 예측하지 못하고 있었다. 호주장로교 총회가 앤더슨을 1954년부터 1955년의 총회장으로 선출하였던 것이다.

앤더슨은 목사로서 한국의 선교사로서 오랫동안 존경스러운 사역을 하였다. 또한, 한국선교 역사상 매우 중요한 시기에 해외선교부 총무 사역에 자원하여 한국 선교사로 2년 동안 섬기고 있다. 앤더슨의 사역에 교회가 감사하는 표현으로 그를 총회장으로 추천하였고, 만장일치로 승인하였다. 다음의 내용이 전보로 보내져 소식이 전하여졌다.
"해외선교위원회, 여선교연합회, 한국 친교회, 총회장 추천을 기뻐하며 축하함. 적극 지원함 - 스터키."

(크로니클, 1954년 5월, 11)

한국에서 선교사로 활동하였던 제임스 스터키 목사가 당시 해외
선교부 총무였고, 총회의 결정을 발 빠르게 알리고 있었던 것이다.
앤더슨은 7월에 호주로 돌아가면서 호주교회에 마지막 메시지를 보
내고 있다.

7월 12일 9시 부산 3번 항구, 나는 내가 가질 수 있는 최상의 친구들에게
안녕을 고하였다. 이들을 다시 세상에서 볼 수 있을까? … 이 모든 것을
강조하며, 첫 번째로 한국의 어렵고 곤혹스럽고 혼란스러운 상황에서
도 이 시대에 맞는 복음 전파는 어느 때보다 필요하다. 두 번째로는 한국
인의 생활과 생각에 신실하고 겸손하게 함께 한다면 누구든지 환영을
받을 것이다. 세 번째로는 우리 교회의 준비된 열정적인 기독교인은 드
러나는 어려움에도 불구하고, 이곳에서 참된 헌신의 현장을 찾을 수 있
을 것이다. 누가 갈 것인가?
(크로니클, 1954년 10월, 1-2)

앤더슨은 10월 11일 총회 개회와 동시에 총회장의 업무를 시작하
였다. 그리고 그의 한국사랑은 식을 줄 몰랐다. 이 해 말에 있었던
여선교연합회 총회에서 그는 총회장으로 연설을 하였는바, 제목이
'한국이 필요한 것'이었다. 그는 먼저 한국의 호주 선교사들과 한국
교회를 대신하여 인사를 전하였고, 한국교회가 얼마나 호주교회를
생각하고 있는지 전하였다.

내가 한국교회의 여성들과 이야기를 할 때면, 그들은 나에게 빅토리아

여선교연합회를 꼭 방문하여 스키너 선교사를 다시 보내달라고 하였습니다. 그리고 다른 선교사들도 더 보내 달라고 합니다. 나는 그들에게 그것은 가능치 않다고 대답을 하였습니다. 한국의 여신도들은 여러분이 이곳에 있다는 것을 잘 알고 있으며, 여러분들이 그들을 생각하며 일하고 있다는 것을 알고 있습니다.
(크로니클, 1954년 12월, 5)

앤더슨은 훈련된 전도부인이 한국교회에 더 필요하다고 역설하였고, 구호 사역이 시급하며, 성경학원을 통한 지도자 양성이 중요하고 연설하였다. 이 모든 것이 잘 진행되려면 무엇보다도 선교사가 더 파송되어야 한다고 강조하며, 연합회 회원들을 다음과 같이 격려하였다.

한국에 필요한 것은 자신감과 하나님의 영 안에서의 신앙과 생명의 구원입니다. 나는 나의 직접적인 경험에서 말할 수 있습니다. 만약 우리가 남녀 선교사를 보낸다면 그들은 임명되고 환영을 받을 것입니다.
(앞의 책, 6)

그다음 해인 1955년 2월 16일, 여선교연합회는 멜버른 타운홀에서 해외선교대회를 개최하고 있다. 이 대회에서 연합회는 선교사를 파송하고, 선교 현장을 소개하며, 교회 학교들의 찬양이 있었고 해외선교를 위한 모금 활동으로 이어졌다. 호주장로교 총회장과 해외선교부 총무가 한국 선교사 출신으로 해외선교에 관한 열정을 다시 불러일으키고 있었던 것이다.

이 해 해외선교부 연례보고서는 한국 상황 보고 말미에 다음과 같이 쓰고 있다. 이는 한국에서의 선교사 역할이 무엇인지 호주교회의 생각을 엿볼 수 있는 내용이다.

전쟁 후 아시아에 있어서 선교사의 길은 분명치도 않고 쉽지도 않다. 선배 선교사들의 노력으로 대부분 세워진 젊은 교회들 안에서 그리고 그 교회들을 통해서 현재 선교사들은 일하고 있다. 선교사는 '동역자'이지, 꼭 지도자도 아니고, 그렇다고 감독자는 더더구나 아니다. 엄중한 과도기 기간에 이 역할을 감당하는 것은 절대로 간단한 과제가 아니다. 이것은 겸손의 은혜와 사랑의 이해를 기초로 하는 매우 높은 규칙의 영적이고 심리적인 무장을 요구한다. 아주 큰 불확실 속의 소외감과 무능한 느낌으로 인하여 고향 교회의 기도의 지원에 의존하게 한다. 만약 선교사가 '보내진 사람'이라면, '보낸 사람'들의 기도에 의하여 사역이 지속되는 것은 자연적인 추론이다.
(크로니클, 1955년 6월, 11)

한국선교의 대부

앤더슨은 일 년 임기의 총회장직은 마쳤지만, 그의 해외선교 사역은 계속 이어졌다. 호주장로교 선교부 위원장으로 1958년까지 계속 일하였고, 그 이후 선교부 상임총무로서의 책임도 18개월 동안 맡게 되었다. 앞에서 언급된 전쟁 후 한국적 상황에 호주선교회의 지도력을 보강하기 위하여 그는 해외선교부 총무였던 스터키 목사를 1958년 다시 한국으로 파송하기도 하였다.

앤더슨은 당시 한국선교의 대부로 계속하여 영향을 미쳤다. 노블 맥켄지가 사망하였을 때 멜버른 딥딘교회에서 장례예배가 있었는데, 앤더슨이 설교를 하였다.

부산진의 높은 곳에 아름다운 교회가 우뚝 서 있는데, 약 천 명이 정기적으로 예배하고 있다. 돌로 건축된 위대한 교회당이다. 누가 세웠는가? 그곳에서 가까운 곳에 최근 개원한 일신병원이 있다. 훌륭히 세워진 병원이다. 다시 묻거니와 누가 세웠는가?

(크로니클, 1956년 8월, 14)

앤더슨은 한국 교인과 호주 선교사의 공헌을 언급하는 것은 물론, 맥켄지 부부가 키운 '건강한 어린이집' 출신의 소년까지 빼놓지 않고 언급하고 있다.

그는 또한 그는 크로니클 선교지에 계속하여 글을 개재함으로, 교회가 선교에 대한 비전과 열정이 식지 않도록 돕고 있었다. 1956년 말 크로니클 1면에 그는 '항상 하는 그대로 선교를?'이란 제목으로 글을 쓰고 있다. 그는 해외선교사들이 현지에서 치열한 싸움을 하고 있는데, 전 세계를 죄악과 두려움에서 해방하려는 선한 싸움이라고 말하였다. 그러면서 그 싸움을 위하여 특히 한국으로 4명의 젊은 목사가 가게 되었다고 밝히고 있는데, 남성들의 선교사 자원이 그동안 부족했던 것이다.

종종 호주에서 우리는 해외선교사의 역할이 변하고 있다고 듣고 있다. 우리 선교사들이 더 이상 감독하지 못하고, 종속되었다는 말이다. 선교사를 더 이상 파송하는 것이 무슨 소용 있느냐는 말이 있어 온 것이 사실이다. 그러나 우리는 기쁘고도 깊이 감사할 수 있는 두 가지 이유가 있다. 하나님의 영이 역사하셔서 그 지역 젊은 교회들이 그 역할을 할 수 있는 수준이 되었다는 것이고, 동시에 그 교회들이 우리의 사역을 계속하여 요청하고 있다는 사실이다.

(크로니클, 1956년 11월, 1)

그러면서 앤더슨은 호주교회의 젊은 신자들에게 자신들의 생애에 가장 좋은 시절을 선교에 헌신하고 도전하는 것은 정의로운 일이라 주장하고 있다. 해외의 선교지는 더 이상 미지의 어둠의 세계도 아니고, 소외된 먼 땅도 아니라는 것이다. 그럼에도 선교의 로맨스는 그대로 있고, 필요도 그대로 있다. 올바른 영으로 나아가는 자들에게 진정한 환영이 있다고 앤더슨은 호소하고 있다.

한 가지 흥미로운 사실은 이 당시 한국 선교사로 승인된 젊은 신학생 가운데 훗날에 한국선교의 또 다른 대부가 되는 존 브라운(한국명: 변조은)이 있었다는 사실이다. 앤더슨의 호소는 그만큼 적지 않은 호주교회의 젊은이들에게 영향을 미치고 있었던 것이다.

에필로그

앤더슨은 사망하기 6년 전인 1970년, 역시 한국 선교사였던 에디스 커와 함께 『호주장로교 한국 선교역사 1889-1941』이란 책을 공동 집필하였다. 그는 이 책을 출판하는 목적을 다음과 같이 적고 있다.

선교지의 교회와 선교부의 공식 기록을 대부분 근거로 한 이 작은 책의 출판 목적은 현재 한국의 새로운 세대에게 현재와 미래의 뿌리를 찾을 수 있는 당시의 이야기를 좀 더 친밀하게 전하기 위함이다. 그리고 우리 세대에 여전히 남겨진 것은 그 뿌리의 최소한 어떤 부분들이 다시 자라나 귀한 추수를 할 수 있도록 기도하는 것이다.
(커와 앤더슨, 32)

필자는 이 도서를 한국어로 번역하여 2017년 한국교회 앞에 내어

놓았다. '한국의 새로운 세대에게 자신들의 이야기를 들려주고 싶다' 라는 앤더슨의 바람을 이루어 드리고 싶었다. 이것이 한국을 향한 그의 사랑과 헌신에 대한 최소한의 도리라고 생각하였고, 나아가 그의 바람대로 한국교회와 호주교회가 공통의 역사에 근거하여 계속하여 친밀한 관계를 이루어 가도록 돕고 싶었던 것이다.

헬렌 맥켄지

Helen Mackenzie(1913-2009)

1936년 9월 7일 빅토리아장로교 총회 회관에서 열린 빅토리아여
선교연합회 임원회에서 헬렌과 캐서린 맥켄지의 한국 선교사 신청서
를 공식적으로 다루기로 하였다. 여선교연합회 회원들은 그들의 신
청서를 기쁘게 받아들였고, 선교사후보위원회에 안건을 넘기었다.

　그리고 3개월 후인 12월 8일, 여선교연합회 연례회의가 열렸다.
이 자리에서 선교사후보위원회는 헬렌 맥켄지(한국명: 매혜란)를 한국
선교사로 추천하고 있었다. 헬렌은 당시 멜버른대학교 의대 4학년
시험을 막 통과하였다. 해외선교부 총무 캠벨이 동의하였고, 제청을
받아 만장일치로 그녀는 빅토리아여선교연합회 한국 선교사 후보
가 된 것이다(크로니클, 1937년 1월 1일, 8).

　그러나 헬렌과 캐서린의 한국입국은 오랫동안 지연된다. 세계 2차
대전이 있었고 한국전쟁도 있었다. 15년의 오랜 기다림과 준비 끝에
헬렌은 드디어 1952년 초 한국으로 되돌아오게 된다.

맥켄지 가의 '세 번째 선교사'

'한국으로 되돌아왔다'라는 말은 헬렌이 한국에서 태어났기 때문

이다. 한국이 그녀의 고향이었다. 그녀는 노블과 메리 맥켄지의 장녀로 이들은 당시 호주 선교사로 부산에서 나병원 운영과 나병환자들의 건강한 아이들을 키우는 사역하고 있었던 것이다. 헬렌은 1913년 10월 6일 태어났고, 선교사를 부모로 둔 딸로 태어날 때부터 이 가정의 '세 번째 선교사'로 불렸다.

헬렌은 어릴 적 어머니에 의하여 넬리로 불렸고, 중간 이름은 펄인데 그녀는 후에 다음과 같이 말하고 있다.

> 헬렌 펄 맥켄지는 엄마의 가장 친한 친구인 넬리 스콜스의 이름에서 따왔다. 넬리도 엄마와 함께 한국에서 선교활동을 하였다. 나의 중간 이름인 펄은 한국말로 진주인데 이는 엄마가 한국에서 선교하기 시작한 곳이 진주였기 때문이다. 영어로 진주는 펄이어서 여기에서 이름을 따온 것이다.
> (한국 소풍 이야기 2, 23)

헬렌은 부산진교회에서 마펫 선교사에게 유아세례를 받았고, 자연스럽게 한국 아이들과 어울리면서 한국어와 한국 문화를 접하였다. 그녀는 1921년 9월 평양외국인고등학교에 입학하였다. 그리고 1931년 졸업하여 호주로 귀국하였다. 이때 그녀의 나이는 18세였다.

헬렌은 호주에 도착한 2년 후인 1933년 멜버른대학교 의과에 입학하였고, 1938년까지 공부하였다. 졸업 후에 그녀는 퀸 빅토리아 병원에서 수련을 받아 산부인과 의사가 된 것이다. 위에서 언급한 것처럼 헬렌은 이미 한국 선교사 후보로 승인되었지만, 곧바로 한국으로 입국하지는 못하였다.

한국주재 호주 선교사들이 전쟁의 위협으로 이미 호주로 모두 철수한 시기에 헬렌은 한국으로 들어갈 수 없었던 것이고, 여선교연합회도 허락을 할 수 없었다. 그리고 선교사로 봉사하려는 그녀의 열망은 그녀와 간호사와 간호학 교수가 된 그녀의 동생 캐서린 맥켄지(한국명: 매혜영)를 중국으로 가도록 하였다.

헬렌과 캐서린은 1945년 10월 24일 스코트교회에서 파송예배를 가졌고, 당시 이들의 복장은 호주적십자 유니폼이었다고 한다. 해외선교부는 년 2백 파운드 봉급과 생활비를 인준하였고, 중국의 기독교회와도 연락을 완료하였다.

그리고 헬렌과 캐서린은 그 이듬해 초 인도를 거쳐 중국 쿤밍으로 들어갔다. 중간에 중국어 언어교육을 위하여 베이징을 다녀왔지만, 헬렌은 운남성의 진슈이 병원에서 부인과, 산부인과 의사 그리고 행정가로 일하였다. 병원 사역에 공산주의자들의 통제가 시작되자 이들 자매는 운남선교위원회의 결정으로 출국허가서를 받고 1950년 9월 호주로 다시 돌아오게 된다.

당시 크로니클 선교지에 표기된 중국의 호주 선교사가 모두 5명이었다. 그중 헬렌과 캐서린 그리고 왓킨스는 이제 휴가로 표기되었고, 나머지 2명도 중국의 어려운 기독교 선교 상황으로 인하여 곧 철수하게 된다(크로니클, 1950년 11월, iv).

드디어 고향 한국으로

한국전쟁이 끝나가자 헬렌과 캐서린은 한국 땅에 구호의 긴급성을 느끼고 한국으로 자원하게 된다. 이들은 중국에서 돌아와 휴가 중이었음에도 마다하지 않고 한국에서의 사역을 즉각 시작하기 원하였다. 당시 위더스와 던은 일본에서 한국으로 들어가기를 기다리고 있었고, 헬렌과 캐서린을 위한 입국허가서도 신청하였다. 1951년 12월 크로니클은 헬렌과 캐서린을 이미 한국 선교사 명단에 올렸고, 한국을 입국을 위한 수속 중에 있다고 표기하였다.

드디어 헬렌과 캐서린은 한국입국을 승인받고, 1952년 2월 13일 한국에 입국한다. 21년 만에 한국으로 돌아온 헬렌 자매는 옛 친구이자 멘지스의 양녀인 민신복 그리고 박복이, 김순복 등을 반갑게 만났다. 그리고 그해 6월 헬렌은 부산에서 다음과 같은 보고서를 호주에 보냈다.

> 우리는 어떤 일이든 즉각 시작하여야 한다. 그러나 건물 없이 그리고 최소한의 재정 없이 시작하는 것은 불가능하다. 우리의 의료 공헌이 오래 지속되기 위해서는 외국기관으로서 보다 한국인이 관심을 가져야 한다. 그래서 우리는 양성봉 경남지사를 찾았는데, 그는 장로이자 교회 지도자이다. 그는 우리의 일 시작부터 한국인으로 구성된 책임 있는 이 사회를 꾸릴 생각을 가지고 있었다. 우리는 그들에게 처음부터 재정적인 도움을 기대하지 않았지만, 양 지사의 아내는 병원을 운영할 거의 이상적인 건물을 즉시 찾는 관심을 보였다.
> (크로니클, 1952년 8월, 1)

양성봉의 아내가 찾은 건물은 원래 병원 건물이었고, 의료행위를 위하여 어느 정도의 건물 보수만 하면 된다고 말하고 있다. 헬렌은 그 건물 구입비용이 11,100파운드이고, 보수비용은 900파운드라고 보고하고 있다. 그러면서 이 비용을 어떻게 마련해야 할지 헬렌은 묻고 있다. 그러면서 호주빅토리아장로교의 여선교연합회가 기금을 이 해 안에 마련하기는 어려울 것을 그녀도 알고 있었다.

"이 목적을 위한 특별 기금 모금을 호주 전체에서 통해 그리고 뉴질랜드에서도 할 수 있을까?"

하루빨리 병원을 구입하고 보수하여 의료행위를 시작하려는 마음에 헬렌의 생각은 빅토리아를 넘어 호주 전체로 그리고 뉴질랜드까지 달려가고 있었다. 그러면서 헬렌은 다음과 같은 말로 보고서를 마치고 있다.

> 이곳에 있는 우리의 한국 기독교인 친구들과 대화를 해 보면 금방 알수 있다. 우리의 호주선교부가 이 지역을 책임 맡아 진정으로 다시 관계를 이어갈지 그들 마음속에 깊은 상처와 의심이 있다는 사실이다. 이 사역은 우리가 진정으로 이들을 위한 관심과 염려가 있다는 것을 보여줄 수 있는 확실한 방법이 될 수 있을 것이다.
>
> (앞의 책, 2)

사실 헬렌과 캐서린은 부산에서 어떤 의료 사역이 가장 필요한지 한국교회와 UN 관계기관과 폭넓은 상의를 하였고, 그 결과 산부인과와 조산간호사 훈련 그리고 산부인과 왕진 봉사가 가장 시급하다는 일치된 제안이 나온 것이다. 이것을 근거로 헬렌은 병원 개원을 서두르고 있었다.

빅토리아여선교연합회는 이 프로젝트를 위하여 만 파운드를 기증할 의사를 내비치었다. 그 옛날 휴 커를 선교사가 부산에 시약소를 시작하고 병원으로 발전시키려 하였지만, 기금이 없어 추진되지 못한 이래로, 드디어 부산에 호주선교회의 병원이 시작될 수 있는 순간이었다(커와 앤더슨, 126).

의료사역 안건 승인

빅토리아장로교 해외선교위원회는 병원 개원에 관한 헬렌의 안
건을 승인하였다. 문제는 건물 구입비용인 만 이천 파운드를 어떻게
조달하느냐였으며, 또한 병원 직원으로 한국인 의사 3명과 30명의
간호사도 필요로 하였다. 그리고 1952년 7월 7일 해외선교위원회의
긍정적인 결정에 헬렌은 다음과 같이 기뻐하였다.

> 호주에서 병원 건립에 관한 소식이 들려왔을 때 우리가 얼마나 흥분되
> 었는지 모른다. 마침내 의료사역을 할 수 있겠다는 기대 때문에도 그랬
> 지만, 우리를 더 기쁘게 한 것은 호주교회의 신앙이 이 도전을 받아들였
> 다는 사실이었다. 우리가 병원에 관한 제안을 하였을 때는 너무 무리한
> 것이 아닌가 하였지만, 호주교회가 스스로 결정할 수 있는 기회를 주어
> 야 한다고 생각하였다. 그리고 그 결과는 정말 기적적이었다.
> (크로니클, 1952년 9월, 5)

맥켄지 자매는 또한 산모와 어린이들을 위한 다양한 물품과 약품
을 적고, 병원의 분위기를 좋게 만들 여러 가지 소품들도 요청하고
있다. 그러면서 병원이 아직 준비되지 못하였지만, 첫아기 출산도
있었다고 적고 있다.

헬렌은 1952년 9월 17일 동생과 함께 부산 좌천동에 호주장로교선교회
선교사로 '일신부인병원을 세웠다. 그녀는 설립 목적을 '본 병원은 그리
스도의 명령과 본을 따라 그 정신으로 운영하며, 불우한 여성들의 영혼
을 구원하고 육체적 고통을 덜어줌으로써 그리스도 봉사와 박애 정신을

구현한다'고 공표하였다.

(맥켄지가의 딸들, 90)

첫아기의 산모는 돈이 없어 산파를 부르지 못하고 있는 여성이었다. 헬렌이 그 집의 할머니를 왕진 갔다가 딸의 출산이 임박한 것을 보고 도움을 제공한 것이다. 그 방에는 전기가 없어 등불을 방안에 밝혔는데, 이웃집이 전선을 이어 전깃불을 방안에 들여주기도 하였다. 여아가 태어난 사실을 안 산모와 이웃은 말없이 침묵하였는데, 이 집에 이제 딸만 2명이 되었기 때문이다!

헬렌은 이 해 제1회 의사국가시험에 합격하였고, 합격 증서를 당시 보건부장관으로부터 받았다. 후에 그녀가 발급받은 의사면허증에는 본적이 '호주국'으로 되어있고, 이름은 '헬렌. 맥켄지'로 표기되어 있다.

당시 한국의 통화와 환율 관계는 복잡하였다. 헬렌이 원래 생각하였던 그 병원 건물 구입은 점차로 어려워졌고, 앤더슨은 건물을 구입하기보다 일단 세를 내며 사용하기를 권고하고 있다. 동시에 군부대로부터 부산진유치원 건물을 확보하기 위하여 노력하고 있었고, 그 건물이 확보되면 의사와 간호사의 근거지가 될 수 있었다.

일신부인병원의 탄생

드디어 1952년 말, 병원 건물에 관한 좋은 소식이 실리고 있다.

마침내 우리는 건물을 소유하게 되었다. 처음에 희망하였던 그 건물은 아니지만, 유치원 건물을 사용할 수 있게 된 것이다. 원래 생각하였던 그 병원 건물을 구입하지 못하여 물론 실망스럽지만, 구입하였다면 그만큼 문제도 많았을 것이다. 현재의 이 상황은 중국에서와 비슷하다. 그곳에서는 사원을 병원으로 개조하는 신성한 경험을 하였는데, 지금은 유치원을 병원으로 만들고 있다. 중국에서의 그 경험이 큰 도움이 되고 있다.

(크로니클, 1952년 11월, 3)

그 유치원 건물은 물론 원래 호주선교회 재산이었다. 그런데 한국전쟁이 일어나자 한국군은 선교회의 2개 건물과 유치원을 그들의 병원으로 사용하였던 것이다. 학교 건물은 언덕 위에 있어 불편하였지만, 유치원은 사람들이 다니기 알맞은 위치에 있었다. 그러나 그 건물을 다시 돌려받기에는 희망이 없는 것처럼 보였다.

캐서린은 이때의 상황을 다음과 같이 말하고 있다.

한 달 전, 어느 날 아침 군인들이 건물에서 철수하는 모습을 우리는 보았다. 우리는 즉시 나가서 상황을 파악하며 건물에 대하여 물어 보았다. 다른 군인 병원이 들어온다는 것이었다. 우리는 우리에게 기회가 왔다고 생각하였다. 그리고 국방부 장관, 한국의 군의관 그리고 미군 장병들과 몇 번의 의사소통을 하였다. 그리고 마침내 그들은 두 주 전에 유치원 건물을 우리에게 넘겨주었다.

(앞의 책, 7)

군인들이 유치원 건물에서 철수하여 나가자마자 헬렌과 캐서린은 청소부터 하였고, 그들은 중심에 서서 병원으로 운영될 수 있도록 준비하기 시작하였다. 큰 방에는 14개의 침대가 들어갈 수 있었고,

작은 방은 양육실로 사용할 계획을 하였다. 그리고 다른 작은 방들은 사무실, 간호사실, 약방 등으로 쓸 수 있었으나, 부엌과 세탁 방은 따로 필요하였다.

그러나 이 건물을 병원으로 사용하는 데는 여전히 몇 가지 어려움이 있었다. 그중 하나가 이 유치원 건물은 일부 부모들이 낸 비용으로 지어졌고, 그들에게 유치원으로 돌려 주어야 하는 책임이 있었기 때문이다. 유치원 건물에서 일단 병원을 시작하지만 결국에는 병원을 새로 건축해야 함을 헬렌은 알고 있었다.

그럼에도 이곳에서 병원을 시작하는 것은 헬렌과 캐서린에게 감회가 남다른 일이었다. 이곳 좌천동에는 선교사관이 있어서 이들이 자라난 곳이고, 부산진교회가 있어서 주일학교를 다닌 곳이다. 그리고 같은 건물은 아니지만, 유치원이 있어서 원생으로서 친구들과 놀던 곳이었기 때문이다.

헬렌은 유치원 건물을 병원으로 사용할 수 있게 되자 먼저 교회 지도자들을 초청하여 후원회를 조직하였다. 후원회의 회장은 양 도지사였고, 후원회는 열정적으로 일을 위한 토론을 하였다. 그리고 병원 이름은 일신부인병원으로 하였다. 일신은 '날마다 새롭다'라는 뜻이고, 선교부의 학교 이름과 유치원 이름에서 전수되었다. 부산사람들은 일신이란 단어를 듣자마자 그것이 무엇인지 알았고, 또 어떤 교회와 관련된 것인지도 물론 연상할 수 있었다.

일신부인병원은 1952년 9월 17일 공식적으로 개원되었다. 개원하고 6주 동안은 외래환자만 볼 수 있었지만, 14개의 침대가 있는 방이 꾸며지면서 환자들이 입원하기 시작하였다. 처음에는 한 명의 간호사가 있었지만, 금방 5명이 되었다. 이 5명은 3개의 다른 선교부 병원에서 온 기독교인들인데 아침마다 예배를 돌아가며 인도하였다. 이들은 조산에 관하여는 거의 몰랐지만, 간호사가 가져야 할 마음과 태도는 호주 간호사들이 배울 점이 많았다고 한다.

헬렌은 후에 병원을 개원하는 자신의 소신에 대하여 다음과 같이 말하고 있다.

> 환자들이 병원비를 지불할 능력이 있건 없건 간에 우리의 도움이 필요한 모든 환자를 반드시 치료한다는 것은 병원을 시작할 때부터 우리의 중요한 원칙이었다. 치료를 할 수 있는 한 누구도 돈이 없다는 이유로 돌려보내지 않았다.
> (한국 소풍 이야기, 86)

병원 개원 2개월 후에 쓴 캐서린의 보고서에는 벌써 매일 평균 한 명의 아기가 병원에서 태어나고 있었다. 당시 한국 여성들은 병원보다 집에서 아기를 출산하기 원하는 것을 감안할 때 상당한 발전을 하고 있었던 것이다. 병원에 대한 소문이 주변에 차차 퍼지면서 난민과 노숙자들도 병원을 찾기 시작하였다.

또한, 호주에서 오는 구호품 상자들도 헬렌 자매를 기쁘게 하고 있었다. 구호 상자 안에 있는 선물을 아픈 아이들에게 전달하면 아이들은 눈물을 글썽이며 좋아하였다고 한다. 그리고 호주 후원자들의 관대한 헌금과 기도에 헬렌 자매는 감사하며, 진주에서 놀라운 사역을 감당한 배돈병원을 일신병원이 이어갈 수 있도록 기도하고 있다.

임시병동을 세우다

1953년 들어서 일신병원은 임시병동을 세울 수 있었다. 유엔의 재활 및 재건 기구에서 기증한 5천 불을 가지고 가건물을 세운 것이다. 그동안 병원 뒤 텐트에 있었던 세탁 방, 부엌 그리고 직원 식당이 이제는 자리를 잡았고, 병동도 늘어났다. 뿐만 아니라 각 방에는 냉수와 온수도 나왔다.

당시 병원을 건축하는데 건축가 김칠봉의 공헌이 컸는데, 그는 헬렌의 아버지 맥켄지가 운영하였던 '건강한 아이들을 위한 집' 출신이었다. 그는 이 임시병동 외에도 1956년에는 병원 본관을 그리고 1952년에는 부산진교회를 시공하기도 하였다.

4월 중순에 교회 지도자들이 참석한 임시 건물 헌당예배가 있었는데, 건축자가 건물 열쇠를 헬렌에게 넘겨주는 의식 다음에 봉헌예배가 이어졌다. 그리고 얼마 후에 첫 간호조산사 반이 열렸고, 학생들이 조산의 실제에 관한 강의를 듣게 되었다. 캐서린은 첫 반에 8명의 학생과 2명의 세브란스병원 인턴이 있을 것을 기대하고 있었다.

그리고 이 해 10월 조산원 제1회 수료식 초청장을 원장인 헬렌의 이름으로 발행할 수 있었다.

> 오는 31일(토) 오후 4시 부산진교회(아래층)에서 일신병원 조산원 강
> 습 제1호 수료식을 간소히 거행하고자 하오니 다망하신 중 죄송하오나
> 저희 사업을 격려하시는 뜻으로 참석해 주시기 바랍니다.
> (한국 소풍 이야기 2, 85)

또한, 질 좋은 영양식을 섭취하지 못하여 아기에게 젖을 공급하지 못하는 산모를 위하여 병원에서는 우유급식 방을 운영하였다. 호주에서 보내오는 가루-우유가 주요한 공급원이었고, 4~5개월 지난 아

기에게는 콩우유를 공급하였다.

1953년 헬렌은 연례보고서를 쓰고 있다. 이 한 해 동안 전체 17,784명의 방문자 중에 7,318명의 다양한 외래환자를 보았고, 1월에는 하루 평균 16명의 환자가 7월 이후에는 70~80명이 되었다. 입원환자는 1,175명이었고, 그들이 병원에 입원한 총 일수는 7,389일이었다. 일 년 동안 탄생한 신생아가 총 769명이었고, 그중 57명은 가정집에서 출생하였다. 684번의 수술이 있었고, 그중 70번은 대수술이었다.

병원에서 일하는 직원은 1월에 총 11명으로 의사 1명, 매니저 1명, 간호사 5명 그리고 보조자 4명이었다. 12월에 와서는 총 52명의 직원이 있었다.

입원환자의 40% 그리고 외래환자의 12%는 무료로 치료를 받았다. 또한, 무료로 기증받은 약품들은 무료로 지급하였고, 우유급식방의 우유도 무료로 공급되었다. 그리고 40명의 간호사와 6명의 의사도 훈련하였는데, 이것은 병원 직원 훈련프로그램에 더한 것이었다(크로니클, 1954년 4월, 9-12).

1954년 3월에 호주장로교 총회 총무의 한국 방문이 있었다. 그리고 일신병원의 영구적인 건물 건축에 관한 긴급 안건이 상정되었다. 호주 선교사 공의회 임원회는 좌천동 선교사 거주부지 한쪽에 40명의 성인과 20명의 어린이가 입원할 수 있는 규모의 병원 건물을 세우는 것에 동의하였다. 이 부지는 접근하기 어려운 길에서 피할 수 있는 위치에 있었다.

대부분의 건축비용은 일반단체에서 공급될 것이었는데, 그것은 유엔군과 한국 정부였다. 총 83,000 호주 파운드의 예산이었다. 호주에서의 공헌 비용은 10,000 호주 파운드였고, 여선교연합회의 한국 복구기금 2천 그리고 매튜 부인 유산에서 8천이었다(크로니클, 1954년 5월, 11).

그리고 캐서린은 10월 5일 편지에서 새 병원 건물의 공사가 시작되고 있음을 알리고 있다. 평상시의 기차 소음 위에 더 큰 소음이 창문을 뚫고 들어오고 있는데, 맥켄지 딸들에게는 소음이 아니라 음악 소리 같았다. 드디어 공사가 시작된 것이다. 미군의 공사 장비를 도움받아 굴착기와 트럭이 오고 가는 것이 보였고, 기초가 다져지기 시작한 것이다. 그녀는 건축이 계획대로 진행된다면 12개월 안에 새 건물이 세워질 것이라고 호주 독자들에게 자랑스럽게 소식을 전하고 있다(크로니클, 1955년 2월, 3).

1954년 연례 보고서

일신부인병원이 시작된 지 2년이 지나면서 임시건물에서의 병원 운영이 더 이상 불가능하게 되었다. 병원 직원들은 새 건물을 기대하면서 당시의 상황에서 최선을 다할 수밖에 없었다. 31,199명의 방문자 가운데 11,996명이 진료를 받았고, 이것은 매일 평균 102명이었다. 일 년 전인 1953년에 비하면 거의 배가 된 것이다. 1952년 9월 병원이 개원한 이래로 2만 명의 다양한 환자가 치료를 받았고, 이것은 부산 인구 50명 중 1명꼴이었다.

우유 보급 사역도 81명 아기에게 14,425일 분량의 우유를 먹였고, 166명에게 예방접종을 하였다. 헬렌은 이 봉사를 좀 더 확장하기 원하였지만, 지원도 부족하고 시간도 부족하였다.

일 년 동안 입원환자는 2,201명이었고, 이들이 병원에 입원한 날은 12,865일이었다. 이 해 1,358명의 산모가 1,399명의 아기를 낳았고, 이것은 매일 평균 3.7명이었다. 1,371번의 수술이 있었고, 중환자 수술은 138번 있었다. 당시 일신병원은 한국인들만 아니라 호주인, 미국인, 영국인, 네덜란드인, 스웨덴인, 덴마크인, 필리핀인 그리고 중국인과 일본인도 이용하고 있었다.

> 우리 병원에 대한 소문이 점점 다른 지방에까지 알려지게 되었다. 다른 도와 심지어 서울에서도 여성들이 왔는데, 부인과의 어려운 환자들이었다. 그중에는 특별한 산과 경우도 있었다.
> (크로니클, 1955년 4월, 4)

병원 직원의 숫자는 1월의 31명에서 연말에는 42명이 되었고, 27명의 학생도 있었다. 직원들은 불충분한 시설과 넘쳐나는 환자들 속에서도 불평 없이 일하였고, 새 건물에 대한 열망은 날로 높아 가고 있었다. 그러나 새 건물의 완공은 마치 신기루처럼 이루어질 것 같지 않은 희망 사항처럼 보이기도 하였다고 한다.

병원에서의 사역은 이 외에도 인턴 학생들과 조산 간호사 학생들을 훈련하는 프로그램도 있었다. 동시에 병원 원장인 헬렌은 병원에서 무료로 치료를 받는 환자들도 소개하고 있다. 이 해에는 3,074명이 무상치료를 받았고, 비용으로 환산하면 3,300파운드였다. 이것은 외래환자의 10%, 입원환자의 32% 그리고 왕진환자 13%였다.

헬렌은 새 건물이 1955년에 완공될 것으로 기대하고 있었고, 주소는 선교부 아래쪽의 좌천동 471번지였다. 건축비용은 많은 부분 부산의 미국부대에서 지원하였고, 모든 노동자비용, 군부대에서 지원하지 않는 자재비용 그리고 병원 운영비용은 선교회의 책임이었다. 이 건물은 60명의 성인과 비슷한 숫자의 아기를 수용할 수 있는 규모였다.

헬렌은 보고서 마지막 부분에 다음과 같은 감사의 인사를 남겼다.

결론적으로 우리는 부산진교회 일신유치원의 위원회에 감사한다. 우리
가 계획한 것보다 더 긴 시간 그들의 건물을 사용하게 되었고, 그들은
관대하였다. 우리는 또한 교인들의 지지와 관심에도 감사하며, 이들은
김치를 담그거나 아침예배를 인도하거나 여러 방법으로 우리를 도왔다.
(앞의 책, 7)

헌당식 테이프를 자르는 헬렌

1955년 9월 24일 새 건물이 거의 완성되어 가는 중 머릿돌을 놓는
정초식이 있었다. 이날은 경남노회 노회장을 비롯하여 지역의 목사
들과 군부대의 대표들 그리고 건축 관계자들이 참석하였다. 머릿돌
을 놓는 대표자들로는 부산진교회의 김성여 목사, 영국군의 페리
장군 그리고 호주 선교부의 엘리자베스 던 선교사였다. 부산진교회
성가대의 찬양 인도는 예배를 더욱 흥겹게 하였고, 케넌 목사가 중보
기도를 인도하였다. 벽면에는 당시의 직원 이름과 건물을 위하여
공헌한 사람들의 명단이 자랑스럽게 기록돼 있었다(크로니클, 1955년
12월, 8-9).

그리고 다음 해 3월 2일 오후 2시, 드디어 새 건물이 완공되어
헌당식이 있었다. 던은 당시의 모습을 크로니클 5월호에 사진과 함
께 보고하고 있다. 이날은 춥고 흐린 날씨였지만 250명가량의 각계
각층 손님이 참석한 가운데 헬렌이 대표하여 테이프를 잘랐다. 이날
방문자들은 건물을 둘러보았고, 그다음 날은 구건물의 환자들이 새

건물로 옮겨져 각각 배당된 침대로 이사하였다.

> 예전의 좁은 병동에서도 이미 아주 많은 것을 성취하였다. 그리고 이
> 아름다운 새 병원도 이곳 지역공동체의 밝은 빛이 될 것임을 우리는 안
> 다. 그리고 한국 곳곳에서 와 특별한 대학원 훈련을 받는 간호사들을
> 통하여 한국 땅 어디에서나 봉사가 이루어질 것을 믿는다.
> (크로니클, 1956년 5월, 1-2)

그 후 2~3개월도 채 지나지 않아 헬렌 자매는 아버지 맥켄지가
위중하다는 소식을 듣는다. 둘 다 동시에 병원을 비울 수 없는 상황이
라 원장인 헬렌은 병원에 남고, 캐서린만 서둘러 호주로 돌아가 아버
지를 만날 준비를 하고 있었다. 그녀는 병원의 현과 김 간호사도 동행
하여 그들이 멜버른에서 대학원 공부를 하기 원하였다.

그러나 캐서린은 생전의 아버지를 만날 수 없었다. 아버지 맥켄지
는 캐서린이 도착하기 전 7월 2일 하나님의 부름을 받은 것이다. 헬렌
과 캐서린이 1952년 한국으로 떠날 때 아버지는 두 딸을 살아서는
다시 볼 수 없을 것 같아하며 가족이 헤어지는 것을 힘들어하였지만
그는 주님을 위해서 기꺼이 딸들과의 헤어짐도 감내하였던 것이다.

1957년 헬렌은 1956년도 연례보고서를 쓰고 있다. 보고서에는
의료 사역, 병원 직원, 병원 이사회, 새 건물, 재정 그리고 결론 등으
로 나누어져 있으며, 캐서린이 휴가를 떠난 사이엔 에디스 골트가
간호조산과 대학원 훈련과정에 관하여 보고를 하고 있다.

이 해 외래환자는 10,213명으로, 병원이 개원한 이래 총 4만 명의
환자를 진료하였다. 이 숫자는 부산 인구 25명 중에서 1명꼴이었다.
또한, 영양결핍의 아기를 위한 우유 보급 사역도 계속되고 있었는데,

6월까지 700명의 아기가 도움을 받았으며, 지난 한 달 동안 101명의 영양부족 아기들이 등록하였다.

입원환자는 매일 평균 46.3명이었고, 연 2,082명으로 그들이 입원하여 있던 일수는 16,964일이었다. 또한, 이 해 1,020명의 어머니가 1,047명의 아기를 출산하였고, 전체 4,370명의 아기가 태어났다.

병원 직원은 전체 58명이었고, 34명의 학생이 훈련을 받고 있었다. 이들은 6명의 의사, 16명의 간호사, 24명의 대학원생, 10명의 대학생, 4명의 기술자, 5명의 사무실 직원과 전도부인 그리고 27명의 일반 직원이었다. 병원의 자문위원회는 박태화 회장을 비롯하여 3명은 노회 대표, 3명은 호주선교회 추천 그리고 3명은 호주 선교사들로 구성되었다(크로니클, 1957년 5월, 9-11).

헬렌은 이 해 말 캐서린에 이어 호주로 휴가를 떠난다. 이제는 서울에서 비행기를 타고 경유하여 호주까지 갈 수 있어서 거친 바다를 배로 40일 동안 항해해야 하는 고생스러운 시절은 끝나고 있었다.

헬렌은 1958년 10월 15일부터 멜버른 스코트교회에서 있었던 여선교연합회 정기회의와 컨퍼런스에서 강사로 초청되었다. 사회자는 헬렌이 이타적이고 실력 있는 의사로 일신병원에서 수준 높은 의료를 제공하고 있다고 소개하였다. 이어서 헬렌은 요나서 1장을 가지고 강연을 시작하였다. "어떻게 잠을 잘 수 있습니까? 일어나 당신의 신을 부르십시오"(6절). 헬렌은 우리가 우리의 일상에 붙잡혀 하나님을 부르지 않고 있다고 하며, 삶의 진정한 목적과 부름이 어디에서 오는지 들어야 한다고 하였다.

기독교인은 세상 속의 폭풍을 잊어버리고 잠에 빠진지 오래되었으며…
한국에 수만 명 그리고 세상에 수백만 명이 도움을 부르짖고 있는데,

우리는 다시 스스로 도망가느라 그 울부짖음을 듣지 못합니다. 배 안에서 편히 잠을 자느라 우리 주변에 어떤 폭풍이 몰아치고 있는지 모르고 있습니다. 어떻게 잠을 잘 수 있습니까? 일어나 당신의 하나님을 부르십시오. (크로니클, 1959년 2월, 5-8)

부인병원의 발전

헬렌은 1959년 3월 휴가를 마치고 부산의 일신병원으로 돌아왔다. 헬렌이 휴가로 호주에 있는 동안 캐서린은 병원의 직원들을 감독하며 병원 운영 책임을 맡고 있었지만 역부족이었다. 평소보다 더 많은 환자가 병원으로 밀려오고 있었기 때문이다. 마치 처음 병원을 개원하였을 때 방에는 물론 복도에까지 환자들로 북적이던 그런 모습이었다.

출산도 늘어나고, 수술도 배로 늘고 있었다. 그러나 병원 직원의 수는 그대로였는데, 의사와 간호사를 더 임용하지 못하는 이유는 그들이 거주할 공간이 없었기 때문이었다. 캐서린은 갑자기 환자가 늘어난 이유를 부산에 있던 독일적십자병원이 문을 닫았기 때문이라고 하였다. 이 병원에도 산과와 부인과가 있었고, 가난한 사람들을 위하여 치료해 왔는데 어떤 이유에서인지 폐원하였다고 한다.

1959년 말 당시 마산에 선교사로 있던 알란 스튜어트 부인 리타는 자신이 경험한 일신병원에서의 출산을 편지로 적고 있다. 이들의 아들 크리스토퍼와 그레엄은 호주 선교사 자녀로 일신병원에서 태어난 1, 2호였다.

만약 여러분 중 누가 내가 아기를 한국에서 출산한 것에 대하여 불쌍하게 여긴다면 그러지 마십시오.… 집에서 아기를 낳을 때 느낄 수 있는 모든 편안함과 개인적인 세심함이 있었고, 그것에 더하여 병원에만 받을 수 있는 장점도 누렸습니다. 이것은 물론 헬렌과 캐시의 돌봄 때문이었고, 어느 곳에서 출산을 하였던 누릴 수 없는 특권이었습니다. (크로니클, 1959년 11월, 8)

헬렌의 1959년 연례보고서를 보면 개원한 이래 일신병원을 다녀간 외래환자는 거의 7만 명이었다. 이 해 한해에만 10,142명의 외래환자가 있었다. 매일 평균 112명이 진료를 받았고, 어떤 날은 221명까지의 환자가 방문하였다. 또한, 우유보급 방과 아기 보건도 중요한 사역이었는데, 이 해 712명의 영양부족 아기들이 우유를 공급받았고, 이것은 총 125,909일의 양이었다.

입원환자는 예년에 비하여 50%가 증가하였는데, 매일 평균 67명이 입원하였고, 그중 46명이 성인이었다. 어린이는 21명이었다. 이 해 1,253명의 산모가 1,286명의 아기를 출산하였고, 그중 33명이 쌍둥이였다. 특이한 점은 이 해 처음으로 사망한 산모의 몸에서 절개수술로 아기를 출생하는 데 성공했다는 것이다.

이 해 병원의 한국인 직원은 의사 4명, 간호사 23명, 산과 대학원 학생 31명, 간호보조원 7명, 기술자 3명, 전도부인을 포함한 사무직원 7명 그리고 29명의 보조원이었다. 또한, 환자들로부터 받는 치료비로 50%의 수입 증가가 있었지만, 무료로 치료해주는 환자 비용은 114%가 늘어 총 11,600파운드였다(크로니클, 1960년 4월, 8-9).

일 년 후인 1960년 헬렌은 '침대 숫자보다 환자가 더 많다'라고 연례보고서를 시작하고 있다. 총 3,179명이 입원환자가 있었고, 이들은 전체 30,723일 입원하였다. 1,269명의 산모가 1,303명의 아기를 출산하였고, 그중 32명이 쌍둥이였고, 한 쌍의 세쌍둥이도 있었다.

평균 매일 115명의 외래환자가 있었는데, 당시 제일 어려운 경우는 결핵병이었다. 환자가 돈이 없으면 치료를 받지 못하는 상황이었다. 일신병원은 이 해 50명의 폐결핵 사례가 있었지만, 병원의 진료 분야가 아니어서 어려움을 겪고 있었다.

우유보급소는 점점 발전하여 매일 평균 90명의 아기가 우유를 받았으며, 이 해 807명의 아기가 영양결핍으로 아기 보건소에서 도움을 받았다. 예방접종 봉사도 계속되고 있었고, 1,832명의 아기가 혜택을 받았다.

한국인 직원은 의사 8명, 간호사 21명, 산과 인턴 33명, 간호보조 8명, 기술자 5명, 사무원 8명 그리고 보조 30명이었다. 산과 대학원생 훈련은 9개월의 연수 끝에 29명이 졸업을 하였고, 이때까지 총 293명이 졸업을 하여 전국에서 일하고 있었다.

재정 상황은 4.19혁명 후부터 전반적으로 점차로 나빠지고 있었고, 더 나빠질 수 있다고 보고되고 있다. 한국 정부나 미군에서의 후원은 더 이상 어려울 것으로 전망되었고, 겨우 호주와 미국 그리고 세계교회의 후원에 의지하고 있다고 헬렌은 보고하고 있다. 이 해에 해외교회에서 받은 후원금은 17,300파운드 정도의 장비와 봉사 그리고 3,550파운드의 현금이었다고 한다(크로니클, 1961년 4월, 2-3).

버려지는 아기들

당시 부산에서는 산모가 아기를 낳았지만 다양한 이유로 키울 수 없어 아기들이 길가에 버려지고 있었다. 헬렌은 이 상황을 보며 마음 아파하고 있었다.

병원의 전도부인이 두 명의 산모가 낳은 아기를 데리고 퇴원하도록 도왔다. 그런데 방금전 나에게 말하기를 그들의 집이 돼지도 살 수 없는 작고 더러운 방이었다고 하였다. 가난한 환경으로 인하여 많은 아기들이 버려지고 있다.

지난 이틀 동안 3명의 버려진 아기가 병원에 들어왔고, 현재 그런 아기 11명이 신생아실에 있다. 이 아기들을 그냥 고아원에 보낸다면 거의 사망할 것이다. 그래서 우리는 이 아기들을 입양할 부모가 나타날 때까지 돌보고 있는 것이다.

(크로니클, 1961년 6월, 13)

헬렌은 병원 사역을 위하여 끊임없이 호주와 다른 나라 교회에 후원을 호소하고 있었다. 다음의 글은 헬렌이 어떤 내용으로 호주교회에 호소하고 있는지 잘 알 수 있는 편지이다.

18개월 전 우리 병원에서 태어난 한 남아가 결핵에 감염되었습니다. 그 엄마의 첫아기도 우리 병원에서 출생하였는데, 선천성 심장질환이 있었습니다. 그 아기는 작년에 수술을 받았는데 의사는 한국인으로 호주 선교회로부터 장학금을 받은 사람이었습니다.

그 아이 어머니는 남편이 죽자 아이들을 돌볼 방법이 없어 포항으로 이사하여 그곳 산에서 나무를 주우며 생활을 하였습니다. 그러나 아기가 아프자 그녀는 다른 아이 셋과 함께 120마일을 걸어 부산에 왔습니다. 걸어오는 15일 동안 그들은 거리에서 잠을 잤고, 음식은 구걸하여 먹었답니다. 우리는 그녀에게 몇 주치의 약을 주었고, 포항에 있는 다른 진료소를 다닐 수 있도록 편지를 써 주었고 차비도 주어 보냈습니다.

3주 후에 그녀는 다시 15일을 걸어서 부산에 왔습니다. 포항진료소는 지금 문을 닫았다고 하며, 나무를 줍는 동안 불이나 자신의 짐이 모두 타버렸다고 하였습니다. 그 짐 안에 있던 약도 다 탔고요.

그녀의 아이에게 충분한 약을 주어 이번 겨울을 잘 지내도록 하면 좋겠습니다. 곧 한겨울이 오면 길가에서 숙박하기는 불가능할 것입니다. (크로니클, 1961년 7월, 5)

헬렌은 1953년부터 병원에서 함께 사역한 에디스 골트의 갑작스런 죽음에 애도의 글을 남기고 있다. 골트는 탁월한 조산 간호사로 일하다가 1961년 5월 23일 소아마비에 감염되어 사망하였다. 병원의 간호사 기숙사를 골트를 기념하면서 헌정될 때 헬렌은 다음과 같이 말하고 있다.

기념비를 남기는 것은 중요한 일은 아니다. 만약에 우리가 정말 그녀를 기억하기 원한다면 기숙사를 드나들며 그녀의 사랑스런 정신을 기억하는 것이다. 만약에 우리 직원 모두가 그녀와 같은 정신을 가진다면, 비로소 우리는 제대로 그녀를 기념하는 것이며, 하나님께 영광 돌리는 것이다. (크로니클, 1961년 12월, 19)

부산선교부

1961년 10월 31일에 만 번째 아기가 병원에서 출생하여 부산 지역신문 기사에 실리기도 하였다. 헬렌은 이 해 연례보고서에 한국인 직원의 숫자를 보고하고 있는바, 7명의 의사, 21명의 간호사, 33명의 대학원 산과 학생, 13명의 간호보조, 4명의 기술자, 8명의 사무원, 22명의 여성과 8명의 남성 일꾼들이었다.

경제가 어렵고 실직이 늘어나자 버려지는 아기들도 계속 증가하고 있었는바 1956년에는 269명, 1960년에는 675명 그리고 1961년에는 한 달에 벌써 150명이나 되었다. 헬렌은 일신병원으로 들어오는 버려진 아이들을 입양가정으로 보내고 있었지만, 병원에서 수개월 이상 돌보며 과정을 거쳐야 하였다. 1961년 말까지 일신병원에서 태어난 아기는 총 10,255명이었다.

일신병원의 새 간호사 기숙사관이 1962년 4월 21일에 개관되었다. 빅토리아여선교연합회 회장 페어서비스 부인이 참석하여 공식적으로 개관하였다. 기숙사는 L자 모양의 3층 건물이었고, 100명 정도의 간호사들이 독방에 혹은 2인 1실에 거주할 수 있었으며, 방안에 붙박이장도 있었다. 넓은 응접실도 있었고, 세탁방도 편리하게 마련되었다. 새 식당에서는 매일 140명분의 음식을 만드는데 빠지지 않고 요리된 음식은 미역국이었다고 한다.

1963년 호주선교회는 진주, 마산 그리고 부산에 총 16명의 선교

오전 8:45	경건회
오전 9:00	회진 시작
오전 10:30	수술실 입실 (하루 평균 2번 반의 수술. 대부분 응급환자들. 피임을 멀리하는 한국 문화로 인하여, 나이든 여성들의 임신이 여러 가지 합병증을 유발함)
오후 12:30	점심
오후 2:00	태아 검진(일주일에 한 번은 부산의 가난한 지역을 방문하여 태아 검진 봉사)
오후 3시	인턴이나 학생들 강의
오후 6시	저녁 식사와 야간 당직(순번을 정해서)

(크로니클, 1963년 6월, 9-10)

사를 두고 있었다. 진주에는 헤젤딘 부부, 닐 부부, 마산에는 브라운 부부, 크로프트 부부, 맥납 그리고 부산에는 앤더슨, 잉글랜드, 스튜어트 부부, 왓슨 그리고 헬렌과 캐서린 자매가 있었다. 해방 전의 호주 선교사 숫자에는 못 미치었지만 적지 않은 숫자가 일하고 있었고, 통영과 거창에 거주하는 선교사는 더 이상 없었다.

부산의 일신병원은 당시 호주선교회의 주력 사업이었다. 그 중심에 헬렌 자매가 있었고, 조이스 앤더슨도 병원 행정업무를 보고 있었다. 캐서린의 수첩을 보면 당시 그들의 하루의 일과가 보통 어떻게 진행되고 있는지 엿볼 수 있다.

헬렌의 신앙관

1964년에 헬렌은 또 한 번의 휴가를 떠난다. 헬렌의 공석에 바바라 마틴이 임시로 사역을 시작하였다. 헬렌은 이 해 여선교연합회 총회에서 열정적인 강연을 하고 있다. 그녀는 많은 한국인 여성들이 가난한 환경 속에 갇혀있다고 설명하고 있다.

우리의 많은 환자들은 그들의 가난 속에 갇혀있고, 벗어나는 방법도 모르는 것 같다. 거의 하루하루를 생존하고 있고, 다른 선택도 없다. 그리고 질병, 죽음, 결혼, 또 한 명의 아기, 또 하나의 입을 먹여야 할 위기가 오면 어쩔 줄을 몰라 한다. 가난은 영양실조를 유발하고, 영양실조는 질병을 낳는다. 가난과 함께 무지가 동반되는데 어떻게 건강을 지켜야 할지, 어떻게 자신의 생활을 발전시켜야 할지, 어떻게 갇힌 상황에서 벗어나야 할지 무지하다.

(크로니클, 1964년 12월, 5)

헬렌은 세상의 많은 사람이 처해있는 이 빈곤의 악순환을 호주사람들은 모른다고 하였다. 호주인들은 물가가 올랐다고 불평하지만, 계속되는 배고픔이 무엇인지 모른다고 하였다. 오히려 호주인들은 너무 많이 먹어 건강이 나빠지고, 죽는다고 역설하였다. 그리고 호주 교회도 갇혀있다고 하였다. 보수적인 교리와 무지, 잘 훈련된 지도자의 부재 그리고 죄악이 그 원인이었다. 그러면서 헬렌은 총회에 참석한 회원들을 향하여 여러분은 이것들로부터 자유로운지 묻고 있다.

> 한국에서는 자신만이 의롭다는 죄가 교회를 분열시킨다면, 호주에서는
> 무관심의 죄가 그렇지 않은가? 한국에서는 가난한 사람들이 헌금하는
> 십일조를 잘못 사용하는 교회의 죄가 있다면, 여러분은 십일조를 드리
> 기나 하는가? 한국교회는 예배출석, 음주, 흡연을 너무 보수적으로 접근
> 한다면, 우리는 아예 그런 도덕 기준조차 없이 세상 사람들과 별반 다르
> 지 않은가?
> (앞의 책, 8)

그러면서 헬렌은 자신이 중국에 있을 때 경험한 이야기를 소개하면서 다음과 같이 연설을 마치고 있다.

> 하나님의 능력에는 제한이 없다. 우리의 한계로 인하여 제한되지 않는
> 다. 그가 우리를 구원할 수 있다고 신뢰하지 못할 때만 오직 제한된다.
> (앞의 책, 9)

이 당시 남호주교회에서는 주일학교 어린이들이 우유병에 동전을 모으고 있었다. 이것은 주일학교 선교프로젝트였는바, 부산의 일

신병원에 오는 아기들에게 우유를 제공하기 위한 목적이었다. 매주 호주 어린이들은 용돈을 모아 우유병이 채워지기 기다렸다가 애들레이드의 스코트교회에서 특별선교예배가 열릴 때 가지고 와 드렸다. 이렇게 모인 기금이 100파운드나 되기도 하였다.

또한, 빅토리아여선교연합회는 한국풍의 공책과 수첩을 제작하여 호주 내에서 판매하였고, 그렇게 만들어진 수익금을 한국으로 송금하였다. 이 기금은 경상남도에서 다양한 기금으로 사용되었는데, 선교사들이 순회전도를 하며 가난한 가정에 도움을 주거나, 병원이나 학교에서 돈이 필요한 학생들에게 제공되었다.

한편 1965년도의 연례보고서에 헬렌은 몇 가지 내용을 보고하고 있다. 먼저 이 해 만 명 정도가 새롭게 진료를 받았고, 총 125,222명의 환자가 개원 이래 진료를 받았다. 매일 평균 97명의 환자가 방문한 것이다.

또한, 매일 평균 105명의 아기가 유아 진찰방에서 검진을 받았고, 641명의 새로 온 영양결핍 아기들에게 우유가 제공되었다. 이 해 병원에서 출산한 산모는 1,337명이었고, 매일 평균 입원 성인은 70명 그리고 아기는 평균 21명이었다. 그러므로 일신병원에서의 전체 출산횟수는 15,000번이 넘고 있고, 그중 8쌍의 삼쌍둥이, 426쌍의 쌍둥이가 포함되어 있다(크로니클, 1966년 5월, 4-5).

미션 박스

1965년 8월 15일에는 광복 20주년을 맞아 부산시 김현옥 시장이 헬렌에게 감사의 편지를 보내었다. 헬렌이 병원장으로 취임한 이래 외면받고 힘겨운 삶을 살아야 했던 환자들을 돌보는 데 모든 노력을 기울였다고 치하하면서, 어떠한 금전적 보상도 없이 사랑으로 돌보았다고 적고 있다.

이 해 성탄절에는 부산진교회에서 성탄예배를 드리고, 우유공급방 아기들을 위하여 준비한 선물 700개를 나누어 주었다. 아기들을 위한 담요와 옷가지 등이었는데, 그리스도의 탄생에 대한 이야기를 처음 듣고 선물까지 받은 젊은 어머니들은 즐거워하였다.

그리고 헬렌은 병원 직원들의 아이들 선물도 잊지 않았다. 의사, 간호사, 직원 등의 자녀들에게도 135개의 선물을 주었다. 물론 병원의 직원들을 위한 선물도 빼놓지 않았다.

사실 이러한 선물은 많은 부분 호주에서 보내온 것이었다. 빅토리아여선교연합회는 미션 박스를 꾸준히 한국으로 보내고 있었는데, 이 상자 안에는 병원에서 필요한 다양한 용품과 어린이들을 위한 선물이 포함되어 있었다. 여선교회 회원들은 필요한 항목을 구체적으로 적어 빅토리아 전역의 교회에서 모금하도록 하였고, 모인 물품을 일일이 분류한 뒤 상자에 담아 한국에 보내왔던 것이다. 각종 병원 의료용품, 아기 침대, 산모 옷, 우유보급방 아기를 위한 담요, 비누, 올리브 오일 등등 이었다.

헬렌은 그러나 일신병원의 이야기가 모두 성공적인 것은 아니라고 그녀의 일지에 기록하고 있다.

> 그러나 일신병원의 사역이 모두 성공적인 이야기는 아니다. 어제 한 여성이 출산을 하였는데 아기가 여덟달 만에 조숙아로 태어났다. 그녀는 이미 첫아기를 잃어버린 경험이 있는바 아기를 어서 집으로 데려가고 싶다고 하였다. 그러나 그 아기는 선천성 매독균이 있었다. 아기는 인큐베이터 안에서 숨을 쉬고 있었는데, 오늘은 거의 죽어가고 있다.

산모는 다른 지방으로 어서 가야 한다고 재촉을 하였다. 그러나 사실은
달랐다. 그녀는 아기를 원치 않았던 것이다. 이 나라에는 아기를 버리는
것에 대한 규정이 아직 없다. 우리에게는 이것이 살인처럼 보이는데,
경찰도 별로 관심을 두지 않는다.

(크로니클, 1967년 9월, 14-15)

외국선교사의 역할

헬렌은 당시 한국에서 해외선교사의 역할에 대하여 고민하고 있
었다. 한국사회가 큰 변화를 겪고 있고, 또한 한국교회도 부흥하고
있는데, 해외에서 온 선교사의 역할이 무엇인지 그녀는 '선교사의
과제'라는 제목의 글을 남기고 있다.

여러분들의 선교사들은 종종 용기를 잃고 있다. 이 사회가 선교사들에
게는 관심이 없고, 그들과 함께 오는 돈만 원하고 있기 때문이다. 그렇
다. 여기에 우리에게 큰 도전이 있다. 우리와 같이 부름을 받은 '형제
사역자'의 자리는 어디인가? 한국과 같은 나라에서 이 질문에 답하는
것은 특별히 어려운 일이고, 다른 자격증 없이 신학만 공부한 선교사들
에게는 더 그렇다.
외국에서 온 목사보다 한국인 목사가 한국 사람 목회를 더 잘할 것이다.
우리가 선교사로서 해야 할 일은 다른 사람들이 하지 못하거나 하기 싫
어하는 일들일 것이다. 그리스도 증언자로서의 개척적 일인바, 도시산
업선교, 방송, 텔레비전, 기독교 드라마, 병원 목회, 현대식 기독교 교육,
신학교나 대학교에서 높은 수준의 교수 등이다.

(크로니클, 1967년 11월, 6)

헬렌은 치유 목회가 기독교 증언에 본질적인 부분이라고 믿었다. 교회의 책임은 한 사람의 전인적인 관심이고, 기독교 의사들은 한 사람의 육신적인 관심만 아니라 전인적인 존재에 책임이 있다고 하였다. 그러면서 그녀는 기독교 병원이 아직 필요한가 아니면 기독교인 의사가 일반병원에서 일하면서 증언하는 것이 더 효과적인가 라고 반문하고 있다.

대부분의 의사가 돈을 벌기 위하여 의사가 되고 있는데, 일신병원은 그동안 500여 명의 간호사를 훈련시켜 전국으로 보내왔고, 산과 간호사가 되기 위해서는 12개월의 대학원 과정을 이수해야 하는 규정을 만든 것도 일신병원의 공헌이었다.

헬렌은 치유의 책임을 교회가 받아들이기까지 먼 길이 남아있다고 보았다. 대부분의 교회는 기독병원은 기독교인들을 위한 것이지 다른 이들을 위한 선교적 목적이 아니라고 생각하고 있었다. 그러나 헬렌은 기독병원의 영적 목회는 많은 다양한 열매를 맺고 있다고 말한다.

전년 한 해만 해도 300여 명의 비신자 여성 환자들이 그리스도를 알기 원한다고 하여 그들의 거주지 가까운 교회를 소개하였고, 교회를 다니다 멈춘 200여 명의 환자도 다시 교회를 나가기 원하게 되었다고 하였다. 그러면서 헬렌은 다음과 같이 말하고 있다. "하나님은 당신과 나를 의지하는 것이 아니라, 우리를 통하여 사역하신다(앞의 책, 7).

1970년에 와서 헬렌은 1969년 연례보고서를 발표하고 있다. 총 5,403명의 환자가 입원하였는바 그 전해에 비하여 29%가 증가하였고, 매일 평균 100여 명의 환자가 진료를 받았다. 병원이 개원한 이래 총 24,974명의 아기가 태어났다. 외래환자는 매일 평균 142명으

로 예년에 비하여 30%가 증가하였고, 우유급식 방에도 매일 40명의
아기가 도움을 받았다. 총 500여 명의 영양부족 아기가 이 해 우유를
받았는데, 젖소 우유보다는 이제 콩우유와 시리얼을 혼합한 내용물
이었다.

병원 전도사역은 전도사가 매 환자를 방문하여 대화하지는 못하
지만 3,111명과 상담을 하였는데, 그중 608명이 기독교 신자라고
하였고, 1,236명은 과거에 교회에 다닌 적이 있다고 하였다(크로니클,
1970년 5월, 6-7).

25,000번째의 출생

그다음 달 빅토리아교회에서는 일신병원의 25,000번째 아기가
누구인지 궁금해하고 있었다. 입원한 산모일까 아니면 응급환자의
아이일까. 기독교인일까 아니면 부잣집 산모의 아이일까. 일신병원
의 직원들도 모두 이 기록적인 이만 오천 번째의 아기를 기다리며
설레고 있었다.

그리고 3월 7일 드디어 김 씨 성을 가진 여인이 출산하였는데 바
로 그 기록의 주인공이 태어났다. 딸이었다. 한 간호사는 '아들이면
더 좋았을 텐데'라고 말하였지만, 모두 기뻐하였고 얼떨떨해하는 산
모를 축하해 주었다. 마침 그 산모는 간호사들이 바랐던 입원환자이
며 기독교인이었다.

다음 날, 헬렌은 작은 축하회 겸 감사예배를 인도하였다. '복의
근원 강림하사' 찬송가를 부르고, 시편 100편을 읽었다. 그리고 헬렌
이 말씀을 나누었다. 병원의 이사장이 그 아이와 가족 그리고 병원을
위하여 축복기도를 하였다.

예배 후에 병원은 산모에게 선물을 주었는데, 호주 아기들의 예쁜 옷과 25,000원이 적립된 증명서였다. 이 돈은 아기가 20살이 될 때 2,870,000원이 될 것이고, 25살이 될 때는 9백만 원의 가치가 있을 것이었다. 이 아기는 태어나자마자 장차 공부할 장학금 전액을 받은 것이다!

헬렌은 호주의 후원자들에게 감사의 말도 잊지 않았다.

또 하나의 경계석이 일신병원에 세워졌습니다. 세계 전역에 있는 친구들과 특히 호주의 여러분들에게 우리는 감사를 전합니다. 여러분의 기도와 도움 덕분으로 25,000명의 산모를 도울 수 있었습니다.
(크로니클, 1970년 6월, 7)

1972년 캐서린은 자신과 언니 헬렌의 어머니인 켈리가 1900년대 초 한국에서 선교사로 일할 때를 비교하고 있다. 물론 가장 눈에 띄는 차이점은 켈리는 나귀를 타고 순회전도를 하였지만, 현재의 캐서린과 헬렌은 증기기관차를 타고 다니며, 또 기적과 같은 수단인 비행기를 이용한다고 하였다.

헬렌 자매가 한국에 들어올 때 들었던 주의사항 중 하나는 날씨가 아무리 더워도 짧은 소매의 옷을 입지 말라는 것이었는데, 지금은 민소매 옷과 짧은 치마를 입고 활보하고 있다고 하였다.

이것은 겉으로 드러나는 모습이지만, 삶의 태도도 급격하게 변하고 있었다. 헬렌 자매가 20년 전 병원을 시작할 때만 하여도 출산은 여성의 일이라 여겨 남성은 거의 병원에 오지 않았지만, 이제는 꽃과 과일을 들고 찾아오는 남성들이 많아졌고, 퇴원할 때는 남성이 아기를 안고 나가는 모습도 있었다.

그럼에도 여전히 헬렌 자매에게 어려웠던 것은 임신과 출산에 관한 한국사회의 미신과 무지였다. 많은 산모가 여전히 산전 진료를 받지 않음으로 출생 시에 적지 않은 비정상적인 상황이 벌어지고 있었다(크로니클, 1972년 5월, 3).

호주교회 연합운동의 영향

1970년대는 호주교회의 연합운동이 가시화되는 역사적인 해였다. 호주장로교회, 호주감리교회, 호주회중교회가 오랜 기간 통합논의를 마무리하고, 드디어 호주연합교회라는 새 교회로 탄생하는 마지막 단계에 있었다. 그러나 일부 교회는 통합에 참여하지 않기 원하였고, 호주장로교회의 일부도 여전히 통합을 반대하고 있었다.

이 당시 빅토리아주의 여선교연합회도 호주장로교회에 남느냐 아니면 호주연합교회에 속하는가 하는 질문을 하고 있었다. 이 질문은 더욱 깊은 내용을 함축하고 있는바 한국선교 전통을 어느 교단이 계속 이어가느냐 그리고 호주선교회에 속한 재산은 어떻게 되느냐는 질문까지 잇닿아 있었던 것이다.

1972년 중순 크로니클 선교지에 처음으로 그 질문들이 구체적으로 등장하고 있다. 교회연합이 여선교연합회에 어떤 영향을 미칠 것인가? 현재의 선교활동이 어떻게 바뀔 것인가? 연합교회 안에서는 여선교회의 사역이 어떤 내용이 될 것인가? 등등 이었다. 각 교단의 여성단체들도 통합논의에 함께 참여하여왔지만 정확한 모습의 새 조직과 선교내용은 여전히 불확실한 상태였다.

그러나 빅토리아여선교연합회 회장 미셸은 다음과 같이 공고하고 있다.

장로교회의 여선교연합회와 여성단체에 관하여서는, 우리는 현재의 모습으로 연합교회로 갈 것이다. 그리고 상호 합의가 있을 때까지 우리의 사역을 계속할 것이다. 그리고 우리의 이름은 '연합교회 여성협의회'로 할 것이다.

각 여성단체에 속하여 있는 재정은 연합교회와 계속되는 장로교회가 임명된 위원회의 조정으로 장차 나눠질 것이다. 그러므로 우리는 연합될 때까지 우리의 사역을 계속할 것이고, 하나로 연합되면 우리는 믿음과 이해 속에 점차로 함께 성장할 것이다. 그리고 이 새 제도는 교회의 선교에 여성들이 전적으로 참여하게 할 것이다.

(크로니클, 1972년 6월, 2)

1972년 9월 19일 일신병원 개원 20주년 축하 행사가 있었다. 이 행사에 특별한 순서가 있었는바, 병원 원장 자리를 헬렌이 한국인인 김영선 박사에게 공식적으로 넘겨주는 의식이었다. 김 박사는 뉴질랜드에서 대학원 공부를 마치고 최근 돌아와 원장이 되었고, 헬렌은 한 명의 의사로 남게 되었다. 빅토리아여선교연합회는 일신병원의 희생적인 모든 직원에게 감사의 메시지를 보냈고, 특별히 헬렌에게 감사하였다.

그다음 해인 1973년에 헬렌은 부산진교회 명예권사로 임직하였다. 그 옛날 그녀는 이 교회에서 유아세례도 받았으니 그 감회가 깊었을 것은 의심할 나위가 없다.

맥켄지 기금

1974년 초 헬렌의 환갑잔치가 병원에서 열렸다. 병원의 벤 스커

맨이 이 소식을 전하고 있는바, 병원의 여성 직원들은 물론 캐서린, 조이스 그리고 바바라도 한복을 입었다. 환갑감사예배 후 직원들은 모두 헬렌 앞에 절을 하기 시작하였는데, 의사부터 시작하여 그룹별로 한국적인 예를 갖춘 것이었다.

그리고 한국 정부를 비롯하여 여러 유관 단체로부터 감사장 증정이 있었다. 모든 행사 후 여흥의 시간과 저녁 식사가 있었는데 600명 정도가 참석하였다고 한다(크로니클, 1974년 2월, 4-5).

그리고 헬렌의 은퇴 소식이 전해졌다. 또한, 그녀가 은퇴하면 그녀의 자리를 대신할 새 의사 선교사가 시급히 필요하였다. 일신병원의 많은 복잡한 치료와 수술을 감당할 한국인 의사가 아직은 많지 않았기에 호주에서 새 의사를 찾고 있었다. 1973년 한해 4,402명이 출산을 하였고, 623명이 중요 수술을 받았고 70,491명의 외래환자가 있었다. 그리고 1974년 중순까지 새 건물도 완성하여야 했다.

1975년 초에는 일신병원을 위한 '맥켄지 기금'을 창설한다는 공고가 크로니클에 올라왔다. 그 창립 모임은 6월 25일 멜버른 타운홀에서 열리며, 모금액 목표는 250,000불이었다. 2대에 걸쳐 한국에서 선교한 맥켄지 가의 명예를 높이는 동시에, 실제적으로 일신병원을 도우려는 목표였다. 총회장 우드 목사 등이 발기인으로 이름을 내었고, 호주 전국적으로 홍보가 되었다.

그리고 크로니클 7월 호에는 다음과 같은 내용이 실렸다.

"당신은 지난 6월 25일 타운홀에서 열린 모임에 참석하였습니까?"
"헬렌과 캐서린 맥켄지가 설명한 이 위대한 프로젝트에 대하여 들었습니까?"
"당신의 목사님은 7월 중 한 주일을 맥켄지 기금 주일로 정하였습니까?"

"'일신'이란 다큐멘터리 동영상 시청을 예약하셨습니까?"

"빅토리아는 150,000불 모금을 목표로 하고 있습니다. 이것은 물론 모든 장로교인들의 희생적인 헌금으로 이루어질 것입니다."

(크로니클, 1975년 7월, 4)

맥켄지 기금은 호주에 보관하되 매년 나오는 이자 중 4분지 3은 일신병원의 무료 치료를 위하여 보내고, 나머지 4분지 1은 원금에 합하여 기금의 가치를 유지한다는 방안이었다. 헬렌은 호주 각 주를 돌며 모금을 하였고, 2개월 후 전체 모금 목표 액수 중 대부분인 230,000불이 달성되었다는 보고되었다. 당시 이 프로젝트가 호주 교회와 사회의 얼마나 큰 지지를 받았는지 알 수 있다. 헬렌은 맥켄지 기금을 조성하고 일신병원에 가난한 사람들을 위하여 진료해 줄 것을 위탁한 후 병원을 떠났다.

헬렌이 떠날 1976년 당시 한국공영방송 KBS에서 그녀를 인터뷰하였다. 다음은 그중 한 내용이다.

기자: 한국인들을 위하여 일한 것을 감사드립니다.

헬렌: 그런 말을 해 주어서 고맙지만, 우리가 치료한 여성들이 아기도 잘 낳고 안 죽고 살아났어요. 나는 그들에게 아주 감사드려요. 다른 보답은 필요 없습니다.

(한국 소풍 이야기 2, 111)

은퇴 후 헬렌은 멜버른의 딥딘교회에서 성가대 반주자로 섬기면서, 강연도 다니고 여선교연합회 활동을 지원하였다. 또한, 멜버른 신학대학에서 신학 공부도 하며, 한국에서의 병원 경험과 가족사에 대한 저술 활동을 하였다. 그녀는 1995년 부친 노블 맥켄지의 전기를 출판하였으며, 이 도서는 후에 '호주 선교사 맥켄지의 발자취'란 제목으로 번역되기도 하였다.

2002년에는 의료인이자 경영인으로의 공로를 인정받아 최고의 영광인 '호주 뉴질랜드 산부인과 대학 명예회원 상'을 수상하기도 하였다. 이 상을 헬렌이 받도록 뒤에서 도운 바바라 마틴은 당시의 흥미로운 한 이야기를 남기고 있다.

> 2002년 11월 15일 거행된 수여식은 특별한 행사였지만 캐시는 많이 아파서 참석하지 못해 슬펐다. 수여식 때 헬렌이 답사를 하였는데, 한 참석자는 다음과 같이 말하였다. '처음에는 작은 노인으로 시작하였는데, 답사 마지막에는 강한 여인이었다.' 헬렌은 매우 강하고 단호한 여인이었으며, 말년에 자신의 독립성을 잃어버리게 되었을 때 그녀에게는 매우 힘든 시기였다.
> (마틴, 166-167)

헬렌은 2009년 9월 18일 멜버른의 한 양로원에서 향년 96세로 하나님의 부름을 받았다.

에필로그

필자는 2012년 7월 대한예수교장로회 통합 총회 대표단을 안내하여 호주연합교회 제13차 총회를 방문하였다. 남호주 애들레이드에서 열렸던 이 총회 기간에 '한국의 밤'이 열렸고, 총대들 앞에서 한국 선교역사에 관한 소개 시간이 있었다.

마침 일신기독병원에서도 대표단이 참석하였는데, 이 해 초에 한국 정부가 헬렌에게 수여한 국민훈장 무궁화장을 총대들에게 소개하는 순서도 있었다. 병원의 이사장 인명진 목사는 헬렌에게 추서된 무궁화 훈장을 총대들에게 보이며, 호주교회가 그동안 일신병원을 통하여 보여준 사랑과 은혜에 감사하였다. 호주연합교회 총대들은 반 이상이 여성이고 또 젊은 세대들도 많이 있었다. 그들은 자신들의 부모와 조상들이 한국에서 어떤 내용의 선교를 하였는지 관심 있게 들었다. 그리고 큰 박수로 호응하는 그들을 보며 필자는 잊혀 가는 한호선교 동역 관계에 아직 남은 희망을 보았다.

리차드 우튼

Richard Wootton(1933—Now)

리차드 우튼(한국명: 우택인)은 1933년 호주 멜버른에서 태어났다. 그는 자신의 부친이 병기 공장 매니저로 있던 벤디고에서 기술 훈련을 받고 일하면서, 밤에는 배관, 난방, 용접 등을 공부하였다. 그는 그곳의 노조에도 가입하여 활동하였다. 크리켓과 야구를 좋아하던 우튼은 1954년 간호사인 베티와 결혼하였다.

1953년부터 목회에 부름을 받은 그는 멜버른대학교와 오몬드 칼리지에서 6년간 공부를 하였고, 1964년 목사 안수를 받았다. 그는 선교사의 소명을 받고 총회 해외선교부에 지원한 결과 한국으로 임명되었다.

당시 우튼 부부는 빌과 헬렌 포드 부부와 함께 멜버른의 올 세인트 칼리지에서 한국으로 가기 위한 선교사 훈련을 받았다. 그리고 그 당시 보고에 의하면 우튼 부부는 자신들의 아이 3명과 함께 1964년 5월 말 시드니를 출발하여 한국으로 향할 것이라고 예정돼 있었다. 당시 우튼 부부는 마산에서 한국어를 배우며 사역할 것이라고 정해진 상태였다.

1960년대의 호주선교회

1964년 한국에는 호주 선교사와 아내들까지 합하여 총 17명이 있었다. 진주선교부의 4명은 헤젤딘 목사 부부와 닐 목사 부부였고, 마산선교부의 5명은 브라운 목사 부부, 크로프트 목사 부부 그리고 맥납 양이었다. 부산선교부에는 8명의 선교사가 있었는데, 앤더슨 양, 잉글랜드 양, 맥켄지 자매, 스튜어트 목사 부부, 왓슨 양 그리고 메즐리 양이었다(크로니클, 1964년 4월, iv).

이 당시 호주장로교 해외선교부는 한국을 비롯하여 인도, 파푸아, 인도네시아 등에도 선교사를 파송하고 있었고, 호주 국내 원주민과 중국인 사역에도 집중하고 있었다. 당시 해외선교부 총무는 짐 스터키 목사로 그는 이전에 진주와 부산에서 선교사로 지낸 적이 있었다.

스터키는 1964년 한국을 방문하여 선교보고서를 내고 있는데, 산업전도에 관하여 언급하고 있다. 한국에 공장이 16,552개 있으며, 노동자가 853,000명이며, 15명의 선교사가 요청된다고 하였다. 그는 보고서 마지막 부분에 다음과 같이 추천의 글을 쓰고 있다.

현재 우리의 선교사 팀은 최소한의 기본 인원인바 시급히 보충되어야 할 것이다. ① 일신병원의 두 번째 의사, ② 순회 간호사, ③ 마산의 존 브라운이 서울의 신학교로 전임하면 그 자리를 대신할 인원, ④ 부산의 전도사역 보충 그리고 ⑤ 시골 순회전도 자리도 하나이다. 통영과 어촌에서도 선교사를 요청하고 있고, 그 지역의 섬들은 거의 다니지 못하고 있다.··· 우리는 계속 우리의 선교팀을 보강해야 하는바, 하나님 나라의 확장과 영광을 위한 기회가 우리에게 있다.
(크로니클, 1964년 9월, 4)

스터키의 보고서에서 보듯이 부산경남은 1960년대에도 여전히 호주선교회가 집중하고 있던 지역이며, 동시에 선교회의 반경이 서울까지 확장 되고 있는 상황이었다. 호주선교회가 그동안 사회에서 소외되고 차별받던 사람들을 위한 선교를 해 왔다면, 우튼 목사의 영등포산업선교회 부임은 그 당시 한국의 산업화 과정에서 가장 소외되고 가난한 사람들이었던 노동자들을 중심으로 한 선교의 연속성을 의미하는 것이었다.

그런데 흥미로운 것은 '인더스트리얼 미션'(industrial mission)이라는 이 용어는 호주선교회에 낯선 단어가 아니었다. 1900년대 초부터 호주선교회는 이 단어를 사용하면서 노동의 중요성을 강조하고 있었다.

> 당시 한국의 농경사회에서 선교사들은 소년 소녀들에게 기술을 가르쳐 직업을 갖도록 도와주었는바, 통영에서의 산업선교가 그 한 예이다.… 한 선교사는 다음과 같이 보고서에 적고 있다. "만약 우리가 노동의 존엄성을 그들이 알도록 도와준다면 한국 사람들에게 우리는 큰 공헌을 하는 것이다."
> (커와 앤더슨, 19)

선교사 시대의 종결

1950년대 말과 60년대 초, 호주선교회는 또 하나의 큰 변화를 경험하고 있었다. 그동안 대한예수교장로회와 선교 관계를 맺으며 활동해 왔던 호주장로교회는 예장 통합과 미국연합장로교회 그리고 미국남장로교회와 '하나님께 받은 예수 그리스도 복음의 사명을 앞으로 한국에서 더욱 완수하기 위하여' 그동안의 선교사업을 통합한 것이다.

각 해외선교회를 중심으로 진행해 오던 선교사업을 총회 안의 한 기구로 통합한 것은 '선교사 시대의 종결'을 의미하는 것이었다.

1957년 총회는 협동사업부를 설치하였는데, 모든 미션회와 선교사들의 사업을 총회 안에서 조정하고 감시하는 기능을 행사하도록 권한이 부여되어 있었다.… 선교 72년 만의 일이요, 총회 설립 55년 만에 한국 교회 자율성과 통할권이 확보된 것이고, 선교사들의 인사문제, 선교비의 관할권이 총회에 위임된 것이었다.

(김기현, 181)

호주장로교회도 앞에서 언급한 세 교단과 더불어 1964년 상호협정서를 맺었는바, 그중 3조 1항 '선교동역자' 부분에 주목할 필요가 있다.

선교동역자: 협동사업부는 협동 자매교회들로부터 파송되어 온 선교동역자의 사업의 종류 및 장소의 지정을 인준하되 이에 관련된 선교동역자의 동의를 얻어야 하고, 협동사업부는 그 사업을 더 발전시키기 위하여 새 선교동역자를 자매교회에 요청할 수 있다.

(앞의 책, 363)

이제는 미국, 캐나다 혹은 호주에서 일방적으로 파송하여 임지에 보내던 선교활동은 지양되고, 네 교단의 대표들로 구성된 예장 통합 총회 안의 협동사업부를 통하여 선교사역을 조정하고 감독하게 되었다. 당시 한국교회에 새로운 전도영역으로 도시산업전도가 부상되고 있었고, 호주장로교회 소속 우튼의 부임도 이런 맥락에서 이루어지고 있었던 것이다.

산업전도

존 브라운(한국명: 변조은)의 보고에 의하면 6년 전 자신이 한국에 왔을 때 서울 인구가 백 오십만 명이었는데 1966년 현재는 삼백팔십만 명이라고 하였다. 그만큼 많은 산업 인구가 서울로 유입된 것인데 한국교회도 이에 대하여 대응하기 시작하였다.

> 노동자 한 명의 손이 기계에 절단이 되었는데 어떻게 해야 합니까?" "보상도 못 받고 해고되었는데 어떻게 도와야 합니까?" "우리 공장에 공산주의자가 있는데 어떻게 대답해야 합니까?" "불교도나 무신론자 노동자들과는 어떻게 지내야 합니까?" 등등의 많은 질문이 교회 안에 쏟아지고 있었다.
> (크로니클, 1966년 12월, 9-10)

대한예수교장로회 통합 총회는 이에 응답하여 1957년 총회 전도부 안에 '산업전도위원회'를 공식 승인하였고, 실무 간사를 임명하였다. 그리고 1964년 영등포지구 산업전도 사업보고서에 당시 위원장이었던 계효언 목사는 다음과 같이 보고하고 있다.

> 1964년 2월 18일, 영등포교회, 산업전도 중앙위원회의 연구원과 실무 간사로 시무하던 조지송 목사가 영락교회의 후원으로 본 지구 산업전도 전임목사로 취임하였음.
> (양명득, 2020, 38)

조지송은 한국 최초의 공식 산업전도 전임목사로 알려졌다. 그리고 그다음해인 1965년, 예장 통합 총회 전도부 요청으로 호주 선교사 우튼 목사가 영등포지구 산업선교회로 부임하였고, 그다음해인 1966년 9월 1일 영등포산업선교회에 부임하였다. 당시 그의 이력서에는 '취임 경위'가 남아있는데, "영등포지구위원회(산선) 청원으로 협동사업부에서 파송"이라고 적혀 있다. 이렇게 호주교회는 처음으로 개척적인 한국의 산업전도에 호응하였고, 이로부터 호주선교회와 영등포산업선교회 간의 오랜 선교 동역 역사가 시작되었다. 1965년 3월 14일 노동 주일 축하예배 후 초교파의 산업전도 지도자들이 함께 촬영한 흑백사진에, 막 부임한 우튼의 젊은 모습도 맨 뒷줄에 보이고 있다(양명득, 2018, 18).

이 해 4월 각 공장에서 일하는 산업 현장 신자들과의 좌담회가 있었는데 그 자리는 교회와 공장에서 신자들의 위치를 논하는 자리였다. 우튼은 이런 모임에 참석하기 시작하면서 한국의 산업전도를 배우기 시작하였고, 일본, 중국, 홍콩, 필리핀 등을 방문하면서 산업전도의 지평을 넓혀나가고 있었다. 그러면서 당시 영등포산업선교회에서 강도 높게 진행되고 있었던 '평신도를 위한 산업전도 교육'을 지원하면서 '외국의 산업전도'를 소개하기도 하였다.

한국의 우튼 목사가 안부와 함께 신실한 감사의 편지를 보내왔다. 미션 박스 기금에서 보낸 200달러를 받았는데, 산업전도를 위하여 한 명의 목사를 훈련하는데 이 돈이 쓰일 것이라고 하였다.
(크로니클, 1967년 3월, 6)

이후 빅토리아여선교연합회는 산업전도 실무자 훈련을 위하여 계속하여 재정적인 지원을 하였다.

1968년 2월의 크로니클은 한국 선교사 명단에 '산업 전도사'라는 이름으로 두 명을 기록하고 있는바, 서울의 리차드 우튼과 울산의 베리 로우였다. 로우는 1965년 파송을 받고 서울에서 언어공부를 하다가 1967년 자신의 가족과 함께 울산으로 이전하였다. 그는 당시 새로운 산업단지였던 울산에서 산업선교를 시작한 것이다.

> 베리는 울산에서 세 분야의 활동에 참여했다. 첫째, 그는 지역교회 지도
> 자들, 전도사, 목사, 장로들과 함께 협조하면서 그 지역의 도시화와 산업
> 화에 대응하여 적절한 목회를 하도록 도왔다.
> 둘째, 그는 영어를 사용하는 외국인 공동체들과 함께 일하면서 예배를
> 인도하고 설교하고 학습 프로그램을 지도하였다. 셋째, 그와 동료 신익
> 균은 그들이 활동하다가 만난 장애우들을 위해 자립훈련 프로그램을
> 개발하였다.
> (브라운, 237)

로우와 신익균이 발전시킨 이 산업전도 기관은 '양지재활센터'로 발전하여 현재까지 많은 장애인에게 자립하여 살 수 있도록 기술훈련의 기회를 제공하고 있다.

은혜의 집

베티(한국명: 우애진)는 우튼의 아내로 서울에 있는 은혜의 집에서 일하고 있었다. 당시 서울에는 교육을 받지 못한 많은 시골 소녀들이 상경하여 일하고 있었고, 적지 않은 젊은 여성들이 서울역에서부터

시작하여 유혹에 넘어가 사창가에 팔리는 등 어려운 생활에 시달리고 있었다.

은혜의 집은 이런 여성들의 피난처이자 쉼터로 이곳에서 상담도 받고 기본적인 교육과 기술을 배웠다. 베티는 호주에서 훈련받은 간호사로 이 여성들에게 가정과 어린이 보건 그리고 일반 위생에 관하여 가르쳤고, 다른 직원들은 요리, 재봉, 자수, 원예, 음악, 한문, 예절 그리고 성경을 가르쳤다.

은혜의 집에서 6개월간 기본 교육을 받은 여성들은 정부의 기술 학교에 입학하여 본인이 원하는 전문 기술을 배워 취업할 수 있었다. 당시 이곳에서 120명이 은혜의 집 교육 과정을 졸업하였는데, 그중 66명은 아직 15세 전의 어린 소녀들이었다.

> 베티는 은혜의 집 교육 프로그램 회계로 재정의 필요성에 대하여 호소하였다. 그녀는 세브란스병원에 '선물 가게' 개설을 도와 소녀들의 수공예품을 팔았는데, 여기에서 나오는 수입이 재활 프로그램 비용 절반 이상을 충당하였다. 이 선물 가게에서는 호주, 캐나다, 미국 교회의 여성들이 헌납한 물건들도 판매되었는데.… 이 물건들은 당시 한국에서 인기가 높았다.
> (크로니클, 1966년 11월, 12-13)

당시 빅토리아여선교연합회는 '한국 노트북'을 제작하여 호주에서 판매하며 기금을 모으고 있었는데, 이 '한국 노트 기금'에서 은혜의 집을 지원하였다.

여러분들의 편지를 받게 되어 얼마나 기쁜지 모릅니다. 또한, 한국 노트 기금에서 336달러를 보내주어 김 양의 월급과 비용을 줄 수 있게 되어 감사합니다. 프로그램은 잘 진행되고 있고, 대부분 소녀들은 만족하며 공부를 잘 하고 있습니다.

(크로니클, 1967년 2월, 16)

또한, 은혜의 집에서 보건소가 운영되고 있었는데 베티가 간호사이므로 이 일이 가능하였다. 1967년 한 해에 120명의 소녀가 치료를 받았는데, 주로 폐결핵이나 일시적인 성병 치료였고 때로 수술도 하였다고 한다.

한편 베티는 1969년 '선교사의 아내'라는 긴 글을 크로니클에 기고하기도 하였다. 당시 한국에는 290명 정도의 서양 선교사 아내가 한국에 살고 있다면서 다음과 같이 적고 있다.

이곳 대부분의 단체는 성경에서 말하는 가정에서의 여성의 역할을 인정하고 있고, 그녀에게는 특별한 임무를 주지 않는다. 그러나 그녀가 일한다면 자원봉사로 하도록 한다. 자신의 가정과 가족을 위하여 우선적으로 섬기기를 아내에게 기대한다.

(크로니클, 1969년 3월, 14)

베티는 남성 선교사들의 아내로 한국에 와서 일하는 많은 여성의 공헌에 대해 언급하고 있다. 한국어를 배워야 하는 어려움, 서양 문화와 한국 문화 사이에서 아이를 키워야 하는 과제, 사회에서 기대하는 사역 실천, 호주교회와의 의사소통, 동료 선교사들과의 관계 등 다양한 주제의 소회를 적고 있다.

호주에서의 공헌

1969년 10월 16일, 빅토리아여선교연합회는 스코트교회에서 연례 대회를 열었다. 이 자리에서 우튼 부부는 보고회를 하고 있는데, 5년의 임기를 마치고 이제 호주로 영구 귀국한 것이다. 이들의 보고서 내용은 당시 크로니클 선교지에 나란히 실리고 있다. 우튼은 선교를 향한 빅토리아여선교연합회의 진정한 헌신에 먼저 감사하며 다음과 같이 말하고 있다.

> 내가 한국에서 참여한 도시산업 사역은 우리가 함께하고 훈련한 사람들이 그리스도께 자신의 삶을 먼저 결단하도록 돕고 그리고 자신의 주변을 돌아보도록 돕습니다. 현대 도시의 노동 하에 많은 사람이 비인간화되어 가고 있고, 착취당하고 고난을 받고 있습니다. 또한, 많은 이들이 비인간적인 환경에서 살고 있습니다.
> 우리는 이들에게 먼저 그리스도의 사랑을 알게 하여 주고, 이 세상과 다가오는 하나님 나라에 대한 믿음과 그 희망 속에 살게 하도록 합니다. 이 신앙을 나누면서 우리는 우리가 말하는 만큼 실천하도록 합니다.…
> 우리는 그들에게 하나님의 나라를 즉시 가져다주지는 못합니다. 그러나 우리는 우리의 사랑과 관심을 보여줄 수 있고, 예수 그리스도가 그들을 위하여 원하는 생명을 살도록 돕는 것입니다.
> (크로니클, 1969년 12월, 16-17)

우튼은 호주에 돌아와 선교위원회의 인권 총무로 그리고 아시아기독교협의회와 세계교회협의회 국제관계위원회 위원으로 계속하여 한국의 인권과 민주화운동을 강력하게 지원하였다. 또한, 광주에서 민주항쟁이 일어났을 때 그는 당시의 그 참혹하였던 진상을 호주 사회에 널리 알리기도 하였다. 한국에서보다 오히려 호주에서 한국 사회와 교회에 더 큰 기여를 하였다고 스스로 말할 정도였다. 실제로 그는 그 공로를 인정받아 김대중 정부 시설 한국에 초청을 받기도 하였으며, 호주 정부는 여러 나라에서 인권에 기여한 공로로 그에게 훈장을 수여하였다.

우튼과 가깝게 지내며 협력한 한국의 민주화 인사 중 한 명인 오재식은 우튼에 관하여 후에 다음과 같이 말하였다. "그는 한국의 민중신학과 기도 생활을 체험하면서 자신의 인생도 바뀌었다고 말하곤 했다."

우튼은 1996년 은퇴하였고, 멜버른에 살면서 아내와 함께 그곳 한인공동체를 지원하며 영어를 가르쳤다. 또한, 멜버른한인교회의 영어예배를 오랫동안 인도하며 한국인과 한국교회에 대한 사랑을 이어가고 있다. 아내 베티와 거의 70년을 함께하였던 그는 2020년에 그녀를 잃었다. 그에게는 10명의 손주와 8명의 증손주가 있다. 우튼은 현재까지도 한국과 북한에 관한 소식 등을 자신의 네크워크에 있는 전 세계 사람들과 나누고 있다.

단기 선교사

호주장로교회와 빅토리아여선교연합회 파송 선교사들은 그동안 장기 선교사였다. 임기도 정해지지 않은 한평생 사역하는 개념이었는데, 병으로 위중해야만 귀국하였고, 보통 20년이나 30년 자신의 일생 대부분을 선교지에서 보냈다.

그러나 1960년대 말부터 '단기 선교'라는 새로운 개념의 선교내용이 호주교회에 등장하여 전개되기 시작하였다. 단기 선교사는 임기가 정하여져 파송되었고, 특히 평신도 선교사는 전문적이거나 특별한 기술을 가지고 있는 선교사를 지칭하였다. 선교사를 보내는 교회의 환경 변화와 동시에 선교사를 받는 교회와 현장의 필요가 반영된 현실이었다.

호주장로교회와 여선교연합회는 1970년대에 들어서면서 한국에 주로 두 단체에만 선교사를 파송하게 되는데, 바로 부산의 일신기독병원과 서울의 영등포산업선교회이다. 그리고 파송되는 선교사들은 이제 임기가 제한된 특별한 목적의 단기 선교사였다.

우튼 이후에 미국남장로교회의 호프만(한국명: 함부만) 선교사가 영등포산업선교회에서 일하였지만, 얼마 후 그는 실무자들과의 갈등으로 사직하게 되었다. 그 후, 당시 영등포산업선교회의 총무 인명진은 호주장로교회에 편지하여 선교사 한 명을 파송해 줄 것을 요청하였다. 영등포산업선교회의 활동에 해외 교회의 연대와 지원이 당시 꼭 필요하였던 것이다.

그런데 인명진이 호주교회에 제안한 조건은 파격적이었다. 지난 수십 년 동안 호주선교사들이 해 왔던 역할과 위상에 큰 변화를 요하는 내용이었다.

당시 영등포산업선교회 총무였던 나는 호주장로교회에 선교사 파송을 요청하면서 다음과 같은 조건을 제시하였다. 첫째는 한국 사람이 사는 집에서 살아야 한다. 둘째, 영등포산업선교회 실무자들이 받는 사례비 기준으로 월급을 받아야 한다. 셋째, 선교사에 대한 사례비는 호주교회가 직접 주어서는 안 되고, 영등포산업선교위원회로 보내서 산선이 지급해야 한다. 넷째, 영등포산업선교회 실무자들과 똑같은 시간, 똑같은 조건으로 일해야 한다. 마지막으로 산업선교 일을 하기 전, 언어연수 이외에 산선 실무자로서의 최소한의 훈련을 받아야 한다.
(인명진, 200)

호주장로교회 총회는 이를 수용하였고, 영등포산업선교회에 두 번째 선교사를 파송하였다. 그가 바로 스티븐 라벤다(한국명: 나병도)이다. 그는 1976년 한국에 도착하여 한국어를 배우며 즉시 영등포산업선교회에서 일을 시작하였다. 취임 시 월봉은 8만 원이었다. 당시 교회에서 부여한 그의 의무는 다음과 같다.

귀하는 큰 산업지역인 영등포에서 장로교 산업선교팀과 함께 일하게 될 것이다. 이 팀은 함께 공부하고 실천하며, 상호 격려하기 위해 만나고, 매달 지원하는 약 200개 단체의 노동자들과 함께 일하고 있다.… 귀하는 노동자들과 함께 공부하고 실천하는 데 완전히 참여하면서 그들의 문제와 열망에 대해 응답해야 한다.… 귀하는 영등포에서 도시산업선교의 한 부분이 될 것이다.
(브라운, 248)

당시 영등포산업선교회는 노동자들의 교육과 집회 장소였고, 동시에 군사 정부의 감시와 탄압대상이었다. 라벤더는 노동자들의 현실을 배우면서 해외교회에 그 상황을 알려 지원과 연대를 이끌어 내려고 노력하였다. 특히 1978년 초 동일방직 사건 때 그는 산업선교 활동의 일환으로 여공들을 지원하며, 그 소식을 해외에 알렸다. 그로 인하여 그는 당국의 미움을 샀고, 그의 일은 오래가지 못하였다.

그해 군사 정부는 라벤더의 선교사 비자 갱신을 거부하였고, 6월 말까지 한국을 떠날 것을 명하였다. 법무부가 제시한 이유는 그가 종교 활동보다 정치 활동에 참여하였기 때문이라는 것이었다. 그는 일본으로 건너가 부당한 추방에 항의하며 기자회견을 하기도 하였지만, 결국 호주로 돌아갈 수밖에 없었다.

호주장로교회에서 호주연합교회로

1970년대에 들어서 호주교회 안에 큰 지각변동이 일어나고 있었다. 1900년대부터 시작되었던 연합운동이 드디어 1977년 호주감리교회, 호주장로교회 그리고 호주회중교회가 통합하는 결실을 맺어 '호주연합교회'라는 거대한 개신교단이 탄생한 것이다. 당시 호주 국민들은 ABC 국영 방송을 통하여 시드니 타운홀에서 개최되었던 설립예배를 지켜보았다.

그러나 완전 통합은 아니었다. 1974년 전국 각 교회에서의 최종 투표에서 회중 교회는 97.6%, 감리교는 93.57% 그리고 장로교는 63.96%가 통합에 참석하기로 동의하였던 것이다. 그리고 통합에 참여하지 않은 소수 교회들은 여전히 호주장로교회와 호주회중교회를 유지하고 있다.

이때 자연스럽게 제기되었던 문제는 재산 분할 등 여러 가지 법적인 해결이 요청되었는데, 그중에 하나가 해외선교에 대한 전통을 어느 교단이 이어가느냐 하는 질문이었다. 그러나 의외로 이 문제는 간단히 협의되었는바, 한국선교의 전통과 연속성은 호주연합교회가 가지고 가기로 하였다. 한국선교를 주도하였던 지도자들 대부분이 호주장로교회를 떠나 호주연합교회에 참여한 것이 주요 이유였다.

이후부터 호주교회의 한국선교는 명실공히 호주연합교회를 통하여 이루어졌고, 호주장로교회와의 선교관계는 실제로 단절되었다. 그리고 그 과정 중심에 한국 선교사 출신인 존 브라운이 있었다. 그는 마산과 서울에서 선교사로 사역한 후 호주장로교회 총회의 '에큐메니칼 선교와 국제관계부' 총무를 맡아 일해 왔고, 호주연합교회가 탄생한 후에는 호주연합교회 총회 '세계선교위원회' 총무로 일하였다(양명득2, 2013, 148).

브라운이 서울의 장로교신학대학에서 구약학을 강의할 때 학생 중의 한 명이 인명진이었고, 그가 영등포산업선교회에서 일하도록 권고하고 주선한 사람이 브라운이었다. 인명진은 1972년 영등포산업선교회에서 산업선교 훈련을 시작하였고, 이후 총무로 부임하였을 때 브라운은 자신이 일하던 세계선교부를 통하여 그의 봉급을 지원하였다. 그 지원은 인 목사가 그곳을 떠날 때까지 무려 13년 동안 계속되었다.

호주에서는 브라운 목사가 그리고 한국에서는 인명진 목사가 파트너가 되어 호주의 선교 동역관계를 이끌면서 영등포산업선교회가 호주교회에 널리 알려지게 되었다. 또한, 호주 선교사로 영등포산업선교회에 부임한 라벤더부터 수 명의 호주 선교사들이 인명진과 조지송의 지도와 협력을 받으며 일해 왔다.

뿐만 아니라 인명진이 영등포산업선교회를 사임하였을 때, 호주로 초청하여 휴식하며 공부하도록 지원한 것도 브라운이었고, 후에 그를 부산 일신기독병원 이사장으로 추천한 것도 브라운이었다. 인명진은 한국 목사이지만 마치 호주에서 임명받은 선교사처럼 호주교회의 지원과 신임을 받으며 관계를 지속하였던 것이다. 그는 한호 선교 동역관계를 한 글에서 다음과 같이 언급하고 있다.

결국 결론적으로 말할 수 있는 것은 영등포산업선교회가 공헌한 한국의 교회 역사에서뿐만 아니라 노동운동 역사, 민주화운동 역사, 인권운동 역사는 호주교회와의 협력 속에서 이룩한 성과였고, 그러므로 한국의 현대사와 한국교회 속에서 영등포산업선교회의 공헌이 있었다고 한다면 그 공은 마땅히 호주교회와 함께 나누어야 할 것이다.
(인명진, 194)

한국의 민주화운동과 호주교회

추방당한 라벤더 뒤를 이어 부임한 선교사는 앤서니 도슨(한국명: 안도선)이었다. 그는 먼저 한국의 한 대학에서 영어회화 교수로 일하다가 1981년부터는 영등포산업선교회에서 일하였다. 조지송 목사는 그의 역할을 '영문 서신과 보고서 작성을 돕고, 다른 나라들로부터 아이디어를 소개하고 노동자들과의 친교'로 기록하고 있다.

도슨은 당시 광주 민주항쟁 이후 한국사회의 급격한 혼란과 신군부의 등장으로 극심한 탄압이 자행되던 시기에 묵묵히 영등포산업선교회에서 일하였다. 또한, 노동 선교단체들 안에서 벌어진 각종 이념 논쟁 중에서도 기독교인으로 자기 자리를 지켰다. 그러나 그에게는 항상 한국어로 인한 의사소통의 제한이 있었고, 영등포산업선교회에서 계속 일을 할지에 대한 의구심이 있었다. 도슨은 부임한 지 4년 후인 1985년 결국 사임하였다. 그는 후에 다음과 같이 말하고 있다.

가난하고 억눌린 사람들의 존엄과 자존심을 회복하고, 일으키며, 모든 사람이 하나님의 형상을 따라 창조되었다는 것을 일깨우는 산업선교회의 경험은 단지 사람들을 '위해서' 일하는 것이 아니라, 사람들과 '함께'

일하는 것을 내가 배우게 된 값진 기회였습니다.
(총회 역사유적지 지정 감사예배, 17)

그 뒤를 이은 선교사는 호주의 한국인 이민 1.5세대 임경란이었다. 그동안 호주 백인들을 파송해오던 호주교회가 한국 태생 이민자를 파송한 것은 최초의 기록이다. 그녀는 한국어와 영어에 능통하였고, 인명진 목사가 호주에 있을 때 학습을 통하여 이미 '의식화 교육'을 받은 사람이어서 영등포산업선교회에서 일할 '준비된 선교사'였다.

임경란은 당시 이근복 목사가 총무로 있던 영등포산업선교회 노동자들의 투쟁과 실상을 세계의 관계된 교회에 전하였고, 연대 활동을 넓혀나갔다. 또한, 한국의 산업선교를 견학하고 배우러 오는 해외의 방문자들을 맞아 여러 가지 프로그램을 진행하였다. 그녀는 영등포산업선교회에서 5년간 일하고 1991년 호주로 귀국하였다.

한 가지 주목할 만한 사실은 당시 호주 선교사들이 영등포산업선교회에서 근무할 때 생활해야 하는 거주지 문제가 있었다. 전세나 월세로 사는 것은 불안정하였고, 거주 비용도 매년 증가하고 있었기 때문이다. 이 문제를 해결하기 위하여 영등포도시산업선교위원회는 회의를 하였고, 그 내용과 제안을 이근복 총무의 이름으로 호주연합교회 세계선교부 아시아 담당 그레함 부룩스에게 다음과 같은 공문을 보냈다.

이러한 이유로 아파트를 한 채 구입하기를 우리는 강력하게 권고한다.
정부의 방 2개 보통 아파트는 호주 달러로 4만 달러 정도이다.
(영등포도시산업선교위원회, 1986년, 날짜 미상)

마침내 호주연합교회 세계선교부는 그 제안을 받아들여 호주 선교사의 거주를 위하여 광명시에 주공아파트 한 채를 구입하였고, 초기에는 위원회 이름으로 등기하였다가, 후에 총회유지재단으로 이전하였다. 호주연합교회는 '이 아파트를 매매할 경우 그 재정은 호주연합교회로 다시 귀속시켜야 한다'라는 조건을 달고 있다. 그 후 수십 년 동안 이 아파트는 영등포산업선교회로 부임하는 호주 선교사들이 사용하여 오고 있다.

데비 카슨(한국명: 차민희)이 그 뒤를 이어 호주에서 파송되었다. 호주연합교회 총회 세계선교부는 당시 '인턴스 인 미션'(선교 인턴)이라는 프로그램을 진행하고 있었고, 카슨은 한국의 영등포산업선교회에 지원하였다. 그리고 마침내 비자를 받아 1990년 한국에 입국하였다.

카슨은 당시 진방주 목사가 총무로 있던 영등포산업선교회에서 해외 배포용 영어 회보를 제작하여 발간하기 시작하였다. 이 회보는 한국의 노동운동과 산업선교에 관심을 갖고 있던 많은 교회에게 지속적인 정보를 제공하였다. 또한, 그녀는 다국적 기업들이 아시아에서 자행하는 노동 착취와 환경 문제에 대하여 관심을 가졌고, 영등포산업선교회가 아시아의 산업선교 단체들과 연대하는 일에 앞장섰다.

"영등포산업선교회의 '사람들'은 수십 년 동안 한국과 세계 여러 나라 다른 이들의 생명과 노동에 영감을 주었습니다"(총회 역사유적지 지정 감사예배, 17). 카슨은 2년 반의 짧은 영등포산업선교회 사역을 마치고 호주로 귀국하였다.

그 후에 부임한 데브라 굿서는 주로 서울의 여성정보센터에서 일을 하였지만, 영등포산업선교회에도 관심을 가졌었다. 그러나 선교회에서 그녀의 역할은 잘 알려지지 않는다.

1994년에 엘렌 그린버그(한국명: 송영진)가 3년의 임기로 영등포산업선교회에 부임하였다. 그녀의 주된 역할도 국제적인 연대와 협력이었는데, 당시 선교회에는 손은하 총무가 있었다. 그린버그는 영어회보를 편집하여 세계의 관심 있는 교회들과 소통하였고, 아시아에서 한국을 방문하는 도시운동가들에게 한국의 노동운동과 산업선교 사역의 역사에 관하여 안내하였다. 그녀는 한 글에서 교회의 사회 참여와 개인 영성에 대하여 다음과 같이 말하고 있다.

내가 한국을 떠날 때 이 두 가지 주제가 뗄 수 없이 연결되어 있는 것을 알게 되었다. 사회적 영성은 단지 삶의 고통에서 도피하는 한 형태에 불과한 것이며, 영성 없는 사회적 책임은 생기가 빠져나간 에너지에 불과한 것이었다. 그러나 나는 또한 영성이란 한 분 하나님에 대한 단순한 믿음 이상이 될 수 있다는 것을 보았다. 하나님은 기독교보다 더 크시다. (브라운, 261)

다음으로 부임한 청년은 로한 잉글랜드였다. 그는 2000년 영등포산업선교회에 선교 인턴으로 임명되었고, 한국의 외국인 노동자들과 동남아시아의 노동활동가들을 위한 훈련 프로그램에 곧바로 참여하여 박진석, 손은정, 신승원 총무 등과 일하였다.

당시 영등포산업선교회는 '아시아디아코니아훈련센터'를 개원하여 아시아기독교협의회와 협력하고 있었다. 이 프로그램은 아시아의 노동운동가들을 초청하여 훈련하고 또 그들이 본국에 돌아가 실행하는 조직 운동을 지원하는 프로그램으로, 잉글랜드의 역할은 중요하였다. 그는 'Korean UIM'이라는 뉴스레터를 발간하여 그들과 정보를 교환하며 연대하였다. 그는 또한 영등포산업선교회의 성문밖교회 생활에도 깊이 참여하였다. 2006년 그는 영등포산업선교회에서 6년간의 사역을 마무리하였다.

한호선교 120주년 기념 선교동역자

그 후 호주연합교회는 한국에 선교사를 더 이상 파송하지 못하였다. 한국은 더 이상 피선교지가 아니었고, 호주교회의 선교 우선도 이미 아시아에서 남태평양으로 옮겨져 있었던 것이다. 영등포산업선교회는 선교 동역관계를 계속 맺기 원하며 호주교회 총회에 선교사 파송 요청 공문서를 보내기도 하였지만, 결과는 부정적이었다.

그러던 중 2009년, 한호선교 120주년을 맞이하였다. 대한예수교장로회 통합 총회와 호주연합교회 총회는 120주년 기념행사를 거행하면서 '공동선교선언문'을 합의하여 선포하게 된다. 그 내용 중의 하나가 '선교유산 계승'으로 다음과 같다.

> 양 교단은 호주 선교사들의 선교 정신과 신앙적 유산을 존중하며 이를 계승 발전시켜서 향후 온 땅을 향해 나가는 하나님의 선교를 위하여 함께 협력할 것을 선언한다. (2009년 9월 23일)

그리고 그다음 해 호주연합교회 총회 세계선교부는 이 '공동선교선언문'에 근거하여 선교동역자 한 명을 세워 예장 통합 총회에 파송하게 된다. 그가 바로 이 글의 필자인 양명득이다.

양명득은 호주에서 신학과 대학원 공부하고 안수받은 목사로, 당시 뉴사우스웨일스주 총회 선교국에서 다문화목회와 세계선교를 담당하고 있었다. 그는 그곳에서 10년을 봉직하였는데, 그가 한국으로 떠나게 되자 총회의 다문화목회위원회는 다음과 같은 기록을 남기었다.

> 호주연합교회 전국총회 다문화목회위원회는 양명득 박사가 그동안 행한 목회에 대해 깊은 감사를 표함과 동시에 그의 업적을 기록에 남기기로 결정하였다. 특히 호주연합교회 안에서, 또한 국제적으로 다문화목회에 대한 그의 소중한 기여를 인지하고자 한다.… 우리는 양명득 목사의 신실하고 능력 있는 목회를 하나님 앞에 감사드리며, 그리스도를 위한 그의 계속 되어질 미래목회에 하나님의 계속적인 축복이 함께하기를 기도한다.
> (총회 다문화목회위원회, 2010년 3월 13일)

양명득은 한인 목사로는 처음으로 한국으로 역파송된 것이다. 파송예배는 2010년 8월 19일 시드니 파라마타의 한 교회에서 파라마타 네피안 노회와 총회 세계선교부의 공동 주관으로 열렸다. 이 당시 파라마타 네피안 노회는 파라마타 강의 물이 담긴 병을 양명득에게 상징적으로 선물하였는데, 물세례의 의미와 호주교회의 기도를 잊지 말라는 의미였다.

호주연합교회 총회 세계선교부의 공문에 양명득의 임무가 적혀 있었는데, 다음과 같다. "예장통합 총회의 다문화목회를 협력하며, 이주노동자와 그들의 가족을 지원한다. 총회의 에큐메니칼운동에 협력하며 특히 호주와 한국교회 간의 관계를 지원한다. 다가오는 세계교회협의회 부산총회 준비를 협력하며 컨설턴트의 역할을 한다(총회 세계선교부, 2010년 8월 17일).

한국의 선교사였고 후에는 호주장로교회와 연합교회 총회 선교국 총무를 지낸 존 브라운(한국명: 변조은) 목사는 당시 양명득에게 다음과 같은 격려의 편지를 보내었다.

> 양 목사님이 예장 총회의 초청으로 가게 됨을 매우 기쁘게 생각합니다. 우리는 1912년 이후부터 예장 총회와 가까운 관계를 이어 왔습니다... 목사님의 임명은 그 관계를 더욱 강화시킬 것입니다.
> 호주에서 한국으로 파송된 선교사들은 한국교회의 생활에 중요한 공헌을 해 왔습니다. 그리고 한국교회는 호주교회의 자기 이해와 활동에 큰 공헌을 하였습니다.
> (존 브라운 서신, 2010년 8월 16일)

양 목사는 이 해 9월 총회에 부임하여 2013년 12월까지 동역하였다. 총회에서는 주로 양 교단의 상호방문과 파트너십 관계증진을 위한 일을 하였고, 세계교회협의회 부산총회 한국준비위원회에서는 국제협력부 국장으로 스위스 본부와의 의사소통, 기획 마당, 빛의 순례, 주말 방문프로그램, 이웃종교와의 대화, 총회 화보집 제작 등 수 개의 주요 프로그램을 운영하며 협력하였다.

그 후에도 양명득은 한국에 남아 계속 일하기를 원하였다. 그러나 호주연합교회 총회 세계선교부는 '코리아 펀드' 즉 한국 선교기금의 원금과 이자가 모두 바닥이나 임기를 연장할 형편이 못되었다. 오랫동안 이 기금을 통하여 많은 호주 선교사들이 한국에 파송되어 왔지만 이제는 한국선교를 위하여 기부하거나 후원하는 호주교회가 거의 줄어들고 있는 현실이었다.

호주로 일시 귀국한 양명득은 좀 더 자유롭게 선교활동을 하기 위하여 행정적으로 은퇴하고 부름을 기다리고 있었다. 그때 마침 서울의 영등포산업선교회가 그를 선교동역자로 초청하여 2015년부터 다시 한국으로 와서 사역을 시작하게 되었다. 당시 그곳에는 진방주 목사가 총무로 있었다. 양 목사는 호주 선교사들이 영등포산업선교회에서 전통적으로 해왔던 국제 연대부 책임을 맡았고, 연구 작업과 사료 정리와 더불어 '호주 선교사 열전' 등 수 권의 한호선교 역사와 영등포산업선교회 관련 도서를 출판하며 현재까지 일하고 있다.

에필로그

필자가 예장 총회에서 사역할 때 총회 대표단을 안내하여 호주 멜버른을 방문한 적이 있다. 당시 그곳의 청년들과 함께 찬양예배를 드리며 세계교회협의회 부산총회 준비 상황을 보고하는 자리가 있었다. 이때 리차드 우튼 부부도 함께 참석하였다. 청년들은 모두 일어나 두 팔을 올리거나 가슴에 손을 얹고 정성으로 찬양을 하였는데, 마침 필자는 우튼 옆에 서서 그들의 모습을 보며 함께 찬송을 불렀다.

수십 번 반복이 되던 찬양이 이윽고 끝나고 자리에 앉는데 우튼의 날카로운 목소리가 비수처럼 다가왔다.

"이것이 도대체 뭐하는 짓인가?"

순간 필자는 당황하였지만, 그것이 무슨 말인지 곧 알아차렸다. '갈릴리의 예수와 함께 일하지 않고 영광의 그리스도만 찬양하면 무슨 소용이 있는가?'라는 의미로 그의 말이 다가왔다. 수십 년이 흘렀어도 우튼의 신앙과 열정은 여전히 고난받는 현장에 있음을 필자는 느낄 수 있었다.

참고문헌

조셉 헨리 데이비스

「더 아르거스」. 멜버른, 1890년 4월 11일, 1896년 8월 6일.

빅토리아장로교회 총회.「더 프레스비테리안 먼슬리」. 멜버른, 1896.

이상규.『부산지방 기독교 전래사』. 글마당, 2001.

웨버, 호레스.『세월은 흐른다, 코필드 그래머 스쿨 1881-1981』. 벨코트 북스, 1981.

옥성득 편역.『마포삼열 자료집1』. 새물결플러스, 2017.

톰슨-그레이/양명득 역.『호주 첫 선교사 헨리 데이비스와 그의 조카들』. 동연, 2020.

벨레 멘지스

김경석.『부산의 기독교 초기선교사』. 한세 인쇄, 2013.

빅토리아여선교연합회.「더 크로니클」. 멜버른, 1906-1935.

이상규.『부산지방에서의 초기 기독교』. 한국교회와 역사 연구소, 2019.

_____.『왕길지의 한국 선교』. 한국기독교문화연구원, 숭실대학교출판국, 2017.

일신.「동래일신여학교교우회회보-멘지스 부인 기념호」제8호, 1936.

커와 앤더슨/양명득 편역.『호주장로교 한국 선교역사 1889-1941』. 동연, 2017.

텔스마, 알렉스.『그곳에 많은 여성이 있었다』. 빅토리아여선교연합회, 1991.

호주장로교선교부.「더 레코드」V 1-10, 1909-1923.

겔슨 엥겔

김경석.『왕길지 선교사』. 부산진교회, 2005.

빅토리아여선교연합회.「더 크로니클」. 멜본, 1906-1939.

부산진교회.『부산진교회 당회록』. 부산, 1904-1968.

엥겔, 겔슨.『겔슨 엥겔의 일기』1900년 9월 19일-1903년 12월 19일.

이상규.『왕길지의 한국 선교』. 숭실대학교, 2017.

페이튼과 캠벨/양명득 역.『호주장로교 한국 선교 설계자들』. 동연, 2020.

호주 선교사 공의회.「더 레코드」. 부산진, 1913, 1937.

커와 앤더슨/양명득 역.『호주장로교 한국 선교역사 1889-1941』. 동연, 2017.

제임스 노블 맥켄지

맥켄지, 제임스/지응업 엮음.『제임스 노블 맥켄지 목사 자서전』. 부산진교회, 2004.

맥켄지, 헬렌/김영동 역.『호주 선교사 맥켄지의 발자취』. 기독교서회, 2006.

빅토리아여선교연합회.「더 크로니클」. 멜버른, 1910-1956.

양명득. "울도로 간 호주 선교사 제임스 맥켄지."「크리스챤리뷰」2012년 6월호,
    38-42.

정춘숙.『맥켄지가의 딸들』. 일신기독병원, 2012.

톰슨-그레이, 존/양명득 역.『첫 호주인 선교사 헨리 데이비스와 그의 조카들』. 동연,
    2020.

한호기독선교회.『호주매씨 가족의 한국 소풍 이야기 1 & 2』. 한호기독선교회 & 경기
    대학교박물관, 2017.

마가렛 데이비스

경남(법통)노회 백년사 편찬위원회.『경남(법통)노회 백년사』. 경남노회, 2016.

김경석.『부산의 기독교 초기선교사』. 한세 인쇄, 2013.

동래학원 백년사 편찬위원회.『동래학원 100년사』. 동래학원, 1995.

빅토리아여선교연합회.「더 미셔너리 크로니클」. 멜본, 1909-1941.

부산노회사 편찬위원회.『부산노회사 1905-2005』. 부산노회, 2005.

커와 앤더슨/양명득 편역.『호주장로교 한국 선교역사 1889-1941』. 동연, 2017.

페이튼과 캠벨/양명득 편역.『호주장로교 한국 선교 설계자들』. 부산진교회, 2020.

톰슨-그레이/양명득 역.『첫 호주인 선교사 헨리 데이비스와 그의 조카들』. 동연,
    2020.

호주 선교사 공의회.「더 레코드」Vol. 27, 1940.

뮤리엘 위더스

동래학원 100년사 편찬위원회.『동래학원 백년사』. 동래학원, 1995.

박효생.『부산진교회 100년사』. 부산진교회, 1991.

빅토리아여선교연합회.「더 미셔너리 크로니클」. 멜버른, 1917-1955.

스키너, 에이미/서상록·양명득 편저.『호주 선교사 에이미 스키너와 통영』. 동연,
    2019.

이상규. 『부산지방에서의 초기 기독교』. 한국교회와 역사 연구소, 2019.
커와 앤더슨/양명득 편역. 『호주장로교 한국 선교역사 1889-1941』. 동연, 2017.

에디스 커

빅토리아여선교연합회. 「더 크로니클」. 멜버른, 1921년-1941년.
커와 앤더슨/양명득 역. 『호주장로교 한국 선교역사 1889-1941』. 동연, 2017.
호주 선교사 공의회. 「더 레코드」 Vol 19, 1923 & Vol 16, 1929.
톰슨-그레이/양명득 역. 『첫 호주인 선교사 헨리 데이비스와 그의 조카들』. 동연,
        2020.

조지 앤더슨

빅토리아여선교연합회. 「더 미셔너리 크로니클」. 멜버른, 1922-1956.
부산노회사 편찬위원회. 『부산노회사 1905-2005』. 부산노회, 2005.
페이튼과 캠벨/양명득 편역. 『호주장로교 한국 선교 설계자들』. 동연, 2020.
커와 앤더슨/양명득 역. 『호주장로교 한국 선교역사 1889-1941』. 동연, 2017.
호주 선교사 공의회. 「더 레코드」 Vol 10, 1923, Vol 13, 1926, Vol 25, 1938.

헬렌 맥켄지

경기대소성박물관 편. 『호주매씨가족의 한국 소풍 이야기 2』. 한호기독선교회 & 경
        기대학교, 2019.
마틴, 바바라. 『인생 여정의 발걸음』. 일신기독병원, 2015.
빅토리아여선교연합회. 「더 미셔너리 크로니클」. 멜버른, 1950-1975.
정춘숙 엮음. 『맥켄지가의 딸들』. 일신기독병원 총동문회, 도서출판 글꼴, 2012.
커와 앤더슨/양명득 편역. 『호주장로교 한국 선교역사 1899-1941』. 동연, 2017.

리차드 우튼

김기현. 『경남노회의 역사』. 경남노회, 2006.
빅토리아여선교연합회. 「더 크로니클」. 멜버른, 1964~1969년.
양명득 엮음. 『세계교회협의회 신학을 말한다』. 한장사, 2013.

_____.『눌린자에게 자유를 — 영등포산업선교회 선교활동 문서집』. 동연, 2020.

양명득 편.『한국교회와 호주교회 이야기』. 한장사, 2012.

_____.『호주 선교사 존 브라운』. 한장사, 2013.

_____.『영등포산업선교회 역사화보집』. 동연, 2018.

영등포산업선교회.『영등포산업선교회 40년사』. 서울, 1998.

_____ 편.「총회역사유적지 지정 감사예배」. 영산선, 2010.

인명진. "영등포산업선교회와 호주교회."『한국교회와 호주교회 이야기』. 한장사,
    2012.

존 브라운/정병준 역.『은혜의 증인들』. 한장사, 2009.

커와 앤더슨/양명득 편역.『호주장로교 한국 선교역사 1889-1941』. 동연, 2017.